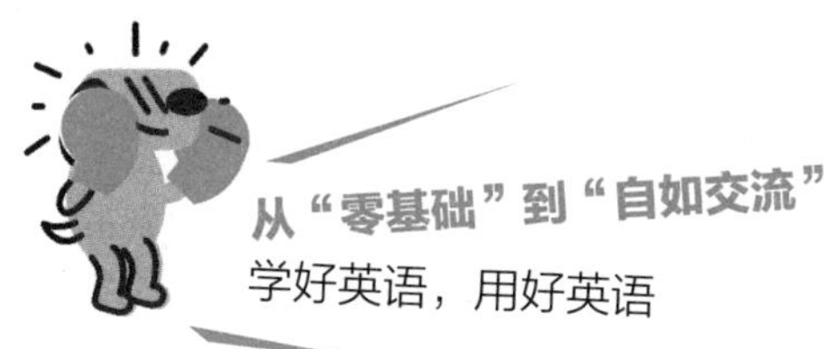

从"零基础"到"自如交流"

学好英语，用好英语

愉悦学英语

余悦 / 编著

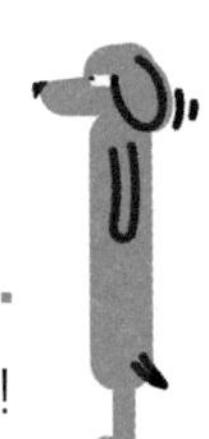

手把手教你突破听力、口语、单词、发音、语法、阅读、写作……

轻松应对英语考试、英文面试和日常交流！

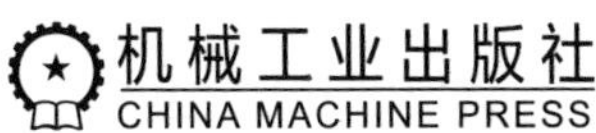

机械工业出版社
CHINA MACHINE PRESS

本书集英语学习方法、练习、实用指南于一体，从“如何坚持学英语”入手，按照语言能力划分，涵盖听力、口语、单词、语法、阅读、写作等板块，为英语学习者提供了详细的方法指导和操作指南。与此同时，针对英语学习者关心的各种实际应用问题（如考证、求职、英语演讲等），作者也提供了细致的解答。

本书内容翔实，覆盖面广，能“一站式”满足英语学习者的多种需求，同时也注重理论结合实际，既提供方法指南，也提供训练习题，能让学习者即学即练，自我检测，进而实现英语听、说、读、写能力的全面提升。

此外，本书提供与图书内容配套的音频讲解，能切实帮助学习者高效学习。

图书在版编目（CIP）数据

愉悦学英语 / 余悦编著. — 北京：机械工业出版社，2023.8
ISBN 978-7-111-73555-7

Ⅰ. ①愉…　Ⅱ. ①余…　Ⅲ. ①英语 - 自学参考资料　Ⅳ. ①H31

中国国家版本馆CIP数据核字（2023）第138837号

机械工业出版社（北京市百万庄大街22号　邮政编码100037）
策划编辑：尹小云　　责任编辑：尹小云
责任校对：张若男　　责任印制：张　博
保定市中画美凯印刷有限公司印刷
2023年9月第1版第1次印刷
169mm × 239mm · 19.25印张 · 1插页 · 291千字
标准书号：ISBN 978-7-111-73555-7
定价：68.00元

电话服务　　网络服务
客服电话：010-88361066　　机　工　官　网：www.cmpbook.com
010-88379833　　机　工　官　博：weibo.com/cmp1952
010-68326294　　金　书　网：www.golden-book.com
封底无防伪标均为盗版　　机工教育服务网：www.cmpedu.com

序 言

这本书能帮到你什么?

大家好，我是 Yuyu 老师!

2012 年 10 月，我正式成为一名全职英语老师，开始了线上线下齐头并进的教学生涯。到目前为止，我一对一辅导了超万名学生，除了平时上课，我还帮助他们应对学习过程中遇到的各种问题。这些问题包括但不限于:

听力、口语、单词、语法、发音……这么多知识难点，每个都想学好，却总是找不到正确的方法;

一次次开始学习，又一次次放弃，不知道怎样才能坚持到底。间歇性踌躇满志，持续性半途而废;

学了十几年英语，甚至在大学英语四六级考试中取得了高分，平时却还是听不懂，说不出，无法学以致用;

报过各种英语课程，大班课、小班课，一对一外教课等，花了很多钱，却收效甚微;

想要从事与英语相关的职业（英语教师、外企员工、翻译等），却不知道如何准备;

看英文电影，永远无法脱离字幕。阅读外文资料，总是吃力无比;

毕业多年之后想把英语重新捡起来，却不知从何下手。今天学学音标，明天看看语法，后天背背单词，几年过去了，依然没找到方向。

……

在一批又一批学生的迎来送往中，10 年转瞬即逝 。10 年，常常被认为是一个时间节点，象征着总结过去、迎接未来。我忽然想到，如果可以把这 10 年来积累的经验、教训、方法、心得全部整理出来，写成一本书，帮助更多人解决英语学习问题，让他们少一些迷茫，多一些笃定，那将会是一件非常有意义的事。

至于为何把书名定为《愉悦学英语》，首先我的名字叫余悦，而我在各平台上为自己的课程取名为“愉悦了没”或“愉悦的英语课”，很多人都是通过这些平台认识我的。更重要的是，我相信这本书里的方法一定能够让你耳目一新，一扫过去关于学英语的痛苦回忆，为你的学习之旅平添许多轻松和愉悦。让学生在快乐中进步，在进步中收获更多快乐，作为一名教师，没有什么比这更让我在意了。

这就是我写这本书的初衷。

简而言之，这本书可以帮助你通晓英语学习的各类方法，避开大坑，少走弯路，节省大量的时间、精力和金钱。毫不夸张地说，吃透这本书之后，关于英语学习，你只需要操心一件事，那就是“执行”。

具体来说，本书会详细讲解听力、口语、单词、语法、阅读、写作、发音等英语主要难点的学习方法，也会包含如何坚持到底、如何克服拖延、如何一个人创造英语环境、如何利用好外教、如何选择英语证书考试、如何选择与英语相关的工作等实战应用的操作指南。

好了，介绍就到这里，咱们开始吧。希望大家都能收获满满！

余　悦

目 录 CONTENTS

第四章
单词

第五章
语法

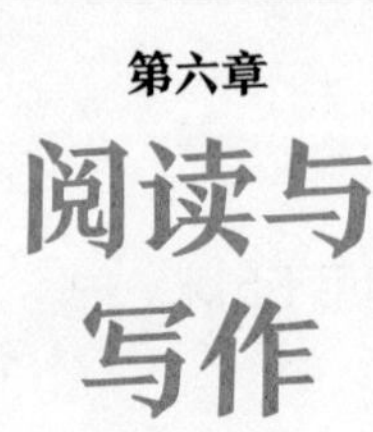

第七章

答疑解惑

愉悦学英语

Chapter 01

第一章

坚持学英语的秘诀

01 学英语，为什么难以坚持？

说到学英语，坚持是永恒的话题。很多人无数次下定决心，又无数次半途而废，多年过去，英语问题还是悬而未决。学英语，为什么难以坚持？到底用什么方法才能更好地坚持到底？本章作为全书开篇，将为大家解决这些至关重要的问题。

首先明确一点，不只是英语学习，凡是稍有难度的事情，都不容易坚持。弹钢琴、学画画、练体育、考证书等，莫不如此。但正是因为学英语有难度，才值得我们为之努力。所谓“难能可贵”——做到了困难的事情，才真正可贵。

确立了“难能可贵”的价值观，再回到“坚持”这个话题。在我教学生涯中所接触的学生当中，很多人无法坚持到底的主要原因是：**没有找到一个合理的目标**。

不管是学习英语，还是追求事业成功，合理的目标都至关重要。它可以在你遭遇挫折、沮丧迷茫时，为你指引方向、提供动力，帮助你更好地坚持下去。每当有学生来咨询我如何学英语时，我总会先问他：“你的目标是什么？”

毫不夸张地说，学英语时，如果能找到合理的目标，大多数困难都能迎刃而解。可惜的是，很多人从未真正思考过这个问题，即使思考过，也可能由于经验和认识的不足，导致目标设定不够合理。其中最常见的问题是**目标定得太高**。虽然我刚强调过“难能可贵”，但如果“太难”而导致“不能”，那么“可贵”就无从谈起了。努力了半天，终点还是遥不可及，只会让人心灰意冷，进而放弃。

例如最典型的例子——英语发音。一说到英语发音，很多人都表示特别想拥有一口地道纯正的美式或英式发音。但实际上，发音是英语学习中最难提高的项目，比记单词、背课文、学语法都要难。即使是特别勤奋的学习者，能坚持到底并取得突破的也寥寥无几。如果你执着于“纯正发音”这一目标，很有可能会失望而归。

再比如从事翻译工作，喜欢英语的学习者，不少人可能都考虑过从事翻译工作。但你或许不知道，职业翻译对于英语水平要求很高，远远高于英语教师、外企员工等。哪怕你的英语基础不错（例如大学英语六级水平），想要成为全职翻译，难度也很大。就收入水平而言，翻译和教师、外企员工等相比，并没有明显优势。也就是说，同样的英语水平，你可以当教师，也可以进外企，却做不了职业翻译。要实现从事翻译工作这一目标，你必须克服比其他人更多的困难。

还有一个大家常常挂在嘴边的目标——在日常生活中流利交流，这看似合理，实际上难度也很大。因为日常生活涉及的范围太广，很难完全覆盖。例如跟朋友吃饭和上网看新闻这两件事，都是很寻常的行为，但与这两者相关的英文难度却不可同日而语。

- 吃饭聊天

You know what? This store has some new autumn clothing. Let’s go and have a look after dinner.

你知道吗？这家店出了新款的秋装。吃完饭我们去看看吧。

- 上网看新闻

The notice urged local authorities to take decisive action to curb the rise of unreasonably inexpensive tours and the proliferation of market irregularities.

该通知敦促地方当局采取果断行动，遏制不合理廉价旅游的兴起和市场违规行为的泛滥。

在寻找新闻例句时，我尽量选取了生词较少的句子，与旅游相关的话题也是我们经常能在网上看到的内容，但大家可以明显感觉到，第二句话理解起来有一定难度，要想在聊天中自如运用就更难了。因为 urge（督促）、local authorities（当局）、decisive action（果断的行动）、curb（抑制）、unreasonably（不合理地）、inexpensive（便宜的，廉价的）、proliferation（剧增）、irregularities（违规行为）这些词都不简单。而与吃饭聊天相关的句子，稍有英语基础的人都能快速掌握。

这就是问题的关键所在。日常生活交流，如果不限范围，什么话题都要聊，除了那些常年生活在英语国家的人士或是英语极其出色的学霸，大部分人都是无法实现的。如果你不了解这一点，每次碰到无法聊下去的话题就自我怀疑："哎呀，这么多年英语真是白学了。""最近努力了几个月也根本没什么效果呀！"你就很容易打退堂鼓。因此，这显然不是一个合理的目标，它太难了。

除了口语外，听力目标也常常被设定得过高。很多人喜欢通过影视作品学英文，就自然而然地把听力目标设定为"能轻松听懂美剧和电影，不用看字幕"。但事实上，很多影视剧的台词跟日常生活关系不大，听起来十分吃力。例如《钢铁侠》中会聊到武器装备，《绿巨人》中会聊到物理实验，《雷神》中会聊起神仙打架的事儿。这些内容到底要不要学？学吧，好像不是很实用；不学吧，又有一种逃避的负罪感。即使同一段台词，上下文的难度差异往往也很大。就以我自己最爱的美剧《生活大爆炸》来说，谢耳朵和他的小伙伴们上一秒还在聊家长里短，下一秒却突然开始讨论科学问题，对话中 photon（光子）、entropy（熵）、fulcrum（支点，支轴）、infrared repeater（红外线中继器）、oxyacetylene torch（氧乙炔炬）等专业词汇层出不穷。像这样的台词对白，你即使费尽九牛二虎之力练熟，也几乎没有用武之地。如果以轻松听懂这些材料为目标，你的努力就很难有实际的回报。

看过以上例子，相信你应该能明白，很多我们耳熟能详的目标，包括但不限于前文提到的完美发音、从事翻译工作、在日常生活中流利交流、轻松听懂美剧等，**都太难了**。一旦目标太难实现，努力后看不到希望，就容易半途而废，这就是我们大多数人学英语无法坚持到底的主要原因。如何解决这个问题？随后我会告诉你答案。

本篇回顾

- 难能可贵，做到困难的事情才可贵，有难度的目标更值得追求。
- 回忆一下你设定过的英语学习目标，它的难度如何，是否太难了？
- 你最近一次决定学英语的原因是什么？未能坚持下来的原因又是什么？

英语园地

“破防”用英文怎么说?

“破防”一词原本为游戏术语，意为“突破敌人的防御”。在互联网语境中，“破防”常常表示某人的心理防线被突破，产生了情绪上的波动。Yuyu老师推荐翻译:

- overwhelm

  作动词时，overwhelm表示“（感情上）使受不了，使不知所措”，常用于被动语态。例如：

  I was totally **overwhelmed** by this romantic movie.

  这部爱情电影让我彻底破防了。

- sting

  作动词时，sting有“刺痛，使心烦”的意思。当你被对方的言语或行为刺痛时，就可以用sting来表达心理破防的感受。例如：

  Some of the criticism has **stung** him.

  有些批评的声音让他破防了。

02 八个字！普通人也能学会的坚持秘诀

几年前，为了方便锻炼身体，我决定买一台跑步机。下单之前，我发了一条朋友圈，请朋友们推荐品牌，好友们纷纷献计献策：

还是买大一点的比较好，面积大好放衣服；

不要买带智能屏幕功能的，毕竟一边晾衣服一边看视频很麻烦；

在挂衣服方面，确实比动感单车强一些；

……

面对朋友们的调侃，我内心毫无波澜。对于坚持跑步这件事，我信心十足，知道这笔钱绝不会白花，因为我参透了坚持的秘诀，而这个秘诀对于学英语同样适用。

每个人都想获得坚持的能力，却很少有人知道，坚持并不是纯凭毅力死磕，它也有技巧和方法。本文即将介绍的坚持秘诀，只有八个字，看似平平无奇，等你真正尝试过就会发现，它确实卓有成效，尤其适合于大多数毅力平平的普通人。这八个字就是：

找准目标，降低难度

我们在前文中提到过，大部分人学英语，都会不自觉地把目标定得太高，导致无法坚持。那么自然的，把目标难度降低，坚持就会变得容易。例如将“拥有完美的发音”调整为“拥有基本标准的发音”，难度就会瞬间变小（什么样的发音才算基本标准，我在后文会详细讲解），实现目标的可能性就会大大增加。类似的，“在日常生活中流利交流”可以调整为“日常生活主要场景交流基本无障碍”，而“听懂美剧”可以调整为“生活类、爱情类美剧能听懂大意”，等等。

看到这里，有些人可能会心生疑惑，这算什么秘诀？这不是妥协和将就吗？可成长的意义在于迎难而上啊，价值的意义在于难能可贵啊。不行，我不要将就！

愿望虽然美好，现实却是冰冷的，不管你想要什么，“做到”始终是第一位的。目标定得太高，看起来豪情万丈，如果根本达不到，那又有什么意义呢？在必要时适当将就一下，降低目标难度，提高成功率，这才是明智的做法。当然，将就也是有讲究的，既要把目标难度降低，让它有实现的可能性，又不能降得太低，从而完全失去价值。例如，去餐厅用英语点餐，如果把难度降到最低，两个单词就够了。你只要对着服务员说“this（这个）”和“that（那个）”，然后指向你想买的食物就行了。这样的英语，虽然也算实用，但太容易达到，价值很小，算不上实质性的自我提升。

除此之外，“找准”这两个字，看似简单，实践起来却不容易，因为很多时候你也不知道自己究竟要什么。就算知道，也很可能在执行时搞错方向且浑然不觉，明明目标是A，却稀里糊涂地学了很久的B。例如，我有一个学生，在外企负责对外业务。他主要想提高与外国客户口语及邮件沟通的能力，却总是来问我关于美剧《老友记》的问题。我问他：“你是《老友记》的忠实粉丝吗？”他说：“不是啊，我就是看网上很多人说看《老友记》有用，所以我就看啊。”我瞬间无语，学《老友记》确实有助于提高听力，但和他当下的目标南辕北辙，哪怕再用功，也无法在短期内帮助他解决工作中的英语沟通问题。这样的努力，态度是好的，方向却偏了，进步必然是缓慢的。

那么，究竟如何才能找准目标，实现难度和价值的平衡，同时避免出现方向的偏差呢？有一个方法很好用——你可以问自己三个问题：

- 我想要什么？
- 我需要什么？
- 我能做到什么？

所谓“想要的”，就是一切你想获得的东西，那些没事时幻想一下的也算，例如10亿的资产、完美的男朋友/女朋友、钢铁侠的能力等。就英语学习而言，可以是完美的语法、纯正的发音、地道的表达、畅通无阻的交流、随心所欲的阅读写作、轻松听懂美剧等。而“需要的”则是你不得不获得的东西，或是当下急需解决的问题，例如下周一早晨就要提交的报告、背水一战的考试、第二天要接待的美国客户等。“能做到的”很简单，就是在你的能力范围之内可以实现的事情。

人们想要的东西总是很多，但真正需要的却没那么多，而只有那些你能做到的，才有可能牢牢地抓在手中。通过这三个问题，你可以最大限度地为目标做减法，排除那些不重要、不紧急、不现实的幻想，把全部精力集中到当下最迫切需要实现的目标上去。

我把这三个问题抛给那个学《老友记》的学生，他不假思索地给出了回答：“我想在工作和生活中都可以用英文流利交流，就像电视剧里的那些外企职场精英一样。我现在最需要的是工作口语、听力以及写英语邮件的能力，我需要应付外国客户。至于我能做到什么，一下子好像也说不上来。”他的回答虽然粗糙，但已经算得上是合格的自我目标测评了。从中至少可以确定两件事情：1）他目前最需要提高的是与工作相关的英语听说和写作能力；2）他现在不需要学习《老友记》。于是，我给出了建议：停止学习美剧，买一本商务英语教材，把全部精力放在与业务相关的句子练习和积累上。大约两个月后，他特别开心地告诉我，他已经基本适应与客户的交流了，不再感觉无话可说，也不那么紧张了。

再给大家看一个非常典型的例子。我的另一个学生，三十多岁，跟随丈夫移民到了国外生活。她没什么英语基础，口语和听力能力几乎为零，买菜都十分困难。起初，她每天都花大量的时间学音标，原因是她听说音标是基础，一定先要学好。她的困惑是：学了音标，却很难用上，对于实际生活似乎没什么直接的帮助。于是我问她：“你仔细想一想，现在你最需要提高的是什么？是音标吗？”她很快给出了答案：“我感觉音标学得还好，因为我大部分单词都能正确拼读。我现在最需要提升的应该是日常口语，例如去超市购物、问路、跟人打招呼之类的。”没错，学习日常口语才是她的当务之急，而不是什么音标。于是我建议她暂停音标的学习，把全部时间都用来练习日常英语口语。大约三个月后，她已经可以自如地和邻居交流，出去买东西、逛街也能应付了。

这就是八字坚持秘诀——“找准目标，降低难度”的具体实践了，看似简单，做起来却不容易。所以千万牢记，在你困惑迷茫的时候，多想想**“我到底需要什么”**。目标找准了，任务减少了，实现的难度自然就降低了，坚持到底的可能性也就大大增加了。

本篇回顾

- 文中两名学生是如何找准目标的？他们最初出现了什么问题？
- 说说你当下最需要实现的英语相关目标，越详细越好。

英语园地

英语中的“回文”

回文（palindrome），即一个单词、短语、句子或其他字符序列，正着读和倒着读完全相同的现象。英语中发生回文现象的单词有radar（雷达）、level（水平）、rotator（旋转机）、deed（行为）等。还有一些有趣的回文句子，在不考虑标点符号和大小写的情况下，顺读、逆读字母顺序完全一样，如：Was it a car or a cat I saw?（我刚才看到的是一辆小汽车还是一只猫？）中文也存在类似的回文现象，例如“上海自来水来自海上”“客上天然居，居然天上客”。

03 三条超实用建议，让你的坚持“开花结果”

前文我们详细讲解了坚持到底的八字秘诀——**找准目标，降低难度**。然而很多时候，即使你找准了最需要的目标，降低了任务的难度，还是有可能进步缓慢，甚至半途而废。因为在实际行动的过程中，你会碰上各种技术性的小问题，打击你的士气，拖慢你的脚步。本文即将介绍的三条超实用建议，可以有效地帮助你解决这些棘手的“拦路虎”，让坚持真正开花结果。这三条建议分别是：

一、只做一件事，积少成多，适时做加减法

很多人学英语时总是特别着急，想一口气把目标完成。例如，我经常收到这样的提问：“如果我每天练八个小时，多久能用英语流利交流，一个月行吗？”“在最努力的情况下，多久能轻松听懂美剧，完全不用看字幕？”“我打算每天背 150 个生词，争取两个月单词量突破一万，您觉得怎么样？”对此我只能说：“不怎么样，大家的急迫心情可以理解，但实现这些目标的可能性真的不大。”因为“每天练八个小时”“最努力”“每天背 150 个生词”都很难持续，最多靠“打鸡血”支撑三五天，热情一过，你很可能还是会“躺平”。

始终记住，**不管做什么事，千万别高估自己的毅力，什么都想快速得到，往往什么都得不到**。正确的做法是：**只做一件事，能够顺利完成并保持一段时间之后，再逐渐加量，积少成多；同时随机应变，根据实际情况适时给任务做加减法**。以旅行英语为例，其中往往包含办签证、订机票、问路、购物、

点餐、入住酒店等几十个不同场景。在制订计划时，你可以先尝试每周“吃透”一个场景，能顺利完成时再增加到两个、三个。千万不要一上来就每天狂背八九个场景的相关内容，恨不得一周就学完整本书。就算你头一两天能做到，之后也会因为任务太繁重而放弃。如果情况有变，例如工作突然变忙，或者近期感到很疲惫，想要休息一下，也可以适当减少任务，从每周三个场景减少到两个或一个。

即使同一份材料，也有不同的完成标准。平时我对作业的要求通常分为四个熟练级别：1）能读熟；2）能听写；3）能背诵；4）能面对镜头拍视频表演。最理想的情况下，我会让学生把这四项要求都完成，但如果你的时间不充裕，就可以逐级减少任务。除此之外，你也不要想着一次性把听、说、读、写、发音、语法、单词等项目都搞定，原因很简单，你不可能做到。**你需要做的是集中力量突破当下最迫切需要的那一项。**你要参加外企面试，就专攻听说；你要读英文文献，就专攻阅读；你要写商务邮件，就专攻写作。事实上，在大多数情况下，语法、单词、发音等项目都无须专门学习，而是可以融入听力和口语练习之中。

再次强调，不必因为减少任务而觉得自己错过了很多。英语是学不完的，强行加量只会让你放弃得更快、错过的东西更多。在必要的时候有所取舍，是为了能够走得更久、更远。

二、放弃“完美英语”的执念

不少人错误地认为，只有拥有**完美的**英语，才能实现目标。但现实情况是，不管是找工作，还是出国旅行或生活，都只需要“**够用的**”英语，而非“完美的”英语。很多人不了解这一点，所以总是在担心、犹豫，总觉得自己的英语不够好，必须再练好一些才敢行动。这么做看似更稳妥，但其实学习进度更慢、效率更低。记住一点，**你很难百分百做好准备，也很难练成完美的英语。早点行动，在行动中进步，反而进步更快，更有可能实现目标。**

这里就不得不提到我的一个学生小 J。小 J 的英语有大学英语六级基础，毕业之后五六年都在经营奶茶店。刚找到我时，她只是想把荒废许久的英语捡起来，没什么特定的目标。她学习很努力，发音、阅读、口语、听力等什么都练，交作业特别勤快。有一天，她忽然告诉我她找到了新目标——她想当英语教师！可能是在餐饮业做得太久了，产生了职业倦怠，同时又对英语非常喜欢，所以她萌生了当英语教师的想法。我当即表示支持，鼓励她马上行动，大胆投出简历。她却退缩了，这让我很意外。细问之下，她告诉了我原因："我真的没信心，我的英语太久没用了，很多单词都忘记了，语法也不够扎实，发音也不是特别纯正，我想再坚持学一段时间，等英语练好了再去。"

小 J 的担心其实不无道理，毕竟"隔行如隔山"，从奶茶店到三尺讲台，跨度确实不小。但她只是从英语水平的角度考虑问题，却不知道市场对英语教师的真正要求是什么。我在这方面正好有不少经验，于是就帮她分析："第一，你的发音虽然有瑕疵，但已经达到了当教师的水准，拥有完美发音的英语教师也只是少数；第二，你的语法和单词量虽然有所欠缺，但你有大学英语六级的基础，而且专业的教师岗前培训可以帮你快速提高相关能力，比你自己练习强多了；第三，也是极为重要的一点，要当教师，英语好只是一个方面，更重要的是舞台表现力。你平时的口语视频打卡作业都完成得非常棒，面对镜头时大方自然，口语说得生动活泼，这正是一名优秀教师的潜质。所以别再犹豫了，现在就行动吧！"经过我的劝说，她终于鼓起勇气投出了简历。不出所料，所有的面试官都对她的试讲赞不绝口，纷纷邀请她加入。后来，她迅速成长为一家知名培训公司的王牌英语教师。

所以你明白了吗？虽然我们聊的是如何学英语，**但你的终极需求并不是完美的英语，而是用英语去实现各种目标**，这才是学英语和目标之间的正确关系。事实上，大多数人终其一生也很难把英语学到完美，但这并不要紧，因为不完美的英语同样可以帮助你做到很多事！因此，不管你是想当教师还是想进外企，又或者仅仅是想和外国朋友聊天，别再等纯正的发音，别再等一万的单词量，别再等完整的语法体系，别再等滔滔不绝的口语表达，现在就行动，去投简历，去打电话，去开口，去搭讪！反正失败了也没什么损失（nothing to lose）。大不了就和面试官多聊几句，问问自己有哪些不足，然后总结经验教训，再接再厉。成功入职后，让公司的内部培训、团队领导和工作业绩逼着你往前走，这样你才能进步得更快。试想一下，如果小J迟迟不去投简历，而是独自一人闭门造车，“死磕”纯正的发音、完美的语法和无敌的单词量，她何时才能实现当英语教师的梦想？

在这里，我也来揭晓一下我坚持使用跑步机的秘诀了，也是八个字——绝不跑步，只是散步。你可能会大跌眼镜，这有什么了不起的？不就是用跑步机走路吗？这也太简单了吧？！没错，散步确实很简单，但这恰恰是我成功的关键。跑步对我而言，又累又无趣，哪怕是慢跑，我也一秒都不想坚持。所以我干脆放弃跑步，只做最简单的一件事，就是散步，难度瞬间大大降低，坚持也就变得毫不费力了。最重要的是，我买跑步机的初衷，只是希望在下雨天无法外出踢足球的日子里，能有一种轻松、方便的出汗方式。目标已然实现，多余的坚持自然就没有必要了。

这就是所谓的**要为实现目标而坚持，而不是把坚持当作目标**。坚持很重要，英语学习很重要，跑步很重要，自律很重要，但这些都只是手段，实现目标始终是第一位的。如果你的目标已然开花结果，那些无关紧要的坚持，就算统统扔掉，又有什么关系呢？

三、提升趣味

看到这里，很多学生又会提出一个问题：“老师，你的这些方法听起来不错，可对我估计没什么用。因为我没什么特别的需求，既不用考证，也不用英语找工作，出国的机会也很少，生活中也不跟外国人接触。我就是挺喜欢英语的，不想荒废掉，怎么办？”这个问题非常好，确实有相当一部分学习者属于这种情况。在没有任何目标驱动的情况下，如何更好地坚持？说实话，办法真不多，其中一个我亲测有效的，就是提升趣味。

这个方法我们并不陌生，在湖边慢跑比较无聊，你会边跑边听歌曲；在健身房踩单车太过辛苦，就要搭配动感的音乐。英语学习也是一样，为了让学习不那么枯燥，你可以选自己最喜欢、最感兴趣的材料去练习。如果你每天学习的是你最爱的电影，坚持的阻力自然就小得多。我自己在大学时期就把最喜欢的几部电影来来回回看了不知道多少遍，也做过不少脱口秀视频的字幕翻译工作。这些经历对我的英语水平提升帮助极大，而且我从中获得了很多乐趣，并没有感受到学习的痛苦，这就是趣味的作用所在。

在使用这一方法时，有个典型的问题也要特别注意——如果你只“看”不“练”，效果会非常微弱。有些人把《绝望主妇》看了七八季，英语却还是原地踏步。那是因为他们只是在追剧、在享受，并没有付出努力去学习。而想要有所进步，就必须开始真正的练习，而且是精练——例如，把一集美剧反复练多遍，彻底消化后，再看下一集。

以上就是我的三条建议，只要你能好好地消化并加以实践，你的英语开花结果就指日可待了。如果试过之后还是无法坚持，也不用灰心，或许这正好说明，对于英语，你确实没有想象中的那么热爱，或者说英语对你而言并没有那么重要。不妨暂停英语学习，好好思考一番，自己想要的究竟是什么，也不一定是件坏事。

本篇回顾

- 别高估自己的毅力，先把一件事做好。
- 别担心错过。
- 绝大部分人只需要“够用的”英语，而非“完美的”英语。
- 你很难百分百做好准备，边学边用可能进步更快。
- 从你最喜欢的英文电影中找一个三分钟的片段，朗读至熟练程度。

英语园地

From Planning to Success

从计划到成功

Success is not that hard. It's making a plan and executing the plan every day. Make a plan; work the plan. Make a plan; work the plan. And whenever the plan doesn't work, you change the plan. That's called failure. That's called learning a lesson and adjusting.

成功并没有那么难，关键在于每天的计划与执行。一定要做计划，并且执行它，然后不断做计划，不断去执行。如果效果不佳，就换一个计划。虽然是失败，但也是吸取教训和调整状态。

If you do the work for a long enough time, you will be successful. If you do a little every day, you're gonna wake up one day and your dreams are gonna be a reality. Always remember: there is no shortcut to success. And the easy road will never take you where you want to be.

如果你坚持做一件事情足够长久，你就会成功。如果你每天努力一点点，终有一天，梦想会照进现实。始终记住：成功没有捷径。平坦的道路永远不会带你抵达最想去的地方。

04 警惕假坚持、假努力

到此为止，我们已经讨论了很多坚持和努力的方法。其实在学英语的过程中，也可能存在“假坚持、假努力”现象。试着回忆自己过去的学习经历，如果有一段时间，你觉得自己明明一直在坚持，也很努力，却几乎没什么进步，那么你很可能是掉入了“假坚持、假努力”的陷阱。

在前文中，我们确立了“难能可贵”的价值观——**做到困难的事情，才真正可贵**。学好英语之所以有价值，就是因为它不容易做到。而所谓的“假坚持、假努力”，恰恰与之相反，**看上去热热闹闹、动静很大，其实把时间和精力都花在了一些容易做到的事情（甚至是毫无难度的表面功夫）上，对于真正困难的练习却浅尝辄止，导致无法取得实质性的进步。**常见的“假坚持、假努力”情况有：

一、努力上课

曾经有学生对我说：“老师，您的课程我反复听了很多遍，每天都听，走路也听，坐地铁也听，为什么还是记不住呢？我觉得我的口语水平没有提高啊。”于是我问他：“你听了很多遍课，对吧？那你的作业做了吗？搭配课程的口语材料练了几遍？背熟了吗？能脱口而出吗？”“呃……我就练了一两遍吧，没背熟。”

这就是问题的关键所在。就算你把课听上 100 遍，困难程度也几乎为零，除了一些时间成本，你什么都没有付出，这和单曲循环听音乐没有本质区别。想想看吧，每天上下班在路上听歌就能成为职业歌手吗？学英语也是一样，上课的作用是帮你弄懂知识点，仅此而已。课后的大量口语和听力练习才是决定成败的关键。在我看来，就学习英语而言，10% 的时间用来听课就足够了，余下 90% 的时间需要全部用于练习。只上课，不练习，看起来挺努力的，其实是避重就轻，是不折不扣的假坚持、假努力。

二、努力做笔记

我自己不推崇花大量的时间做笔记，在我看来，笔记的作用主要是方便复习，但手写的速度太慢，我更喜欢直接打印。不少人认为，抄写也是强化记忆的过程，所以做笔记也是必要的。在我看来，做笔记也好，打印笔记也好，这些并不重要，重要的是做完笔记后是否用足够的时间去复习，因为只有复习才能帮助你真正消化、记牢笔记中的内容。但有多少人能做到反复复习笔记内容呢？对很多人来说，写得密密麻麻的笔记本，就是他们努力过的证据，“你看，我记了这么多呢，笔记本都换了三个，工工整整，每天都坚持做笔记了，应该算努力了吧。”

写得满满的笔记本容易让人产生努力过的感觉

那做笔记算不算真努力呢？从难能可贵的角度思考，答案显而易见。大家在课堂上可能都会记下大量的笔记，把书本写得满满当当的。这其实是多数人都能做到的事，显然也没什么难度。需要注意的是，虽然抄写有助于强化记忆，但就语言学习而言，如果仅仅只是抄写，却从不开口朗读、背诵，学习效果必然不会很好。因此，如果你学英语时只是坚持记笔记，却不经常复习，也不开口朗读或背诵，就很容易沦为假坚持、假努力。

通过对以上两种情形的分析，相信你已经认识到，假坚持、假努力其实很容易分辨。你只需要牢记“难能可贵”的价值观——**做到困难的事情，才真正可贵**，并问自己三个问题：

- 我做的这件事难不难？
- 别人能不能做到？
- 能做到的人是多还是少？

如果你的回答是“不难，别人也能做到，而且很多人都能做到”，那么你很可能就是在假坚持、假努力，而你所做的事情很可能不具备竞争价值（竞争价值指提高职场竞争力、获得更多机会的价值。例如，你努力学好英语就更有机会在职场中脱颖而出。而坚持散步这种满足自我需求但无须与他人竞争的价值不在此列）。除了努力上课和努力做笔记，以休闲的状态刷美剧、看英文电影、听英语新闻、读英文小说而从来不花时间和精力去真正地钻研、练习、复习，都属于这类情况，大家一定要时刻警惕。

本篇回顾

- “假坚持、假努力”的特征是什么？
- 如何让上课和做笔记变成真正有效的语言学习方式？
- 分辨“假坚持、假努力”时，你可以问自己哪三个问题？
- 回想一下，你是否有过“假坚持、假努力”的经历呢？

英语园地

I don't know nothing 是“双重否定”？

在英文电影中，你可能见过I don't know nothing这样的表达。其中don't表示否定，后面的nothing也表示否定，那么这句话到底想表达“知道”还是“不知道”呢？它是否应根据中文中“双重否定表示肯定”的原则翻译为“我什么都知道”呢？

答案是：不能这么翻译。这里的I don't know nothing其实相当于I don't know anything，意思是“我什么都不知道”。把anything换成nothing，是为了强调否定的语气。此处的双重否定并不表示肯定，而是进一步强调否定。这是英语口语中很常见的一种非正式用法。更多例子：

I **don't** have **no** money. 我没有钱。

She **never** goes with **nobody**. 她从不和别人一起去。

It **won't** do you **no** good. 这对你没有任何好处。

05 克服拖延的五大妙招

如果说坚持方法和目标的设定是从战略上掌控全局，那么在具体学习时，如何解决拖延、分心、偷懒等小毛病，就是战术上的精准打击。以下是克服拖延的五个技巧，我和许多学生在长期的学习过程中亲测有效，希望也能对大家有所帮助。

一、计时器法

这是我最喜欢的方法。人们之所以会拖延，主要原因之一就是想逃避“预期的麻烦”。具体来说，就是当你在工作或学习时，忽然碰上了一个棘手的问题。你的直觉告诉你，这个问题可能很麻烦，会耗费不少时间。但究竟是什么样的麻烦，要花多长时间解决，你并不清楚。这时候，你会忍不住做一些轻松的事情来逃避麻烦，例如上上网、刷刷手机、喝点水等。以前我写文章时，如果遇到写不下去的情形，就会习惯性地停下来玩手机，想着先放松一下，调整调整状态，然后再接着写。可经常玩着玩着，惰性一发不可收拾，就会浪费好几个小时，工作效率严重下降。

后来我尝试了“计时器法”，效果立竿见影。具体操作方法：当你碰到棘手的问题时，不要逃避，而是给自己设定一个解决麻烦的“计时器”——在这段时间内，必须全力解决问题，绝不做其他事情。例如，每当文章写不下去时，我就给自己立下规定：不管怎样，我一定要坚持写 20 分钟。然后在接下来的 20 分钟里，我只是埋头写作。20 分钟后，通常会有两种结果：1）麻烦顺利解决，因为你最初的预期不一定准确，你很可能高估了任务的难度；2）麻烦没有解决，但通过 20 分钟的高效工作，你已经解决了大部分问题，随后只需要继续完成收尾工作。这么做的好处是能大大减少“本来只是想休息一会儿却不知不觉浪费一整天”的风险，这甚至比解决一个棘手的具体问题更为重要。

这就是计时器法的精髓所在。很多时候，我们都会因为一些小问题、小麻烦而退缩、拖延，甚至就此颓废一两天甚至更长时间。但事实上，只要你当时稍微多坚持一会儿，就有可能拨云见日，把问题和麻烦解决掉。计时器法通过设定时间限制，逼着你继续行动，让你在意志最薄弱、最想拖延的那一刻，再多支撑一会儿。时间一到，不管问题是彻底解决还是部分解决，你的整体效率都得到了保障。

二、给拖延增加难度

我们经常拖延的另一个原因是：拖延实在太容易实现了。手机就在桌角，零食就在抽屉里，一伸手就能拿到，这些都让人难以禁受住诱惑。因此，我们不妨“反其道而行”，尝试给拖延增加难度，让它不那么容易实现。例如，我们学习的时候，可以把手机放在另一个房间里；减肥期间，坚决不在家里储备零食。《巴黎圣母院》的作者，法国大作家雨果，为了克服写作时的拖延，干脆把自己出门要穿的衣服锁起来，以便能专注于写作。这些操作都是为了增加拖延的难度。当拖延变得比马上行动更麻烦时，你实施拖延的可能性就会减小一些。

三、订下“行为契约”

用“如果……那么……”“只要……就……”这类条件型句式，给自己定下行为契约，一旦触发了执行条件，就马上行动。例如“如果我开始背单词了，那么至少要坚持 45 分钟”“只要到了 7 点 15 分，我就必须开始写一篇英语作文，且一定要在半小时内写完”“如果我想出去吃夜宵，那么就要从现在起一刻不停地学英语，直到 9 点 30 分再下楼”等。人们在面对稍有难度的任务时，总是会犯懒，会纠结于做还是不做。而一旦真正进入了工作或学习状态之后，事情反而会简单一些（因为状态是有惯性的）。也就是说，解决问题的关键就在于如何让你不再犹豫，立即开始行动，这就是行为契约的作用所在。让提前确定的契约代替你做决定，减少精神内耗。

四、畅想美好未来

每当你动力不足、提不起劲时，不妨畅想一下目标或梦想实现时的美好画面。例如“雅思考试拿到 7 分后就跟朋友去吃火锅大餐”“通过了大学英语六级考试就去买三件喜欢的衣服”“得到了外企的工作机会就去三亚玩”等，这样一来，你就能用积极的情绪战胜拖延的冲动。

五、零容忍法

在开始工作或学习之前，坚定地告诉自己，任何的拖延、懒惰，都绝对不在今天的考虑之列，绝不允许一丝一毫拖延的念头闪过自己的脑海。然后在你内心最坚定的时刻，马上开始行动，以最快的速度进入工作或学习状态。

除了以上技巧，还有一些饮食、运动方面的好习惯，也可以帮助你保持良好的状态，减少拖延的发生。例如在工作或学习之前，不要吃得太饱，不要摄入太多的米、面类主食，因为人们在饱食之后容易犯困，不利于专注学习。此外，最好保持每周 3~4 次的规律运动。每次运动，都是身体和心灵的重启，可以让你整个人的状态焕然一新，行动时精力更充沛。

本篇回顾

- “计时器法”能让你在规定时间内解决问题吗？如果不能，它的意义何在？
- 当你遇到棘手的问题时，尝试使用文中提到的方法。

英语园地

PK 的说法从何而来?

生活中我们常常听到“PK”这个词，你知道它的全称是什么吗？PK最早来自网络游戏中的Player Killing，表示玩家相互战斗的模式，后来渐渐运用于所有游戏、运动、比赛中两人一对一较量的场合。还有一种说法认为PK来自足球比赛中的罚点球，也就是Penalty Kick（点球）的缩写。因为点球是射门球员和守门员的一对一较量，只有一方能获得胜利。

有趣的是，PK其实是不折不扣的中式英语，在使用英语的国家里，几乎没有人会用它。所以，如果你对着一个英国玩家说“Let’s PK”，他很可能根本不理解你在说什么。

06 新的开始！一起来做目标规划表

通过对前文内容的学习，相信你已经对目标选择和如何坚持有了全新的认识和思考。现在，让我们从头开始，一起来做好目标规划。请仔细思考“我学英语的目标到底是什么？”然后把它写下来，越详细、越具体越好（可以从听、说、读、写、词汇量、语法、兴趣、考证、求职等角度切入）。

我的英语学习目标

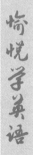

Chapter 02

第二章

听力

01 拿下听力，攻克英语第一战

解决了“目标选择”和“如何坚持”这两大问题，就可以开始英语学习了。那么，该从何处入手呢？是先增加单词量、搭建语法体系，还是多找外教练习口语、尽可能地创造英语环境呢？

在写这本书之前，我在学员中做过问卷调查，想了解大家在听、说、读、写、单词、语法、考证、英语求职等众多选项中最关心哪一项。结果“听力”高居榜首，41.18% 的学员把“提高听力”排在第一位，甚至超过了我心目中的头号种子选手“口语”（占比 32.35%，排在第二），令人颇感意外。

这一结果至少说明了两点：1）英语听力确实非常重要；2）大家都被英语听力折磨很久了。因此，我决定从攻克听力开始展开方法的论述。之所以这样安排，除了基于调查问卷的结果，还有以下三大原因：

一、提升听力水平是迫切的需求

“用英语交流”是大多数英语学习者的目标，但交流不仅需要口语，也需要听力。试想一下，你一个人身处异国他乡，面对吃饭、购物、住宿、打车等各种场景，只要能听懂对方说的话，哪怕你的口语很差，连比画带猜加上查词典，也是可以应付的。但如果完全听不懂，就真的一筹莫展了。然而这正是很多人的英语能力现状。我们经常听说“哑巴英语”，其实“聋人英语”同样普遍。具体表现有：同样的一句英文，中国人说能听懂，但外国人说就听不懂；只能勉强跟上慢速听力材料，听常速材料时束手无策；看美剧、英文电影时离不开中文字幕；听不懂某个段落，但阅读文本时却认识所有的单词；对连读、省略等发音规则似懂非懂，即使看着句子中的每一个单词，也不清楚外国人是如何连读的……这些听力问题如果不解决，就算强行练口语，效率也不会高，有效的英语交流更是难以实现的目标。简言之，提升英语听力水平是很多人的迫切需求。攻克听力，是英语学习道路上无法绕开的关键第一战。

二、先练听力更符合语言学习习惯

我们小时候学说话时，都是先听爸爸妈妈说“叫爸爸，叫妈妈”，然后跟着说“爸爸，妈妈”。显然，**先听再说，是人类学习语言自然的、习惯的顺序。**这里还涉及输入和输出的概念。不管是学英语还是其他技能，一般都是先输入，再模仿，然后输出。学唱歌，你要先把一首歌听得滚瓜烂熟；练瑜伽，你要先把教练的动作示范烂熟于心。既不听歌曲原唱，也不上瑜伽课，完全自由发挥，在没有输入的情况下强行输出，结果一定是错误百出。

在英语练习中，输入就是听力，你听过的单词、句子都会存入大脑的“英语装备库”。输出就是口语，你想说一个句子，必须从库中调取。显然，想要更顺畅地输出，就必须先有大量的输入。我常常对学生说：“**你的输入量，就是你输出量的上限。**”假设你输入（听过、看过）了 100 句英语，即使输入输出转化率为 100%，你能说的最多也就是这 100 句，更何况大多数人的转化率都很低（例如学过 100 句，能熟练说出的可能也就四五句）。如果没有准确无误的输入，直接凭空输出，就很容易出错，甚至闹出各种中式英语的笑话，例如把“开水”说成 open water。因此，**为了输出更多更好的口语表达，我们必须先提升输入量（也就是听力练习量），越多越好。**

令人啼笑皆非的翻译

三、听力练习更轻松

与“说”相比，“听”是相对被动的过程，你不需要主动去做什么，只是静静地听就可以了，唯一需要费神的就是集中注意力。连续说话一个小时，你会疲惫不堪、口干舌燥；连续听三个小时的讲座，你可能只是打打瞌睡。不难看出，就辛苦程度而言，听比说更容易、更轻松。英语练习也是一样，要把一段材料练到脱口而出，需要数十遍的朗读和背诵。相比之下，要把一段材料听懂，只需要反复多听就可以了。循序渐进、由易到难是学习语言的基本规律，从辛苦程度最低的听力练习入手，无疑是科学的选择。

本篇回顾

- “聋人英语”有哪些具体表现？
- 在没有输入的情况下凭空输出，会造成什么后果？
- 你觉得自己的听力和口语水平如何？哪一个更强？

英语园地

“社恐”用英文怎么说？

“社恐”是近年流行的网络词汇，全称“社交恐惧症”。很多年轻人用它来调侃自己不愿主动社交的生活状态，具体表现包括“喜欢长时间宅在家”“路上刻意避开熟人”“和陌生人接触时浑身不自在”“聚会时完全不想说话”等。“恐惧症”的英文是phobia，所以“社交恐惧症”可以直接翻译为social phobia。但我们常说的“社恐”其实并没有那么严重，更多指的是不善交际。Yuyu老师推荐以下两个表达：

- socially inept 不善应酬的，社交能力差的；inept 笨拙的，无能的

  Mike is **socially inept**. 迈克缺乏社交能力。

- not good at interacting with people 不善于与人交往/互动；interact with 与……交往/互动

  I am **not** very **good at interacting with people**. 我不太善于与人交流。

02 练听力，究竟练什么？

如果说英语听力给我们留下过什么痛苦的回忆，相信很多人都经历过这样的时刻：听一段英文材料，语速极快，你屏气凝神，拼命想听懂，脑子却始终跟不上。好不容易捕获两三个熟悉的单词，正琢磨着单词的意思呢，音频已经播放完了。重听一遍，仍然是云里雾里，最后只能连蒙带猜地把题做完。核对音频原文时，经常会恍然大悟："啊，原来是这个词，我学过呀，刚才为什么就没听出来呢？"

同样的一个单词或一句话，为什么会"能看懂文本材料，却听不懂音频"呢？在正式开始练习听力之前，我们必须弄清楚这个问题。

简单来说，信息传递有不同的方式。当你想告诉对方今天的晚餐是意大利面时，你既可以给他看一张意大利面的图片，也可以在纸条上写下"spaghetti"，又或者是把"spaghetti [spəˈgeti]"这个单词念给他听。如果你什么都不说，什么都不写，还可以让他闭上眼睛，闻一闻意大利面的气味。以上几种方式，都可以传递"意大利面"这一信息。但如果你十年如一日地只用第二种方式（在纸条上写 spaghetti），却从来不告诉对方它叫什么，不让他听 spaghetti 的发音，那么就算已经吃过很多次意大利面，当他突然听到一声"Spaghetti！"时也不会有任何反应。就好像小区里一位天天见面的邻居，你对他的外貌十分熟悉，远远看到就能一眼认出，可从没听过他的名字"张三"。当别人说张三如何如何时，你不可能知道说的就是

意大利面（spaghetti）

这位邻居。

听声音、看图片、读文字、摸实物、闻气味等，都是传递信息的方式，哪种方式用得多，识别此类信息的能力就越强，反应速度就越快。当你学习一门新语言时，最好把所有传递信息的方式都用起来，才能让知识生动立体，这样记忆效率才最高。例如教孩子 spaghetti（意大利面）这个单词时，既给他听正确的发音，又带他朗读，还给他看图片，有空再去店里点一份尝尝，这样一轮体验下来，他很难忘记 spaghetti 这个单词。但如果条件有限，长期只用其中一种方式传递信息，其他几种方式得不到锻炼，相关的识别能力就会生疏、荒废。就英语学习而言，就会造成“聋人英语”“哑巴英语”甚至“盲人英语”等各种偏科情况。你可能第一次听说“盲人英语”，它指的是那些听说能力满分、阅读能力零分的人。你或许会纳闷，世界上居然还有这种人存在？事实上不只有，还非常多，也就是我们常说的“文盲”——只会口头交流，却完全不识字。

各种语言偏科情况

只练听说，不练阅读——盲人英语，不识字或阅读能力极弱。

只练阅读，不练听说——聋哑英语，阅读能力稍好，这是国内很多英语学习者的现状。

只练听力，不练口语——客居他乡多年，能听懂当地方言，但自己不太会说。

弄清楚了英语能力偏科现象的原因，“练听力，究竟练什么”这个问题的答案也就非常清晰了。从小到大，由于学校的考试更注重书面形式，我们有大量的机会练习在书本上看到的英语单词，却很少练习用耳朵听英语单词的发音，其结果就是大多数人阅读能力较好、识别文字的速度较快，而听力较弱、识别声音的速度较慢。同样的信息，用文字呈现，我们几乎可以做到“秒懂”。但是当听到声音时，却经常过了好几秒都反应不过来。我们练习听力，就是要提高对声音信息的敏感度，把反应时间一点点缩短，直到“秒懂”，从而彻底消灭“聋人英语”。

本篇回顾

说说各种英语能力偏科现象的原因和具体案例。

英语园地

如何翻译 one of a kind

在英语电影或演讲中，你可能不止一次听过one of a kind这个短语，它应该如何翻译呢？在这里，kind可以翻译为“一种，一类”，而one of a kind则表示“某个种类中的唯一一个”，也就是我们常说的“只此一家，独一无二”。下次如果你想形容某人或某事物很特别，可以不再使用常见的unique或special。试试one of a kind，绝对“高大上”。Yuyu老师推荐例句：

You're a very unusual girl, **one of a kind.**

你是个很不一般的女生，独一无二。

In the world of football, he is **one of a kind.**

在足球世界里，他是独一无二的。

03 五步训练法，练听力看这篇就够了

在前文中，我已经就听力的重要性、造成聋人英语的根本原因、听力训练的目标等几大方向性问题做了详细的阐述。接下来我将介绍听力练习的具体方法——五步训练法。当我们拿到任意一篇听力材料时，都可以按照以下五个步骤进行训练。

Step 1　整体泛听

Step 2　逐句精听 + 听写

Step 3　核对原文，总结错误，搞定难点（听讲解或自己查）

Step 4　模仿朗读

Step 5　复习泛听

接下来是每一步操作的详细讲解及相关练习，请务必严格按照要求完成，否则效果可能会打折扣。

一、整体泛听

拿到一段材料后，从头到尾听三遍（可根据实际情况适当增减），尽量理解大意。所谓“泛听”，就是泛泛地听，目的是理解全篇大意，无须纠结于一个词或一句话有没有听到。

注意：听力材料不要过长，最好不要超过三分钟。如果太长，例如一集 20 分钟的美剧，可以分多次练习。太长的材料听起来容易走神，且完成周期长，可能十天半月才能搞定一篇，目标达成感弱，不利于坚持。

另外，泛听的定义，普遍说法有两种。一种是广泛地听，指在材料选择上来源较广，可覆盖新闻、电影、美剧、访谈、有声书等；另一种是泛泛地听，指在听一篇材料时，力图掌握整体大意，偶尔有一个单词、一个短语甚至一个句子没抓住也无伤大雅。此处我提到的泛听为后者。

现在，我们开始做泛听练习。

听下面的音频，从头到尾听三遍，看看你能听懂多少内容。

音频 2-1

（场景：点餐　难度：基础[①]）

音频 2-2

（场景：散步　难度：进阶[②]）

二、逐句精听 + 听写

通过刚才的泛听，我们已经了解了全篇大意，接下来就要抽丝剥茧、逐句精听了。所谓“精听”，关键在于“精”，一定要争取把材料中的每一个单词，甚至每一个微妙的细节全部听出，包括但不限于缩写、简写、省略、连读等发音改变现象。例如单词结尾加 ’s 或加 ed，he will 缩写成 he’ll，they have 缩写成 they’ve。

具体操作是**播放一句，暂停一下，写出听到的内容**。如果句子太长，难以跟上，或者一次没听清，来不及写，可以随时暂停，多听几遍。尽量训练自己凭记忆一次性写出尽可能多的内容，而不是“挤牙膏式”地每听一遍写一两个单词，否则就会破坏句子的整体性，减弱练习的效果。一般来说，一句话听 5~8 遍就足够了，如果还有内容写不出来，就不用继续听了，可以猜一个答案或者先空着不写，等待核对原文即可。**注意**：这一点务必执行到位，有些人听不懂就“死磕”，一口气狂听几十甚至上百遍，看起来很用功，其实徒劳无功。因为 5~8 遍听不出，就意味着这句话超出了你的能力范围，并未储存在你的英语装备库中。你无论听多少遍也很难听懂，就没必要在此

① 适合初、高中英语基础的学习者

② 适合大学英语四级及以上基础的学习者

浪费时间了。

此外，很多人刚开始听写时，由于听力荒废了太久，能写下来的句子不多，听写稿可能会有点“惨不忍睹”。这时候一定要控制沮丧情绪，坚持听写到底，而不是直接去看答案。记住：不管你现在能听出多少，只要努力写完，就一定会有收获。每多坚持一次，收获就会多一分，耐心坚持下去，情况就会越来越好。

现在，请再次听音频，开始逐句听写。记得专门准备一个笔记本作为听写本，以便复习。

音频 2-3（场景：点餐）　　音频 2-4（场景：散步）

听写完毕！有没有感觉像是完成了一项浩大的工程？总体而言，听写非常有效，但并不高效，因为“写”这一步太耗时间。对新手来说，2~3 分钟的听力材料可能需要花费一两个小时，像一场拉锯战，让人疲惫不堪。我之后会介绍一种更高效的方法来替代听写。但是在练听力的初始阶段，听写还是很有必要的。它能快速、充分地暴露你的听力问题，以便你能有针对性地加以解决，所以千万别偷懒。

我曾经有一个学生，收到听力任务后，只是草草地听过一两遍就信心十足：“老师，我感觉挺简单的，99% 都听出来了！”而在我“强迫”他做完听写练习后，他大吃一惊：“老师，没想到这么多地方都听错了！”原来，他虽然轻松地完成了听写，但在核对原文材料后却发现自己写出来的内容“破绽百出”：不是这里漏了一个 is，就是那里少了一个 ed，像 I’ve faced several problems（我遇到过好几个问题）这样的句子，他却听成了 I face several problems，have 的缩写 ’ve 和 face 结尾加 d 这样的细节他根本没听出来！

这就是听写的意义所在。如果没有把句子写到纸上，只带着模棱两可的记忆去核对答案，就很容易有所遗漏。只有真正地一字一句写下来，你才能发现自己的每一处错误。

Tips

大家在播放听力音频时，既可以使用电脑，也可以使用手机。电脑的优势在于能够配合鼠标操作，精确度高。手机的优势是方便携带，有些听力 APP 资料丰富，功能强大，其中的“单句循环”和“上一句、下一句”功能，非常适合听写。

三、核对原文，总结错误，搞定难点

千辛万苦，终于完成了听写稿。不管你对正确率有没有信心，都需要马上与下面的原文核对，**找出听错、没听出来以及蒙对的部分，用其他颜色的笔标注出来，以便于复习。**

Text 1

场景：点餐

A: Are you ready to order now, Sir?	您现在准备点餐吗，先生？
B: Yeah, I think I am actually. I'd like to start with some soup. What do you recommend?	是的，正打算点。我想先来一份汤。有什么推荐的吗？
A: Our minestrone is great. Is that all right, Sir?	我们的意大利浓菜汤很棒，可以吗，先生？
B: Yeah, sounds good. I'll have that. And spaghetti for the main course, please.	可以，听起来不错，给我来一份。主菜帮我来一份意大利面。
A: OK, any side dishes?	好的，要什么配菜吗？
B: A green salad, please.	一份蔬菜沙拉。
A: What type of salad dressing would you like? We have Ranch and Thousand Island.	您想要搭配什么沙拉酱？我们有田园酱和千岛酱。
B: Ranch, please.	请给我田园酱。

重难点词汇

recommend /ˌrekəˈmend/ *v.* 推荐

minestrone /ˌmɪnəˈstroʊni/ *n.* 意大利浓菜汤

spaghetti /spəˈgeti/ *n.* 意大利面

main course 主菜

side dish 配菜

green salad 蔬菜沙拉

salad dressing 沙拉酱

Ranch 田园酱

Thousand Island 千岛酱

Text 2

场景：散步

A: Do you like walking?

你喜欢散步吗？

B: Yes, I do. I enjoy walking a lot. I am not a fan of jogging or basketball, and I don't go to the gym at all. Actually, as a lazy person, walking is the simplest form of exercise for me to keep healthy and fit. So, I prefer walking instead of doing some strenuous activities.

是的，我很喜欢散步。我不喜欢慢跑和打篮球，也根本不去健身房。事实上，作为一个懒惰的人，散步对我来说是最简单的保持健康和身材的运动方式。所以我更喜欢散步，而不是其他的剧烈运动。

A: Do you walk more often now than in the past?

你现在散步比过去多吗？

B: Honestly, I walked more frequently in the past. I have been living a sedentary lifestyle lately, since I spend most of my time in front of my computer. The workload is so heavy that I have to cut back on my walks.

说实话，我过去散步比现在更频繁。我最近一直过着久坐的生活，因为我大部分时间都是在电脑前度过的。工作量太大了，我不得不减少散步的时间。

A: Do you think people will walk more in the future or not?

你认为未来人们会花更的多时间散步吗？

B: Well, it really depends. For people who are health-conscious, they will definitely spend more time on different kinds of exercises, including walking. However,

嗯，这要看情况。我认为对有健康意识的人来说，他们肯定会花更多的时间在各种锻炼上，包括散步。然而，对那

for people who have to work overtime in the office every day, I guess they won't walk as much for lack of spare time.	些每天都要在办公室加班的人来说，我想他们不会经常散步，因为他们缺乏空闲时间。

重难点词汇

actually /ˈæktʃuəli/ *adv.* 实际上

frequently /ˈfriːkwəntli/ *adv.* 经常，频繁地

workload /ˈwɜːrkloʊd/ *n.* 工作量

health-conscious /ˌhelθˈkɑːnʃəs/ *adj.* 重视健康的

definitely /ˈdefɪnətli/ *adv.* 肯定，当然

spare time 消遣时间，业余时间

strenuous /ˈstrenjuəs/ *adj.* 费力的，艰苦的

sedentary /ˈsedntri/ *adj.* 惯于久坐不动的

cut back 削减

work overtime 加班

核对答案后，下一步就要分析错误原因。一般来说，常见的错误类型无外乎以下几种：

（一）认识单词，但听起来不熟悉

音频原文中的单词全认识，但不看原文时却听不出。这说明你之前听力练得太少，哪怕是学过的词汇，对其声音信息也不敏感，识别能力太弱。一般包括听错、漏听、加词（听写时加了原文中没有的词）或完全识别不出等情况。

以刚才听写的材料为例，在“点餐”场景中，actually，sir，soup 等词经常被错误识别。而在“散步”场景中，常见的错误有：

- 在 walking is the simplest form of exercise for me to keep healthy and fit（散步对我来说是最简单的保持健康和身材的运动方式）这句话中，容易把 walking 误听成 working，the 误听成 a，漏掉 form 或把 form 误听成 for，漏掉 of，把 simplest 误听成 simple 等。
- 在 I walked more frequently 这句话中，容易把 walked 的 ed 漏掉，写成 walk。
- 容易把 I guess 误听成 against，识别不出 won't walk as much 中的 won't 和 as much 等。

以上错误，都属于“认识单词但听不出”的情况。这类错误比较容易改

正，也是你最容易提高的部分。因为这些单词都是“老相识”，只是太久没见，彼此生疏了。你要做的就是跟它们多互动，把“看到能秒懂”练到“听到也能秒懂”。（具体练习方式会在稍后的第四步讲解。）

Tips

如果你能听出某个单词，只是拼写不正确，例如把 absolutely 写成 abselutely，把 exercise 写成 excersise，那么在听力层面，这不算错误。因为听力的目标是“听声音，识别单词”，只要识别正确，就算听懂。除非你要参加考试或写商务邮件，必须正确地写出某个单词，否则拼写错误无伤大雅。

（二）不认识单词

如果你本来就不认识某个单词，那么就算它出现在书本中你也看不懂，这种情形下自然也就无法听懂。例如“点餐”场景中的 minestrone，“散步”场景中的 strenuous 和 sedentary。即使你有大学英语六级基础，也很可能没见过这几个单词，因而不可能在第一次听到时就理解。

一般来说，只要你不能百分百确定某个单词的含义（哪怕有点眼熟），就可以归类为“不认识”。有些单词你认识，但构成合成词或短语之后的含义你并不确定，也要算作不认识。例如 red-handed，分开来看，red 和 hand 都很简单，可合并成 red-handed 之后，意思并不是“红色的手”，而是“正在作案的，当场被发现的”。其含义来源是你的手（hand）在被抓住时沾染了血，还来不及清理，而血的颜色是红色的（red），所以这个词表示“正在作案的，当场被发现的”。只要你不知道这一含义，red-handed 对你来说就算生词，哪怕你对 red 和 hand 非常熟悉。

（三）单词出现了连读、省略等音变现象

有些单词很简单，出现在书面材料中我们都能认识，如果出现在慢速听力材料中，也很容易听懂。但在常速听力材料中，由于连读、省略等音变现象的存在，很多人就可能完全听不出了。例如“散步”场景中的 I am not a fan of jogging or basketball（我不喜欢慢跑和打篮球）这一句。这里 not a fan of 作为短语，直译为“不是……的粉丝”，也就是“不喜欢……”的意思。这个短语很容易听错，大家可能会听成 not a fight for，not fine of，lot of fat，not a fun 等。这一方面是因为大家对 not a fan of 这个短语确实不熟悉；另一方面就是因为它出现了连读、不送气等音变现象。具体说来，not 和 a 连读成 nota /nɑːtə/，t 不送气，听起来像一个很轻的 /d/，nota 整体听起来像 noda /nɑːdə/。fan 的 n 和 of 连读成 /nəv/，not a fan of 最终的发音呈现为 /nɑːdə fænəv/。像这样的小细节，如果不是对连读、清辅音不送气等现象了如指掌，大家很难听出来。特别强调一下，这些音变知识非常重要，直接关系到你能否在听力和口语上取得实质性的突破，我会在后文对此做详细的总结和讲解。

（四）地方口音等其他原因

外企员工经常会碰上的一种情况是：客户或同事来自世界各地，英语口音五花八门。这算是另一种形式的音变现象。常见的比较难听懂的有日式口音、印度口音、俄罗斯口音、法式口音等。面对这种情况，首先要注意总结其发音特点，然后再去多听相关的语音材料。以印度口音为例，其特点是经常把清辅音发成对应的浊辅音，例如 party 发成“巴迪”，nice to meet you 发成“nice 度 meet you”等。语音材料可以是新闻、采访视频或印度电影等（材料中是印度人讲英语）。

总结完错误原因，就可以对所有难点发动总攻了。大家可以先听完我对两篇材料的分析讲解，力争攻克所有难点，包括单词、短语、语法、句意、连读等知识点。

Tips

如果一份听力材料你阅读起来都感到特别吃力，说明它很可能难度过大，并不适合你此时的英语水平，需要换成更简单的听力材料。

音频 2-5

（场景：点餐）

音频 2-6

（场景：散步）

四、模仿朗读

完成前三步，这篇材料就阅读层面而言已经被你攻克了，接下来要做的是从文本到声音的转化。这一步操作至关重要——**听错的部分，并不只是随便看看原文和理解意思就够了，你必须让它们在你的脑海中建立正确的声音印象，同时剔除之前的错误印象。具体做法：尽量模仿原文录音，反复朗读出错的部分，直至顺畅无卡顿。**

这么做的意义在于，听力是听到声音，口语是发出声音。如果你自己能发出正确的声音，就能提高听觉上的敏感度，也就更容易听出正确的声音，逐渐把“看到能秒懂的材料”练到“听到也能秒懂”。很多时候，你听错、漏听或识别不出，就是因为你自己发出的声音是错误的。如果你不知道 not a fan of 可以读成 /nɑːdə fænəv/，当别人说出 /nɑːdə fænəv/ 时，你就会摸不着头脑。简言之，**如果你能正确地说出一句话，那么你就更容易听出这句话。**这就是模仿原文录音的意义所在。

模仿时，要力争做到还原，唯有一点例外，那就是语速。很多人认为语速越快显得越流利，其实并非如此。流利的关键在于连贯不间断，和快慢关系不大。此外，由于是学外语，想要通过练习达到母语使用者的语速，难度很大，没必要强求。事实上，面对易错的难点，读慢一点反而更容易把握细节。

完成全篇难点的模仿朗读后，再去听录音，是不是感觉清晰多了？这就是练好口语之后对听力的促进作用。

音频 2-7
（Yuyu 老师示范模仿朗读）

五、复习泛听

前几步做完后，你对这段听力材料已经足够熟悉，也能听得很清楚了。但这并非终点，你还需要站好最后也是最重要的一班岗——复习。**以泛听的方式，反复听材料，直到能达到以下三项合格标准：**

（一）秒懂大意

任何时候再听这段材料（例如半个月后）都能秒懂大意，跟上语速毫无压力。允许偶尔出现遗漏和走神，因为即使听中文你也很难一直集中注意力。

（二）抓住全部细节，“颗粒感”十足

能够清清楚楚、“颗粒”分明地听出录音中的每一句话、每一个词，乃至每一个微小的细节（例如单词结尾加 's、加 ed 等情况），就好像所有单词都排队站好在接受你的检阅，而不是靠偶尔捕获一两个关键词来猜大意。

（三）无压力跟读

听录音时，随时按下暂停键，能够马上跟着读出刚刚听到的句子，几乎一字不差。只有当句子太长时，才会偶尔遗漏单词或需要多暂停几次。

在泛听复习的过程中，如果发现材料中任何一句没有达到以上三项标准中的任意一项，就单独把这一句拿出来模仿朗读，直到达标。

现在，泛听录音材料 5 遍，看看能不能达到以上三项合格标准。

音频 2-8
（场景：点餐）

音频 2-9
（场景：散步）

在复习时间安排上，由于是泛听，不用像前几步那样精细操作，所以无须特意留出大段时间，利用各种碎片时间复习即可。例如在乘坐公交车、地铁的途中，在拖地或洗衣服的时候，在睡觉前等。**注意：**泛听时，**只有当你的注意力集中在听录音这件事情上，才会有效果。**如果一边拖地一边播放录音，你心里却在想着其他事情，或者在观看电视里的节目，就不会有任何效果。有些人认为，一边睡觉一边播放录音，打造一个听英语的环境，就可以“磨耳朵”，让你在不知不觉中提高听力。这种做法可能效果不佳。准确地说，在你睡前集中注意力听录音的这段时间内，泛听是有效果的，一旦入睡，就不会有助于提升听力。另外，泛听非常容易走神，一定多刻意提醒自己，每次尽量多集中一会儿，长久坚持下来，听英语的专注力也能得到提升。

再次强调！泛听复习极其重要，却又往往被忽略。很多人只知道背单词要复习，背课文要复习，殊不知练听力同样需要复习。他们可能会认为：

“我连音频原文都看过了，再听还会出错吗？”可实际情况是，如果你不反复听、不定期复习，等过一两周再听，很可能又会被打回原形。之前出错的地方很可能还是会出错，仿佛这段材料从来都没有听过一样，之前那么多听写、总结、朗读的苦功可能全都白费了。

本篇回顾

- 听写时为什么不要“死磕”？
- 说说几种常见的听写错误类型。
- 模仿朗读的作用是什么？
- 说说听力复习合格的三项标准。

英语园地

“没素质”用英文怎么说？

在生活中，我们有时会碰到乱扔垃圾、随地吐痰、插队等“没素质”的行为。那么“没素质”用英文怎么说呢？Yuyu老师推荐以下两个表达：

- **trashy 垃圾似的，没价值的，没素质的（来自名词trash，意为“垃圾”）**

  I hate people who litter. It's so **trashy**.

  我讨厌那些乱扔垃圾的人，太没素质了。

- **no class 低劣的，没水准的（class有“等级”的意思，no class可以理解为“毫无等级”）**

  This man on the bus kept playing videos out loud. He has absolutely **no class**.

  公交车上的这名男子一直很高声地播放视频，简直太没素质了。

04 连读等八大音变现象总结

前文提到，英语中存在很多音变现象，如连读、失去爆破、弱读、清辅音不送气等，给学习者造成了听力上的困难。此处我将对常见的八种音变现象做详细的总结。

在学习具体知识点之前，大家务必了解五个方向性的原则：

1. 所有的音变都是自然发生的，是人们在说话过程中为了更加方便、省力、流畅下意识形成的习惯，而不是遵循各种音变规则刻意“创造”的结果。也就是说，发音改变在前，规则总结在后。我们总结其变化规律，并不是为了“创造”新的音变现象，而是为了更好地了解、学习这些规律。

2. 音变规则只是一个大概的总结，并不能覆盖所有的情况。全世界说英语的人口众多，大家的发音和音变习惯各不相同，很难也没有必要全部总结出来。文中仅总结美式和英式发音中常见的音变现象。

3. 音变现象是自然形成的习惯，而不是必须发生的改变，更无关对错。同样的单词、短语和句子，发音时你可以选择音变，也可以选择清晰完整地发出每个单词的音，只要对方能够顺利听懂，就没问题。当然，熟练掌握音变技巧可以让你的口语表达更加省力、流畅、好听。

4. 除了能让口语表达受益，学习音变技巧同样可以提高听力。当你掌握各种发音改变现象后，就更容易听懂别人说话时的发音改变，也就是我在前文一再强调的，**你能正确地说出一句话，就更容易听出这句话。**

5. 学习时，要以**能理解并熟练读出、听出各种音变现象**为目标，多做读和听的练习，而不是以记住所有音变规则为目标（除非你要当英语教师）。千万不要本末倒置。

明确了学习原则，接下来进入正题。大家可以一边阅读下面的内容，一边听我的语音讲解。（**注意**：学习之前，大家有必要了解音标的相关知识。）

音频2-10
（Yuyu老师讲解音变知识）

一、连读

简单来说，就是把音连起来读，主要有以下几种情况：

（一）辅音＋元音

这是最常见、最简单的连读现象。当相邻两词中的前一个词以辅音结尾，后一个词以元音开头，就可以把辅音与元音连起来读。如：

◇ I want-it. 我想要这个。

want 结尾的 /t/ 和 it 开头的 /i/ 连成 /ti/。

◇ We have-an-English friend. 我们有一位英国朋友。

此句中有两处连读，第一处是 have 结尾的辅音 /v/（ve 中的 e 不发音）与 an 的开头元音 /æ/ 连读为 /væ/；第二处是 an 结尾的辅音 /n/ 与 English 的开头元音 /i/ 连读为 /ni/。

更多例子：

◇ I'm-an-English boy.

◇ It-is-an-old book.

◇ have-a look-at-it

◇ Put-it-on, please.

◇ Not-at-all.

◇ Call-it-a day.

Tips

以辅音结尾的单词，其结尾辅音要发得干脆利落，不要拖泥带水。很多人喜欢在单词结尾辅音后加上一个不存在的元音 /ə/。例如把 like 发成“赖可”（把 /k/ 发成了 /kə/），it 发成“意特”（把 /t/ 发成了 /tə/）。虽然不影响交流，但听起来比较蹩脚，应注意改正。

（二）r/re+ 元音

当相邻两词中的前一个词以 r 或 re 结尾，后一个词以元音开头，这时 r 或 re 的发音为 /r/，可以与后面的元音拼起来连读。如：

◇ father-and mother

◇ I looked for-it.

◇ There-is a football under-it.

需要注意的是，r 有两种不同的发音。当 r 在元音之前时，它的发音为 /r/，例如 red，read，以上三个示例中 r 的发音都是如此。当 r 在元音之后时，则分为两种情况。在英音中，r 一般不发音；在美音中，r 会把它前面的元音 /r/ 化，或者叫卷舌化。例如 car，her，ear，在美式发音中，它们结尾的 r 都发卷舌音 /r/，而在英式发音中则不用发出。这是美式发音和英式发音的区别之一。

另外，为了省力，单词内部的 /r/ 有时会省略不读。如：

◇ surprise → su(r)prise

◇ particular → pa(r)ticular

（三）辅音 + 半元音

在大多数音标体系中，字母 y 的主要发音 /j/ 被归类为半元音（它的发音也确实像元音 /i/）。如果相邻两词中的前一个词以辅音结尾，后一个词以 /j/ 开头，那么它的情况“辅音 + 半元音 /j/”就近似“辅音 + 元音”，也可以连读。如：

◇ Thank-you.

◇ I want to make-you happy.

/j/ 的连读有时还会产生“融合”现象。

1. 辅音 /d/ 与 /j/ 相邻时，可以融合为 /dʒ/，即 /d/+/j/=/dʒ/。如：

◇ Would-you like-a cup-of tea?

◇ Did-you do this?

2. 辅音 /t/ 与 /j/ 相邻时，可以融合为 /tʃ/，即 /t/+/j/=/tʃ/。如：

◇ Nice to meet-you.

◇ I came here last-year.

3. 辅音 /s/ 与 /j/ 相邻时，可以融合为 /ʃ/，即 /s/+/j/=/ʃ/。如：

◇ I miss-you.

◇ this-year

4. 辅音 /z/ 与 /j/ 相邻时，可以融合为 /ʒ/，即 /z/+/j/=/ʒ/。如：

◇ as-you wish

（四）加音

当两个以元音结尾的单词相邻时，有时会在二者之间加上一个原本不存在的过渡音，从而使整体发音更加连贯。常见情况有以下三种：

1. 加 /w/

当元音 /uː/, /u/, /au/, /əu/ 后面紧跟一个元音时，会在两者之间加入一个发音很轻的 /w/。如：

◇ do it → do+ /w/ + it

◇ who is → who+ /w/+ is

◇ too often → too + /w/ + often

2. 加 /j/

当元音 /iː/, /i/, /ei/, /ai/, /ɔi/ 后面紧跟一个元音时，会在两者之间加入一个发音很轻的 /j/。如：

◇ I am → I + /j/+ am

◇ she asked → she+ /j/ + asked

以上两种情况之所以会发生，是因为 /u/ 和 /i/ 虽然是元音，但发音近似辅音 /w/ 和 /j/（这两个辅音也被称作“半元音”）。当它们后面紧跟元音时，情况就与“辅音 + 元音”相似。为了使整体发音更加连贯，可以加入相应的辅音 /w/ 和 /j/。

3. 加 /r/

当元音 /ə/, /ɔː/ 后面紧跟一个元音时，会在两者之间加入一个发音很轻的 /r/。如：

◇ the idea of → the idea+ /r/ + of

◇ China and India → China+ /r/ + and India

◇ law and order → law+/r/+ and order

◇ saw a film → saw+ /r/ + a film

这种情况之所以会发生，是因为 /ə/，/ɔː/ 的舌位与 /r/ 相似，当它们后面紧跟元音时，在中间加入一个 /r/，连起来读会更轻松。**注意**：加 /r/ 的现象主要出现在英式发音中，而很少出现在美式发音中。

（五）击穿

当辅音结尾 +/h/ 时，常常把 /h/ 击穿（也可以认为是省略 /h/），让前面的辅音和 /h/ 之后的元音直接连读。如：

come here → come here → com-ere

here 的 /h/ 被击穿，只剩下 ere，come 的 /m/ 直接连上 ere/ɪər/，整体发音为：com-ere /kʌmiər/。

更多例子：

◇ I love her. → I lov-er.

◇ Don't tell him. → Don't tell-im.

◇ You could have done this. → You could-ave done this.

Tips

除了最常见的 /h/，其他辅音有时也会发生击穿现象，如：

something，th 的发音 /θ/ 被击穿，something 整体读成 some-ing；

get them，them 中 th 的发音 /ð/ 被击穿，只剩下 em，get them 整体读成 get-em。

（六）不同意群不连读

连读一般在意群之内发生，不同意群之间，即使符合连读规律，一般也不连读。所谓“意群”，就是句子中按照意思和结构划分的各个小整体。同一意群中的词与词关系紧密，不会随意拆分，读起来也很少停顿。而不同意群之间，即使没有标点符号隔开，朗读时也会稍作停顿。如：

◇ Is it a hat or a cat?

前半部分 is it a hat 是一个意群，后半部分 or a cat 是一个意群。朗读时一般会在 hat 后面稍作停顿，读作：Is it a hat / or a cat? 尽管 hat 与 or 按照规则可以连成 hat-or，但因为两个单词不在同一个意群中，所以一般不连读。

◇ Do you speak-English or French?

English 和 or 可以连读，但由于不在同一个意群中，所以一般不连读。

需要指出的是，不同意群不连读的习惯并不是绝对的，尤其当语速较快时，不同意群的单词之间也可以适当连读。

二、失去爆破（也叫“不完全爆破”“无声除阻”）

/p//t//k//b//d//g/ 这 6 个辅音通常被称为“爆破音”。它们在发音时，会先在口腔中形成阻碍，然后用气流冲破阻碍，有一种爆破的感觉。然而，当爆破音后面紧跟辅音时，为了前后衔接更加连贯，它的阻碍往往不会被气流完全冲破，而是小小地冲击一下，做出口型动作，但不发声，仅做短暂的停留。也就是说，爆破音此时并没有被完全发出来，而是在一定程度上失去了。这样的音变现象叫作“失去爆破”，简称“失爆”（也叫“不完全爆破”“无声除阻”等）。失爆既可以发生在单词内部，例如 advice 中的 /d/ 失爆；也可以发生在单词之间，例如 big time 中 big 的 /g/ 失爆。

（一）单词内失爆

◇ active　　/k/+ 辅音 /t/，/k/ 失爆

◇ football　　/t/+ 辅音 /b/，/t/ 失爆

愉悦学英语

◇ captain /p/+ 辅音 /t/，/p/ 失爆

◇ admit /d/+ 辅音 /m/，/d/ 失爆

◇ goodness /d/+ 辅音 /n/，/d/ 失爆

◇ heartless /t/+ 辅音 /l/，/t/ 失爆

◇ advance /d/+ 辅音 /v/，/d/ 失爆

◇ bookshop /k/+ 辅音 /ʃ/，/k/ 失爆

◇ helpful /p/+ 辅音 /f/，/p/ 失爆

◇ lecture /k/+ 辅音 /tʃ/，/k/ 失爆

◇ object /b/+ 辅音 /dʒ/，/b/ 失爆

（二）单词间失爆

◇ Stop talking. /p/+ 辅音 /t/，/p/ 失爆

◇ I don't care. /t/+ 辅音 /k/，/t/ 失爆

◇ Good morning. /d/+ 辅音 /m/，/d/ 失爆

◇ Let me take a look. /t/+ 辅音 /m/，/t/ 失爆

◇ I don't know. /t/+ 辅音 /n/，/t/ 失爆（know 中的 k 不发音）

◇ I would like to go. /d/+ 辅音 /l/，/d/ 失爆

◇ You look fantastic. /k/+ 辅音 /f/，/k/ 失爆

◇ a good view /d/+ 辅音 /v/，/d/ 失爆

◇ I'll get there. /t/+ 辅音 /ð/，/t/ 失爆

◇ I haven't read the book. /t/+ 辅音 /r/，/t/ 失爆

◇ a good chance /d/+ 辅音 /tʃ/，/d/ 失爆

◇ a great success /t/+ 辅音 /s/，/t/ 失爆

◇ I am quite sure about it. /t/+ 辅音 /ʃ/，/t/ 失爆（quite 中的 e 不发音）

◇ Don't judge me. /t/+ 辅音 /dʒ/，/t/ 失爆

三、相同的辅音相连

（一）相同的爆破音相连

当两个相同的爆破音相连时，前一个爆破音做口型但不发声，仅短暂

停留。如：

◇ fat Tom　/t/+/t/，前一个 /t/ 做口型不发声，仅短暂停留

◇ a big gate　/g/+/g/，前一个 /g/ 做口型不发声，仅短暂停留

（二）相同的辅音 /s/，/l/，/f/，/v/，/m/，/n/，/w/，/h/ 等相连

只读前面一个辅音且短暂地延长，然后直接连接下一个单词，中间没有停顿。如：

◇ bus station　/s/+/s/

◇ home made　/m/+/m/

◇ fish shop　/ʃ/+/ʃ/

◇ life force　/f/+/f/

（三）相同的辅音 /ʤ/ 和 /ʧ/ 相连

发音一般不改变，正常读两遍。如：

◇ orange juice　/ʤ/+/ʤ/

◇ much cheaper　/ʧ/+/ʧ/

四、清辅音不送气

辅音包括清辅音和浊辅音两大类。发音时声带不振动的，叫作“清辅音”，如 /k/，/t/，/p/，/f/，/s/，/tr/ 等；发音时声带振动的，叫作“浊辅音”，如 /g/, /d/, /b/, /v/, /z/, /dr/ 等。发浊辅音时一般不送气，发清辅音时则送气。你可以在发音的同时把手放在嘴前和喉部，感受送气和声带振动的不同。

当清辅音前面存在 /s/ 时，由于 /s/ 已经完成了一定程度的送气，/s/ 后面的清辅音就无须再送气，它的发音也会随之改变，变得更接近与之对应的、同一发声动作的浊辅音。例如 sky，音标是 /skaɪ/，其中的清辅音 /k/ 位于 /s/ 之后，所以不再送气，/k/ 的发音变得像一个轻轻念出的浊辅音 /g/，这就是清辅音的不送气现象。更多例子：

◇ /k/ 不送气，变得像轻声的 /g/：school，sky，skate，discussion

◇ /t/ 不送气，变得像轻声的 /d/：stand，stop，step，stock

◇ /p/ 不送气，变得像轻声的 /b/：sport，special，spider，express

◇ /tr/ 不送气，变得像轻声的 /dr/：strong，street，strange

◇ /tʃ/ 不送气，变得像轻声的 /dʒ/：texture，gesture，question

发 /s/ 的字母主要是 s，所以不送气现象常常发生在带有 s 的单词之中，例如 sky，speed 等。但带有字母 x 的单词也常常出现不送气现象，因为字母 x 一般发 /ks/，当某个发清辅音的字母紧跟 x 之后时，清辅音就会出现在 /ks/ 中的 /s/ 后面，于是就产生了不送气现象。例如 experience /ɪkˈspɪriəns/，express /ɪkˈspres/，expect /ɪkˈspekt/ 这三个单词中的 /p/，都变得像一个轻声的 /b/。

除了位于 /s/ 之后，当清辅音符合“非单词开头”“非重读”这两个条件时，也常常不送气。例如：purple /ˈpɜːrpl/，第一个 /p/ 位于单词开头，且是重读音节，保持原本送气的发音方式。第二个 /p/ 位于非重读音节，所以不送气，发音变得接近一个轻声的 /b/。

更多例子：

◇ open　/p/ 不送气，变得像轻声的 /b/

◇ happy　/p/ 不送气，变得像轻声的 /b/

◇ maker　/k/ 不送气，变得像轻声的 /g/

◇ market　/k/ 不送气，变得像轻声的 /g/

除了单词内部，以上现象同样发生在单词之间。以短语 pick up（捡起）为例，pick 中的 /p/ 位于整个短语的重读部分，所以保持原本送气的发音方式。而 pick 中的 /k/ 不重读，所以不送气，变得像一个轻声的 /g/，再与后面的 up 连读，变成近似 g-up 的发音。

pick-up（捡起）

重读，/p/ 保持送气

非重读，/k/ 不送气，变得接近轻快的 /g/

更多例子：

◇ help-out　/p/ 不送气，变得像轻声的 /b/，p-out 的发音近似 b-out

◇ keep-it　　/p/ 不送气，变得像轻声的 /b/，p-it 的发音近似 b-it

◇ check-out　　/k/ 不送气，变得像轻声的 /g/，k-out 的发音近似 g-out

关于清辅音的不送气现象，有些语音学专家甚至认为，为了更加省力，在非重读音节中，清辅音 /p/，/k/，/t/ 其实都是默认不送气的，只有在被重读强调时才会增加送气。另外，清辅音不送气现象在美式发音中十分常见，而在英式发音中则比较少见。

需要特别强调的是，清辅音不送气也经常被称为"浊化"。所谓"浊化"，就是清辅音 /k/，/t/，/p/，/f/，/s/，/tr/ 直接变成与之对应的浊辅音 /g/，/d/，/b/，/v/，/z/，/dr/。但通过前面的讲解我们已经知道，这种说法并不准确。不送气的清辅音听起来像轻声的浊辅音，但两者并不完全相同。也就是说，sky /skaɪ/ 中的清辅音 /k/，只是由送气的 /k/ 变成了不送气的 /k/，而不是直接变成了 /g/。它听起来像一个轻声的 /g/，但并不完全一样，它没有 /g/ 的发音那么重，气流的阻塞感也没那么强。当然，在实际说话的过程中，如果语速较快，两者听起来确实区别不大。如果你无法区分清辅音不送气和浊化，也无须纠结，按照以前的习惯自然地发音即可。

五、/t/ 的发音改变

在美式发音中，当 /t/ 符合"非重读""处于元音之间"这两个条件时，经常被读作"闪音"（即：Flap T），例如 water 中的 /t/。其具体发音方式是：舌尖在上齿后方（大约上齿龈处）轻轻一点，然后马上闪开，发出一个瞬间阻挡气流的音。/t/ 的闪音听起来有点像快速、轻声的 /d/，所以也常常被认为是浊化现象，但二者只是相似，并不完全相同。

除了单词内部，单词之间连读时，字母 t 也经常被读作"闪音"。如：

◇ not-at-all

◇ get-up

◇ get-out

除了闪音，/t/ 还有一些其他的发音改变情况。

（一）/t/ 前面有鼻音 /n/

当 /t/ 前面存在一个鼻音 /n/ 时，则 /t/ 可以省略，不发音。以 winter 的发音为例，/t/ 省略，导致 win(t) er 中的 n 直接连上词末的 er，变成 win-er，整体听起来就和 winner（胜利者）的发音相同。如：

◇ interview　　/t/ 不发音，interview → in-erview

◇ center　　/t/ 不发音，center → cen-er

◇ twenty　　/t/ 不发音，twenty → twen-y

◇ want it　　/t/ 不发音，want → wan-it

（二）/t/ 后面有鼻音 /n/

当 /t/ 后面紧跟一个鼻音 /n/ 时，/t/ 几乎不发音，只是在 /n/ 发出之前，产生一种气流被堵塞的感觉，所以这个发音也叫“喉塞音”。大家注意听我的语音示范。

◇ mountain　　/t/ 几乎省略，整体听起来像“mou-n”

◇ button　　/t/ 几乎省略，整体听起来像“bu-n”

◇ written　　/t/ 几乎省略，整体听起来像“ri-n”

另外，以上所有 /t/ 的发音改变，在美式发音中十分常见，在英式发音中则很少出现。

六、弱读

单词中某些开口较大、用力较强的元音，被另外一个开口较小、用力较轻的元音来替代，这种现象就是弱读。**弱读中最常见的情况就是元音弱读为 /ə/。**如：

◇ at　　/æt/ 弱读为 /ət/　　Look at me.

◇ to　　/tuː/ 弱读为 /tə/　　Nice to meet you.

◇ for　　/fɔːr/弱读为 /fər/　　It’s for you.

◇ can　　/kæn/ 弱读为 /kən/　　I can do this.

一般来说，句子中地位相对重要的实词，例如名词、动词、形容词、副词等，通常不弱读，而相对次要的虚词，如介词、连词、冠词等，则经常弱读。例如：在“Nice to meet you”中，承担句子主要信息的形容词 nice 和动词 meet 不弱读，而起连接作用的介词 to 则由原本的 /tuː/ 弱读为 /tə/。在“Look at me”中，动词 look 不弱读，起连接作用的介词 at 则由原本的发音 /æt/ 弱读为 /ət/。

更多元音弱化成 /ə/ 的情况，大家注意听我的语音示范。

◇ 介词：at, to, for, from, of

◇ 代词：you, us, her, them

◇ 连词：and, but

◇ 冠词：a, an

◇ 助动词：am, are, do, does, have, has, can, could, should, would

除了弱化为 /ə/，也有极少数其他情况，例如在 me, he, she 中，/iː/ 被弱化成了 /i/。如：

◇ me　　/miː/ 弱读为 /mi/

◇ he　　/hiː/ 弱读为 /hi/

◇ she　　/ʃiː/ 弱读为 /ʃi/

另外，弱读只是一种常见的省力发音方式，但并非必须做到的发音方式。以下两种情况一般不弱读。

1. 单词出现在句尾，如：

◇ what for（为什么，什么目的），for 无须由 /fɔːr/ 弱读为 /fər/。

2. 特意强调句子中某个单词时，如：

◇ I can do the job. 我能做这份工作。

当你想强调你“能”做到，则 can 不弱读成 /kən/，而是读原本的发音 /kæn/，甚至会有一定的语气强化。

更多例子：

◇ He is a bad guy. 他是一个坏人。

为了加强语气，a 的发音从 /ə/ 强化成 /ei/（字母 a 的发音）。

◇ He is the guy. 他就是那个（独一无二的）家伙。

为了加强语气，the 的发音从 /ðə/ 强化成 /ði:/。

注意：

很多人说英语的语调很平，主要原因之一就是弱读不到位，把句子中每个单词都读得一样强，缺少强弱对比。实际上，英语句子中的弱读音节几乎无处不在，有时甚至比重读音节还多。

现在，请你用两种方式朗读下面的句子。第一种：加下划线部分弱读，其余部分适当重读；第二种：全句重读，不分强弱。注意体会二者的差异，同时听我的讲解示范。如：

◇ The cat has been eating all kinds of food.

这只猫一直以来什么食物都吃。

◇ I can do the job. 我能做这项工作。

七、省音

为了更加省力，单词中部分发音常常直接跳过不读，相当于被完全省略，这种发音改变现象叫作“省音”。常见的省音情况有以下几种。

（一）/t/ 和 /d/ 的省音

◇ next day　/t/ 完全省略，读成 nex-day

◇ must be　/t/ 完全省略，读成 mus-be

◇ you and me　/d/ 完全省略，读成 you n me（and 的 /ə/ 也常常被省略，整个单词读成 n）

◇ lend to　/d/ 完全省略，读成 len-to

注意：

省音和失爆听起来非常接近，但并不相同。省音是把某个音直接跳过不读，相当于完全省略；而失爆是只做出口型动作但不发声，并短暂停留，相当于部分省略。省音和失爆并没有对错之分，只是不同的音变选择。以 nice to meet you 为例，在 meet you 部分，你有几种音变选择：

省音：meet you 的 /t/ 完全省略，读作 nice to mee-you

失爆：meet you 的 /t/ 部分省略，做出口型但不发音，仅短暂停留，读作 nice to mee(t)-you

融合：meet 的 /t/ 和 you 的 /j/ 融合，/t/+/j/=/tʃ/，读作 nice to meet-you（/ˈmiːtʃuː/）

（二）/ŋ/ 的省音

美音中带有 ing 的动词，常常省略结尾部分的 g，将 /ŋ/ 替换成 /n/ 作为结尾，写作 ing → in'。类似汉语拼音中把本该发后鼻音的字直接读成前鼻音，例如把"京（jing）"发成"津（jin）"。更多例子：

◇ What are you doin'?

◇ I like singin' and dancin'.

（三）其他省音

◇ different 中的第一个 e 省略，/ˈdɪfərənt/ → /ˈdɪfrənt/

◇ interesting 中的第一个 e 省略，/ˈɪntərəstɪŋ/ → /ˈɪntrəstɪŋ/

◇ similar 中的第二个 i 省略，/ˈsɪmələr/ → /ˈsɪmlər/（可省可不省）

◇ family 中的 i 省略，/ˈfæməli/ → /ˈfæmli/（可省可不省）

注意：

有些单词的省音属于可省可不省，即有些人习惯省略，有些人习惯不省略，这两种情形下的读法都是正确的。如果你无法确定单词的发音，可以查询词典或询问老师。

更多例子：

◇ Chistmas ◇ sandwich ◇ history

◇ factory ◇ mathematics ◇ know

◇ knee ◇ write ◇ wrong

八、缩写

缩写，就是把某些单词或短语组合在一起。例如：I am 缩写为 I'm，you are 缩写为 you're 等。更多例子：

◇ he is → he's	He's happy.
◇ she is → she's	She's sad.
◇ is not → isn't	It isn't my book.
◇ can not → can't	I can't do this.
◇ I will → I'll	I'll go.
◇ he will → he'll	He'll do it.
◇ they will → they'll	They'll come tomorrow.
◇ I have → I've	I've won.
◇ could have → could've/coulda	I could've/coulda passed the exam.
◇ should have → should've/shoulda	You should've/shoulda finished it.
◇ I would → I'd	I'd like to go.
◇ want to → wanna	I wanna do it.
◇ going to → gonna	He's gonna leave.
◇ kind of → kinda	It's kinda big.
◇ sort of → sorta	We're sorta busy here.
◇ out of → outta	Get outta here.
◇ a lot of → a lotta	I have a lotta money.
◇ (have) got to → gotta	I gotta go.
◇ give me → gimme	Gimme more.
◇ what are you → wachya	Wachya doing?
◇ you and I → you 'n' I	
◇ come on → c'mon	
◇ good-bye → g'bye	

ain't 是日常口语化的缩写，表示"不是，没有"，可以是以下各种否定形式的缩写：

am not/is not/are not/have not/has not/did not...

◇ She ain't my friend. = She is not my friend.

◇ I ain't gonna do it. = I am not gonna do it.

◇ He ain't done it. = He has not done it.

另外，有些不同单词的组合缩写之后形式变得相同了，这时就要根据其后的单词来区分，例如 she is 和 she has 的缩写都是 she's，但 has 之后只能接动词的过去分词形式（done），构成 she has done 的现在完成式，而其他情况下则是 she is 的缩写。例如：

◇ She's left. = She has left.（left 为过去分词）

◇ She's beautiful = She is beautiful.（beautiful 为形容词）

◇ She's a teacher = She is a teacher.（a teacher 为名词短语）

类似的情况还有 I would 和 I had，两者都可以缩写为 I'd。其中 I would 一般接动词原形；I had 接动词的过去分词形式，构成 I had done 的过去完成式。例如：

◇ I'd left when you arrived. = I had left when you arrived.（left 为过去分词）

◇ I'd like to have some soup. = I would like to have some soup.（like 为动词原形）

需要强调的是，缩写多用于非正式场合的口语交流中，在正式场合以及严肃的书面交流中比较少见。

以上就是常见的八种音变现象的总结。再次强调，音变知识是英语学习中的重点，直接关系到你的听力和口语水平能否更进一步，一定要注意学好、消化掉。不仅如此，与听写、练口语、记单词、学语法、练发音等项目相比，音变知识是能够在短时间内取得实质性突破的。因此，不管你此刻的英语基础如何，都应专门抽出 2~3 周的时间，反复读我列出的这些单词和短语，直到熟练掌握。

本篇回顾

- 理解每一种音变现象的原理。
- 制订一项 14 天计划，每天用正确的音变方式朗读文中的单词和短语。

第一章 第二章 第三章 第四章 第五章 第六章 第七章

英语园地

萧伯纳吐槽英语单词拼写

很多人都吃过英语单词拼写的苦头，但你或许不知道，就连英国人自己也对英语单词的某些拼写方式不满。早在 19 世纪，人们就展开了“拼写改革”的相关讨论，其中一个经常被提及的单词就是 ghoti。据说著名剧作家萧伯纳为了吐槽英语单词拼写的不规则性，专门造出了单词 ghoti，考人们该如何发音。结果有人念 ga-tee，有人念 go-tee。萧伯纳笑着说:“都不对，应该念 fish（鱼）！”众人奇怪地问他原因，他回答说:“enough 中的 gh 发 /f/，women 中的 o 发 /ɪ/，action 中的 ti 发 /ʃ/，把它们合起来，就是 fish（/fɪʃ/）呀！”

05 听力精练八篇

方法学完，该实践了！我为大家精心挑选了八篇听力材料（基础和进阶难度各四篇）。基础难度材料和之前的“点餐”场景类似，进阶难度材料和之前的“散步”场景类似。练习的顺序是：1）听音频，严格按步骤完成听写稿；2）核对音频原文（不要提前看答案），标记错误；3）听讲解音频；4）模仿朗读难点和出错的部分；5）泛听复习。

好了，马上开始你的听写大挑战吧！

基础难度材料

音频 2-11
（场景：购物）

音频 2-12
（场景：问路）

音频 2-13
（场景：预约出租车）

音频 2-14
（场景：寻找失物）

Text 1

场景：购物

A: May I help you, Miss?	小姐，您有什么需要吗？
B: Yes, I'd like to see one of those T-shirts.	有，我想看看那其中的一件T恤。
A: You mean this one?	您是指这件吗？
B: Yes. What's this made of?	是的。这是什么料子做的？
A: 100% pure cotton. Very comfortable.	百分百纯棉的，穿起来很舒服。
B: Sounds good. Can I try it on?	听起来不错。可以试试吗？

A: Certainly. What size do you wear?	当然。您穿什么号码？
B: Medium size.	中号。
A: Here you are. The dressing rooms are over there.	给您。试衣间在那边。
(A few minutes later)	（几分钟后）
A: How does it fit?	合适吗？
B: It's a little tight. Do you have a bigger size?	有点紧。有大一号的吗？
A: Sure, just a second. I'll get one for you.	当然，稍等，我去给您拿。

重难点词汇

cotton /ˈkɑːtn/ *n.* 棉的，棉质的

try on 试穿

dressing room 试衣间

comfortable /ˈkʌmftəbl/ *adj.* 舒适的

medium /ˈmiːdiəm/ *adj.* 中等的，中号的

tight /taɪt/ *adj.* 紧的

音频 2-15

（Yuyu 老师讲解"购物"场景；核对答案并标注难点，进一步完善笔记）

Text 2

场景：问路

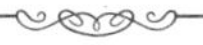

A: Excuse me. Could you tell me how to get to the closest shopping mall?	不好意思，你能告诉我最近的购物广场怎么走吗？
B: Sure! Are you going to take the bus or walk there?	当然。你想坐公交车还是走路去呢？
A: I think I'll walk, so I can look around at the same time.	我打算走路去，顺便可以四处看看。
B: Then you can go down this street for three blocks and make a left. It's right there.	那你沿着这条街道走三个街区，然后左转就到了。
A: How long will it take?	大概要走多久？
B: It's about fifteen minutes.	大约 15 分钟。
A: You are so nice. Thank you very much.	你人真好，十分感谢！

B: Not at all. 不客气。

重难点词汇

shopping mall 购物广场 **go down** 沿着 **block** /blɑːk/ *n.* 街区

音频 2-16

（Yuyu 老师讲解“问路”场景；核对答案并标注难点，进一步完善笔记）

Text 3

场景：预约出租车

A: Good morning. This is City Taxi. How can I help you?	早上好，这里是城市出租车公司。有什么可以为您效劳的吗？
B: Good morning. I would like to book a taxi for six o'clock this afternoon.	早上好，我想预约一辆今天下午 6 点的出租车。
A: No problem. Can I have your name and phone number, please?	没问题。请问能告诉我您的名字和电话号码吗？
B: Jack Smith. My number is 07343236258.	杰克・史密斯。我的电话号码是 07343236258。
A: Thank you, Mr. Smith. And what's your destination?	谢谢您，史密斯先生。请问您的目的地是哪里？
B: I'm going to the train station to catch the 7 o'clock train.	我要去火车站赶 7 点的火车。
A: OK. Can I have your address, please?	好的，您的地址是？
B: No.27 Harrison Street.	哈里森街 27 号。
A: Alright, six o'clock at No.27 Harrison Street. The driver will give you a call when he gets there.	好的，6 点在哈里森街 27 号，司机到了会给您打电话。

重难点词汇

destination /ˌdestɪˈneɪʃn/ *n.* 目的地 **train station** 火车站 **address** /əˈdres/ *n.* 地址

音频 2-17

（Yuyu 老师讲解“预约出租车”场景；核对答案并标注难点，进一步完善笔记）

Text 4

场景：寻找失物

A: Hello. Excuse me.	你好，打扰一下。
B: Yes. Can I help you?	请讲，有什么可以帮您的吗？
A: I was here for dinner half an hour ago. Do you remember me?	半小时前我在这里吃晚餐，你还记得我吗？
B: Yes, I do.	记得。
A: I think I lost my bag here. Can you help me look for it?	我想我把包落在这里了，你能帮我找找吗？
B: Sure. What does it look like?	当然可以，是什么样的包？
A: It's a black nylon bag, about this big. There is my passport and some cash in it.	是一个黑色尼龙包，大约这么大。里面有我的护照和一些现金。
B: OK, I'll check with the front desk. Just a moment, please	好的，我去问问前台。请您稍等。
(One minute later)	（一分钟后）
B: I do have a black bag here. But you need to prove ownership if you want to claim it back.	我们这里确实有一个包。不过在拿回包之前，您必须证明包是您的。
A: Oh, There is my passport in it. The name is Jack Smith. And you can check the photo.	哦，我的护照在里面，名字是杰克·史密斯。你可以核对照片。
B: I think it does belong to you. Well, you only need to fill out a form before you can have it back.	我认为这个包确实是您的。您只需要填写这张表格就能把包拿回去了。

A: No problem. And thank you so much for the help.	没问题。非常感谢你的帮助。
B: My pleasure.	乐意为您效劳。

重难点词汇

nylon /ˈnaɪlɑːn/ *n.* 尼龙　　**ownership** /ˈoʊnərʃɪp/ *n.* 所有权　　**claim back** 索回

音频 2-18

（Yuyu 老师讲解“寻找失物”场景；核对答案并标注难点，进一步完善笔记）

进阶难度材料

音频 2-19

（场景：旅行）

音频 2-20

（场景：看电影）

音频 2-21

（场景：结交朋友）

音频 2-22

（场景：听音乐）

Text 1

场景：旅行

A: Do you like traveling?	你喜欢旅行吗？
B: Yes, absolutely. Travel makes me happy and relaxed. I love discovering new places, which broadens my horizons and expands my knowledge.	是的，当然。旅行使我快乐和放松。我喜欢发现新的景点，这个过程可以让我开阔视野、拓展知识。
A: What form of transport do you prefer when you travel?	你旅行时喜欢哪种交通工具？
B: I prefer traveling by air cause it's fast. High-speed rail is a good option too. Sometimes I also go on a road trip, which is freer. But most of the time, flying is my first choice; it's time-saving and safe.	我喜欢乘飞机旅行，因为它很快。当然，高铁也是一个不错的选择。有时我也会自驾游，这样更自由。但大多数时候，飞行是我的首选，因为它既省时又安全。

A: What's the place that left the deepest impression on you when traveling?	旅行中给你留下最深刻印象的地方是哪里？
B: I would say Beijing. It's a perfect combination of tradition and modernity. It has a bustling, impressive modern side, as well as a traditional, historical side. I went to the Great Wall, the Temple of Heaven and the Forbidden City. These attractions are so amazing that they really blew my mind.	我认为是北京，因为它是传统与现代的完美结合。它既有繁华、令人印象深刻的现代的一面，也有传统、历史的一面。我去了长城、天坛和故宫。这些景点都是如此了不起，它们真的令我叹为观止。

重难点词汇

absolutely /ˌæbsəˈluːtli/ *adv.* 绝对地

horizon /həˈraɪzn/ *n.* 地平线，眼界

high-speed rail 高铁

option /ˈɑːpʃn/ *n.* 选择

combination /ˌkɑːmbɪˈneɪʃn/ *n.* 结合

historical /hɪˈstɔːrɪkl/ *adj.* 历史的

blow one's mind 令人叹为观止

broaden /ˈbrɔːdn/ *v.* 增长（知识、经验等）

transport /ˈtrænspɔːrt/ *n.* 交通工具

road trip 自驾游

impression /ɪmˈpreʃn/ *n.* 印象

bustling /ˈbʌslɪŋ/ *adj.* 熙熙攘攘的

attraction /əˈtrækʃn/ *n.* 有吸引力的事物

音频 2-23

（Yuyu 老师讲解“旅行”场景；核对答案并标注难点，进一步完善笔记）

Text 2

场景：看电影

A: Do you like watching movies?	你喜欢看电影吗?
B: Yes, I do. I'm a movie addict. For me, watching movies after work is a very good way to relax and have fun. You know, those blockbuster films are really entertaining and provoking.	是的。我是一个电影迷。对我来说，下班后看电影是一种很好的放松和娱乐方式。你知道的，那些大片真的是既有趣又刺激。

A: What kind of movies do you like?

你喜欢什么类型的电影？

B: I don't really have a specific preference. Sometimes I watch action movies because they are exciting and full of physical stunts. I'm also kind of into sci-fi movies. They make me wonder about the future and the special effects are really breathtaking. I guess I could say I like any kind of movies that make me feel good.

我并没有什么特别的偏好。有时我看动作片，因为动作片刺激，还有各种身体动作特技。我也挺喜欢科幻片的，科幻片可以让我思考未来，特效也令人惊叹。我觉得只要能让我感觉不错的电影，我都喜欢。

A: Where do you prefer to watch movies?

你喜欢在哪里看电影？

B: I prefer to watch movies on online platforms such as Youku or iQIYI instead of going to the cinema because it's free and quieter. You don't need to put up with those rude and noisy people who don't follow the rules. Plus, I can pause the movie anytime to get refreshments or go to the bathroom. Most importantly, I don't have to turn off or silence my cellphone.

比起去电影院看电影，我更喜欢在优酷或者爱奇艺这样的网络平台上看电影，因为这样更自由、更安静。你不需要忍受那些不遵守规则的粗鲁、吵闹的人群。另外，我可以随时暂停电影去吃点心或者去洗手间。最重要的是，我不用把手机关机或设置成静音模式。

重难点词汇

movie addict 电影迷

blockbuster /ˈblɑːkbʌstər/ *n.* 非常成功的书或电影大片

entertaining /ˌentərˈteɪnɪŋ/ *adj.* 使人愉快的，娱乐的

provoking /prəˈvoʊkɪŋ/ *adj.* 刺激的

specific /spəˈsɪfɪk/ *adj.* 明确的，具体的

preference /ˈprefrəns/ *n.* 偏爱，偏好

physical /ˈfɪzɪkl/ *adj.* 身体的

stunt /stʌnt/ *n.* 特技表演

sci-fi /ˈsaɪ faɪ/ *n.* 科幻小说（science fiction 的非正式说法）

breathtaking /ˈbreθteɪkɪŋ/ *adj.* 激动人心的

platform /ˈplætfɔːrm/ *n.* 平台

put up with 忍受

refreshment /rɪˈfreʃmənt/ *n.* 点心

音频 2-24

（Yuyu 老师讲解"看电影"场景；核对答案并标注难点，进一步完善笔记）

Text 3

场景：结交朋友

A: What do you think makes a good friend?

你认为什么是好朋友？

B: A good friend is someone who will always be there for you no matter what happens. He or she will never judge you or deliberately hurt your feelings. Also, good friends are always willing to lend a hand without expecting anything in return.

好朋友是无论发生什么事都会在你身边的人。他或她永远不会评判你或故意伤害你的感情。不仅如此，好朋友总是愿意伸出援手，不求任何回报。

A: Do you think you are a good friend to others?

你认为你对别人来说是一位好朋友吗？

B: I think so. First of all, I'm a funny guy. I'm pretty sure you always like to hang out with people who are funny, right? Besides, I'm a very good listener as well. When there is a disagreement between me and my friend, I always listen at first and then give my opinions accordingly. I believe the best way to resolve conflicts is to agree to disagree.

我想是的。首先，我是一个有趣的人。我相信你总是喜欢和有趣的人一起玩，对吧？此外，我也是一个很好的倾听者。当我和我的朋友意见不一致时，我总是先聆听，然后给出相应的意见。我相信解决冲突的最好方法是求同存异。

A: Do you keep in contact with friends from your childhood?

你和儿时的朋友还保持联系吗？

B: Yeah, absolutely. I still keep in touch with most of my childhood friends thanks to the invention of smartphones and the development of social apps such as WeChat and QQ. This might have been difficult 20 or 30 years ago. But now, everything is fast and easy with the Internet.

是的，当然。得益于智能手机的发明以及微信、QQ 等社交应用的发展，我仍然和大部分儿时的朋友保持着联系。这在二三十年前可能很难做到，但现在有了互联网，一切都很简单快捷。

重难点词汇

deliberately /dɪˈlɪbərətli/ *adv.* 故意地	**hang out** 闲逛
disagreement /ˌdɪsəˈgriːmənt/ *n.* 分歧，争论	**accordingly** /əˈkɔːrdɪŋli/ *adv.* 相应地
resolve /rɪˈzɑːlv/ *v.* 解决	**conflict** /ˈkɑːnflɪkt/ *n.* 争执
keep in touch with 保持联系	**invention** /ɪnˈvenʃn/ *n.* 发明

音频 2-25

（Yuyu 老师讲解“结交朋友”场景；核对答案并标注难点，进一步完善笔记）

Text 4

场景：听音乐

A: When do you listen to music?

你一般什么时候听音乐？

B: I'm a big fan of music, so I listen to music all the time. For me, There are two types of listening, active listening and passive listening. Active listening is when I'm learning a new song, I try to remember all the details, like the lyrics and melody. Passive listening is usually when I listen to music while doing something else, like driving or working out at the gym. The music is more like background music to me.

我是一个超级乐迷，所以常常听音乐。对我来说，听音乐有两种形式，“主动听”和“被动听”。“主动听”是当我学习一首新歌的时候，我会试着记住所有的细节，例如歌词和旋律。“被动听”通常指我在做其他事情的时候顺便听音乐，例如开车时或在健身房锻炼时。这时候的音乐对我来说更像是一种背景音乐。

A: What kinds of music do you like to listen to?

你喜欢听什么类型的音乐？

B: I listen to all sorts of music from mainstream pop all the way to underground hip-hop. I grew up listening to lots of classical music as well. So I would say I like all kinds of music that make me feel good.

我听各种各样的音乐，从主流流行音乐到地下嘻哈音乐都听。我在成长的过程中也听了很多古典音乐。所以我想说，只要是让我感觉不错的音乐我都喜欢听。

A: What's your favorite kind of music?	你最喜欢哪种类型的音乐？
B: I've always been into pop music because it's just very catchy, like Jay Chou's songs. They can always wash away the dust of everyday life for me and put me in a good mood.	我一直很喜欢流行音乐，因为它朗朗上口，例如周杰伦的歌。它们总能为我洗去日常生活中的尘土，让我心情愉悦。

重难点词汇

active /ˈæktɪv/ *adj.* 积极主动的

passive /ˈpæsɪv/ *adj.* 被动的

lyric /ˈlɪrɪk/ *n.* 歌词

melody /ˈmelədi/ *n.* 旋律

mainstream /ˈmeɪnstriːm/ *adj.* 主流的

underground /ˌʌndəˈɡraʊnd/ *adj.* 地下的

classical /ˈklæsɪkl/ *adj.* 经典的

be into 喜欢

catchy /ˈkætʃi/ *adj.* （曲调或口号）悦耳易记的

音频 2-26

（Yuyu 老师讲解“听音乐”场景；核对答案并标注难点，进一步完善笔记）

06 方法升级！从听写到跟读

在讲解听力训练步骤时，我已经提过“听写”这一关键步骤很有效，但比较耗时间。在此，我会教大家进行方法升级，用一种更高效的操作来替代听写，这一操作就是“跟读”。

跟读，顾名思义，就是跟着读。听写是播放一句，暂停一下，写出听到的内容；跟读则是播放一句，暂停一下，跟着读出听到的内容。

当你积累了一定的听写量，对听力训练的每一步操作都能驾轻就熟时，就可以尝试把听写换成跟读。升级前后的操作对比如下：

一、整体泛听

二、逐句精听+听写

三、核对音频原文，总结错误，搞定难点

四、模仿朗读

五、复习泛听

一、整体泛听

二、逐句精听+跟读

三、边跟读边核对音频原文，总结错误，搞定难点

四、复习泛听

与原来的五个步骤相比，第一步和最后一步不变，第二步的“听写”替换为“跟读”，第三步则将“核对音频原文”替换为“边跟读边核对音频原文”。因为听写有听写稿，而跟读则没有，如果全篇跟读完再核对，就很难记住是对是错。而且此时你已经有了一定的听力训练经验，对自己常犯的错误也比较熟悉，无须再把每个词都写下来，所以一边跟读一边核对音频原文是更好的选择。此外，由于跟读的同时也可以模仿，所以省去原来的第四步

“模仿朗读”。

从“听写”变成“跟读”，除了可以大大减少时间的消耗，还能产生另外一个效果——训练语调。

不少人都有语调问题：虽然每个单词的发音都挺标准，但是整体听起来却很平淡，缺乏起伏，没有说英语的感觉。跟读可以有效地解决这一问题。我们之前说过，学习的第一步是模仿，当你不知道如何读出好听的语调时，直接模仿标准地道的原声录音就可以了。

具体操作时，除了要注意之前强调的连读、不送气等音变现象，还可以把停顿、重读、抑扬顿挫等语调变化在音频文本上标注出来，以便模仿得更加准确。此外，跟读无须强求语速，甚至可以放慢一点，多暂停几次，以适当的语速尽量将原文模仿到位，等到熟练后再尝试加速。具体的操作方法参见 Yuyu 老师的音频讲解。

音频 2-27（Yuyu 老师讲解操作方法）

坚持完成 5~10 篇音频材料后，你就会逐渐形成自己特有的语调风格。这时候，即使面对一篇全新的材料，你也能读得抑扬顿挫、声情并茂。

当你的跟读练习积累到一定的量，解决语调问题后，你的听力水平也就达到了一定的程度（比如雅思听力 6.5 分）。这时，训练步骤就可以进一步简化：

一、整体泛听
二、逐句精听+跟读
三、边跟读边核对音频原文，总结错误，搞定难点
四、复习泛听

一、选择性泛听或者不泛听
二、逐句精听但不跟读
三、碰到难点时核对音频原文，搞定并跟读
四、复习泛听

此时，“逐句精听 + 跟读”改成了“逐句精听但不跟读”。因为你已能听懂大多数日常话题的音频材料，因而没必要为了少量听不出来的难点而耗费大量时间跟读全文。**你只需要在听不出来的地方停下来，核对音频原文，分**

析错误原因，再跟读即可。另外，第一步“整体泛听”也改为了“选择性泛听或者不泛听”，随着听力水平的提升，你没必要把整篇材料先听上 3~5 遍。你可以直接选择精听，遇到难点时再暂停处理。唯一不变的就是最后一步“泛听复习”，复习是极为重要的，大家一定要执行到位。

本篇回顾

- 与听写相比，跟读具备两大优势：1）节省时间；2）帮助训练语调。
- 从基础和进阶难度材料中各选择两篇，完成全文跟读。

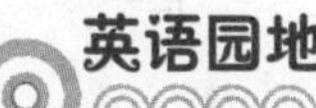

英语园地

“客套”用英文怎么说？

有些人觉得说客套话是中国人独有的，其实不然，西方人也有此类表达习惯。客套话是生活中的润滑剂，它可以展示尊重和素养，表露善意，促进和谐的相处，为双方的表达留下一定的余地，避免直奔主题的尴尬。“客套”用英文怎么说？Yuyu老师推荐以下两种表达：

- exchange greetings **互相问候，直译是“交换问候”**

  When people first meet, they usually **exchange greetings**.

  当人们初次见面时，通常会客套几句。

- be nice/polite **显得友善/有礼貌**

  She said she liked my new haircut, but I knew she was just **being nice/polite**.

  她说她喜欢我的新发型，但我知道她只是客套一下。

Chapter 03

第三章

口语

01 四道翻译题，抓住口语练习的关键

说完听力，该说口语了。如何提高口语，是每一个英语学习者都很关心的问题。可惜的是，很多人在学习多年之后仍然没找到正确的方向。在此我将以四道翻译题为切入点，详细讲解口语练习的关键方法，为你的口语水平提升扫清障碍、指明方向。

首先，我们来看看这四道翻译题：

1）“跷二郎腿”用英文怎么说？

答：________________

2）“你若安好，便是晴天。”用英文怎么说？

答：________________

3）“感谢你大老远来看我。”用英文怎么说？

答：________________

4）“我更喜欢久坐的生活方式，而不是费力的活动。”用英文怎么说？

答：________________

解析：

1）“跷二郎腿”可以说成 cross one’s legs。cross 是动词，表示“交叉”；cross one’s legs，意为“把两腿交叉摆放”，也就是“跷二郎腿”。

2）“你若安好，便是晴天。”这是一个“很文艺”的句子，乍看起来难以下手。翻译这样的句子有一个技巧——不要硬碰硬地直接翻译，而要先把它用更简单直白的中文解释一遍。“你若安好，便是晴天。”用通俗的话语表述就是“如果你好，我就有晴天。”这里的“晴天”也并非真的指天气，而是指心情、状态。所以再直白一点，也就是

“如果你好，那么我就好。”这样一来难度就瞬间降低了，一句“If you are good, I am good.”就可以了。看到这里，有些人也许会很失望，“老师，你这种翻译也太普通了，一点美感也没有！”没错，“If you are good, I am good.”确实平平无奇，但千万不要忘了，我们一再强调过，做事情一定要找准目标。我们学习英语是为了什么？是为了成为诗人、翻译家吗？不是！我们首先要追求的是实现基本的交流。你面对一个外国人，向他解释“你若安好，便是晴天。”此时用“If you are good, I am good.”毫无问题，美感确实少了一些，但意思基本传达到位。而实际情况是，很多人连这一句都想不到，却要追求美感和诗意，是不是有点好高骛远、眼高手低呢？

3）“感谢你大老远来看我。”可以说：“Thank you for coming all the way to see me.”首先，thank you for doing something 表示“感谢你做某事”；短语 come all the way 表示“远道而来、大老远来”，这个表达不算生僻，但确实有些学生不知道，算是稍有难度。

4）这句话是不是有点眼熟？没错，就是“散步”场景中的句子，只是重新组装了一下。如果毫无印象，或者只有零星的记忆，那就说明你的复习工作要加强了。这句话可以表述为：I prefer a sedentary lifestyle instead of doing some strenuous activities. 而“散步”场景中的原句是：I prefer walking instead of doing some strenuous activities. 这里只是把 walking（散步）换成了 a sedentary lifestyle（久坐不动的生活方式），算是新词的学以致用。如果你把“散步”场景的对话练得很熟，应该很容易译出这句话。

以上四道题涉及四个表达。第一个非常短，cross one's legs，只有三个单词。第二、三题中使用的句型也不算难。第四题，prefer something instead of doing something（更喜欢做……而不是做……）也是较常用的，但两个生词 sedentary（久坐不动的）和 strenuous（费力的）确实有难度。

现在，请你思考一下，前三道题，如果你事先完全没接触过这几个表达，全凭自己想，能想出答案吗？恐怕有点难。第四道题，如果做对了，是靠你的临场反应能力凭空想出来的吗？显然也不是。你之所以能正确译出，是因为在“散步”场景中学过并记住了这些词句，现在正好用上了。因此，**如果你没有见过一种英语表达，你几乎不可能凭空想出来，你唯一能正确使用它的方式，就是曾经见过、记下并熟练掌握了，然后才能在有需要的场合使用。**你现在知道了“跷二郎腿”是 cross one’s legs，下次想说“别跷二郎腿，这样不好”，就可以直接说“Don’t cross your legs; it’s not good.”理解了这一点，口语练习的方法也就呼之欲出：

口语练习的关键在于复制和模仿现有材料，而不是自己想出或创造新材料。你需要输入大量优质的口语材料，通过反复多次的朗读、背诵、跟读和中译英等练习，达到脱口而出的程度，实现输入到输出的成功转化。

口语是输出，而你听材料、看材料的过程就是输入。输入越多，你的英语装备库里的库存就越多。但仅有“武器”，不能熟练使用也不行。所以你还需要通过朗读、背诵、跟读、中译英等练习，把这些“武器”操练到得心应手，然后才有可能在需要的时候果断输出。换言之，想要提高口语能力，既要增加输入，也要加强操练，而不是琢磨着怎么靠临时反应凭空变出“武器弹药”来。

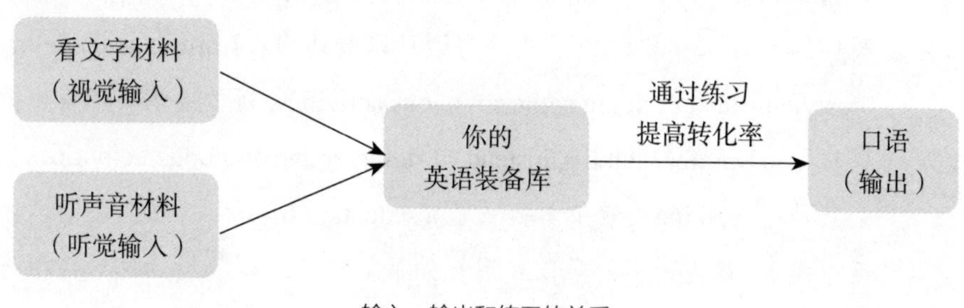

输入、输出和练习的关系

我常常对学生说，练口语其实和说笑话有点相似。问：海水为什么是蓝色的？答：因为海里有鱼啊，鱼喜欢吐泡泡，一直发出卟噜（blue）、卟噜（blue）的声音，所以海水是蓝色的！第一次听到这个幽默的脑筋急转弯，任凭你聪明绝顶，也很难猜出答案。如果某人第一时间说出了答案，也绝不是因为他脑筋转得快，而是因为他之前听过了。如果你想变得更幽默、想成为“段子高手”，你需要自己想出 50 个类似的幽默段子吗？不用这么费事，你也想不出来。你可以在网上找 50 个幽默段子，然后练熟，与人交流时直接用就行。

注意：

虽然所有幽默段子都不是你原创的，但你确实变幽默了。练口语也是一样，如果你能把100个与“散步”场景相似的不同话题文本材料练到脱口而出，你就是妥妥的口语达人，哪怕没有一句话是你原创的。

看到这里，或许你会问：“难道我只能背现成的材料吗？这样不会很生硬吗？不会失去自我吗？我就不能说自己想说的话吗？”

答案是：你不能。不仅是英文，即使是我们再熟悉不过的中文，也不是你自己想出来的，而是“复制”得来的。还记得我们之前提到的婴儿学说话的过程吗？一两岁的孩子，没有任何学习方法，更别提什么“说自己想说的话”。他唯一能做的，就是复制和模仿身边人对他说的话。尽管如此，从一无所知，到能和大人基本无障碍地沟通，也就四五年的时间，这就是复制和模仿的力量。虽然我们在练习英语口语时，无法百分百还原婴儿学说话的过程和环境，但在理念上可以保持一致，以复制和模仿为主，一定会更加高效，因为这么做符合人类学习语言的自然习惯。

除此之外，复制还有另外一大优点——**能极大地提高你的正确率。**曾经有学生问我：“老师，我看到电影里说‘不为什么’用的是no reason，我可以说no why吗？”我告诉他：“不行，因为外国人很少这么说，他们一般都说no reason（没有原因）或just because。”同时我给出了建议：“下次再遇到这种没把握的情况，可以直接用电影里或书里的表达，这么做几乎不会出错。”这就是复制的优势所在，如果你总是模棱两可，说明你的词汇、语法基础都远远不够，靠自己创造英文表达，很可能会出错。但如果你复制内容的来源是权威教科书、电影、美剧、外刊等优质材料，你的输出内容一般来说都是正确的。

注意：

虽然自己创造容易出错，但这并不意味着我们没有发挥的空间。当你通过大量的练习把高质量素材练熟之后，就可以尝试模仿造句，举一反三，实现句子的大规模生产。具体做法：**保持句子的基本结构不变，替换其中的部分信息，使之符合你的表达需要。**例如，“Thank you for coming all the way to see me.（感谢你大老远来看我。）”，句中使用了基本结构“thank you for doing something（感谢你做某事）”，把for后面的doing something替换一下，就可以得到更多实用的句子。

基本结构：

◇ thank you for doing something（可替换部分）

感谢你做某事

模仿造句：

◇ Thank you for doing so many things for me.（替换后）

感谢你为我做了这么多事。

◇ Thank you for telling me the truth.（替换后）

感谢你把事情的真相告诉我。

我们也可以把“thank you for coming all the way to（感谢你远道而来做某事）”作为基本结构不变，而把 to 后面的部分替换掉。

基本结构：

◇ thank you for coming all the way to do something（可替换部分）

感谢你远道而来做某事

模仿造句：

◇ Thank you for coming all the way to tell me this.（替换后）

感谢你大老远来告诉我这件事。

◇ Thank you for coming all the way to play this game.（替换后）

感谢你大老远来参加这场比赛。

再看看“散步”场景的这个句子：I prefer walking instead of doing some strenuous activities.（我更喜欢散步，而不是做一些费力的活动。）基本结构是 prefer doing something instead of doing something（更喜欢做……而不是……），试着把句中的两个 doing 替换成其他动词。

基本结构：

◇ I prefer doing something（可替换部分）instead of doing something（可替换部分）

我更喜欢做……而不是……

模仿造句：

◇ I prefer running（替换后）instead of playing computer games（替换后）.

我更喜欢跑步，而不是玩电脑游戏。

是不是很简单？这就是模仿的好处，你只需要像套用数学公式一样，填入替换内容就行了。现在轮到你了！口头翻译下面的几句话，注意严格模仿基本结构。

基本结构 1：

◇ thank you for doing something（可替换部分）

感谢你做某事

即学即练：

1）感谢你给我买礼物。

____

2）感谢你帮我做完这份 PPT。

____

基本结构 2：

◇ thank you for coming all the way to do something（可替换部分）

感谢你远道而来做某事

即学即练：

3）感谢你大老远来帮我们解决问题。

____

4）感谢你大老远来参加聚会。

____

基本结构 3：

◇ I prefer doing something（可替换部分）instead of doing something（可替换部分）

我更喜欢做……而不是……

即学即练：

5）我更喜欢待在家里，而不是做一些费力的活动。

____

6）我更喜欢做饭而不是洗碗。

____

>>参考答案

1）Thank you for buying me the gift.

2）Thank you for helping me finish this PPT.

3）Thank you for coming all the way to help us out/solve the problems.

4）Thank you for coming all the way to the party.

5）I prefer staying home instead of doing some strenuous activities.

6）I prefer cooking instead of washing dishes.

注意：

模仿造句时，不要轻易改变句子的基本结构，尤其是基本结构中的核心词。一旦改动，意思就会改变。例如 thank you for... 中的 thank you 不能改，prefer doing something instead of doing something 中的 prefer 和 instead of 不能改。

本篇回顾

- 口语练习的关键在于复制和模仿，而不是自己凭空去原创。你需要输入大量的优质材料，反复练习，做到脱口而出。
- 练口语和学习讲笑话有什么相似之处？
- 模仿造句时，不要轻易改动原句的基本结构。

英语园地

实用英语口语 100 句（1~10 句）

1 It's up to you. 由你决定。

2 I envy you. 我羡慕你。

3 How can I get in touch with you? 我如何与您联络?

4 Where is the bathroom/toilet/ladies'/men's? 请问洗手间在哪儿?

5 What's the weather like today? 今天天气如何?

6 Where are you headed? 你要去哪里?

7 I wasn't born yesterday. 我又不是三岁小孩。

8 What do you do for relaxation? 你平时做什么来放松?

9 It's a small world. 世界真小!

10 It's my treat this time. 这次我请客!

02 三大步骤，N 个细节，练口语看这篇就够了

说完了口语练习的方法，再来学习具体的操作细节。拿到一篇口语材料后，你可以按照以下几个步骤来练习：

Step 1　熟悉材料，搞定难点

Step 2　流利朗读

Step 3　流利背诵

接下来，请跟随我一边阅读讲解内容，一边做配套练习。为了达到最佳效果，务必严格按照要求完成所有操作。

一、熟悉材料，搞定难点

拿到一篇口语材料后，首先浏览并朗读材料，熟悉大意，标注难点。所谓难点，就是一切让你感觉理解有困难的知识点，包括陌生的单词、短语，看不懂的语法、句子等。通过查词典或听老师讲解等方式，弄懂这些知识点。**最终做到完全理解全篇内容，能够正确地读出（允许稍有卡顿）所有生词。**现在，请把以下两份材料分别朗读一遍。

Text 1

A: Are you ready to order now, Sir?	您现在准备点餐吗，先生？
B: Yeah, I think I am actually. I'd like to start with some soup. What do you recommend?	是的，正打算点。我想先来一份汤，有什么推荐的吗？

A: Our minestrone is great. Is that all right, Sir?	我们的意大利浓菜汤很棒，可以吗，先生？
B: Yeah, sounds good. I'll have that. And spaghetti for the main course, please.	可以，听起来不错，给我来一份。主菜帮我来一份意大利面。
A: OK, any side dishes?	好的，要什么配菜吗？
B: A green salad, please.	一份蔬菜沙拉。
A: What type of salad dressing would you like? We have Ranch and Thousand Island.	您想要搭配什么沙拉酱？我们有田园酱和千岛酱。
B: Ranch, please.	请给我田园酱。

Text 2

A：Do you like walking?	你喜欢散步吗？
B：Yes, I do. I enjoy walking a lot. I am not a fan of jogging or basketball, and I don't go to the gym at all. Actually, as a lazy person, walking is the simplest form of exercise for me to keep healthy and fit. So, I prefer walking instead of doing some strenuous activities.	是的，我很喜欢散步。我不喜欢慢跑和打篮球，也根本不去健身房。事实上，作为一个懒惰的人，散步对我来说是最简单的保持健康和身材的运动方式。所以我更喜欢散步，而不是做一些其他的剧烈运动。
A: Do you walk more often now than in the past?	你现在散步比过去多吗？
B: Honestly, I walked more frequently in the past. I have been living a sedentary lifestyle lately, since I spend most of my time in front of my computer. The workload is so heavy that I have to cut back on my walks.	说实话，我过去散步比现在更频繁。我最近一直过着久坐的生活方式，因为我大部分时间都是在电脑前度过的。工作量太大了，我不得不减少散步的时间。

为什么又是“点餐”和“散步”场景？之所以一再让大家练习这两篇材料，主要有两大原因：

1. 反复练习同一份材料，客观上就是在复习。练得越多，你就越能够体会从陌生到熟悉的渐进感以及复习的强大功效。有了这种经历，你会明白，原来听力和口语的装备库就是这样一点点扩充起来的，而努力的方向也会更加明确。你知道自己接下来要做的就是多次重复同样的过程，逐渐把练习量积累到 10 篇、20 篇、50 篇以及更多。

2. 我们说过，听力是输入，口语是输出，两者当然可以分开练习，但双管齐下效果更好。所以为什么不把练过的听力材料直接拿来练口语呢？这样一来，可以省去熟悉内容、排查难点的时间，提高学习效率。

二、流利朗读

经过上一步，你已经可以完全理解材料并且比较顺利地朗读了，现在你需要继续加强熟练度，把**顺利朗读**变成**流利朗读**。**反复朗读材料，重点多读生词和卡顿的地方，直到全篇都能十分流畅、几乎无卡顿地读下来。注意：**需要朗读多少遍因人而异，如果你读一遍就很流畅，那就读一遍；如果你读十遍才能达标，那就读十遍。如果你的语调比较平淡，可以加入跟读模仿训练，逐句模仿录音的重读、停顿、抑扬顿挫等细节。现在，请反复朗读提供的材料，直到**十分流畅，几乎无卡顿。**

朗读训练不仅能帮助你进一步熟悉材料，还可以提高口语语感，让嘴皮子更“溜”。一般来说，如果你的口语基础比较弱，或者很久没有开口说英语，突然进行大量的朗读训练，可能会感觉嘴巴、舌头都有点笨，好像不受自己控制一样，反应特别慢，这就是长期缺乏练习的结果。多做朗读练习，你说英语的状态就可以逐渐回升。当然，如果你的口语基础较好，随便拿起一篇新材料都能够读得很顺畅，就可以简化或跳过这一步，只需要把生词读熟。

三、流利背诵

完成前两步后，你对材料已经非常熟悉，但此时你只是停留在朗读层面，还不能对材料中的英文脱口而出。接下来，你需要把**流利朗读**变成**流利背诵。**

一提到“背诵”，很多人会瞬间心生厌烦，产生抵触情绪。他们觉得，背诵是一种机械笨拙的方式。但事实上，**“背诵”是通过大量重复训练让技能熟能生巧的过程。**任何一项技能的习得，不管是说英语还是弹吉他、踢足球还是绘画，都无法跳过这一步。要想达到信手拈来的境界，枯燥的重复训练不可避免。因此，我们一定要充分理解背诵记忆和大量重复的必要性，不要一味地想着去找所谓适合自己的、快乐的、轻松不费力的方法，甚至为此耗费大量的时间和金钱。

尽管枯燥无可避免，但仍然有一些方法，可以在一定程度上提高效率、降低难度。以下是我为大家总结的几种常用方法：

（一）纯背诵

最传统的方法，就是反复朗读材料，形成记忆，合上材料，背一遍，背不出来就看看文本，如此循环，直到能完全背出。这种方法效率可能不是那么高，但确实有效，也是大家最熟悉的方法。

（二）自问自答，自言自语

这是背诵的升级版，很多口语材料都是“对话”或“问答”形式。你可以一人分饰两个角色，自己发问，自己回答。试着加入感情，在语调、重音、表情等方面多下功夫，尽量模仿还原材料中的场景，甚至“戏精上身”也无妨。充沛的感情投入可以调动状态，增强练习效果，让学习过程不那么枯燥，同时也可以提高你的英语实战能力。很多人在面对真人（尤其是外国人）说英语时非常拘谨，这种训练可以让你逐渐适应，从而自如地说英语。

现在，请试着把前文中的“点餐”场景对话以自问自答的方式背诵一遍。注意加入感情，尽量夸张，仿佛你就是餐厅服务员和顾客。

（三）中译英

这是背诵的超级改良版，是朗读和背诵的中间站。朗读是看着英文读，背诵是不看英文直接背，而中译英既不完全脱稿，也不直接看英文，而是看着中文，译出英文。遇到翻译不出的，就看一下英文原文，如此反复，直到全文都能准确翻译为止。你可以用这种方法来比较你的译文和地道的英文表达，让你的不足之处暴露无遗。

现在，请用以下内容做口头中译英练习，注意用笔标注翻译不出或卡壳的部分，以便之后复习。

点餐

A：您现在准备点餐吗，先生？

B：是的，正打算点。我想先来一份汤，有什么推荐的吗？

A：我们的意大利浓菜汤很棒，可以吗，先生？

B：可以，听起来不错，给我来一份。主菜帮我来一份意大利面。

A：好的，要什么配菜吗？

B：一份蔬菜沙拉。

A：您想要搭配什么沙拉酱？我们有田园酱和千岛酱。

B：请给我田园酱。

散步

A：你喜欢散步吗？

B：是的，我很喜欢散步。我不喜欢慢跑和打篮球，也根本不去健身房。事实上，作为一个懒惰的人，散步对我来说是最简单的保持健康和身材的运动方式。所以我更喜欢散步，而不是做一些其他的剧烈运动。

A：你现在散步比过去多吗？

B：说实话，我过去散步比现在更频繁。我最近一直过着久坐的生活方式，因为我大部分时间都是在电脑前度过的。工作量太大了，我不得不减少散步的时间。

A：你认为未来人们会花更多时间散步吗？

B：嗯，这要看情况。我认为对有健康意识的人来说，他们肯定会花更多的时间在各种锻炼上，包括散步。然而，对那些每天都要在办公室加班的人来说，我想他们不会经常散步，因为他们实在缺乏空闲时间。

感觉如何？是轻松搞定还是略显吃力？注意“散步”场景的第三个回合，体会一下不同复习次数产生的效果差异。核对英文原文，看看正确率如何，重点练习出错和标注的部分。多次重复训练，直至完全正确。

（四）跟读

在介绍听力方法时我说过，跟读除了可以练听力，也可以练口语，尤其是训练语调。因此，当你拿到一篇全新的口语材料时，跟读也是一种非常有效的方法。在此，我们先回顾一遍跟读的具体操作——播放一句录音，暂停一下，跟着读出听到的内容。如果句子太长，难以跟上，或者一次没听清，可以随时暂停，多听几遍。跟读的同时，尽量模仿语调。遇到跟不上的难点可以看看文本，但最终要做到完全不看文本，跟着录音非常顺畅地读出每一句话。

现在，请你跟读两段材料。经过多次练习，你应该可以比较顺利地跟上了。

音频 3-1
（场景：点餐）

音频 3-2
（场景：散步）

在做跟读练习时，同样可以使用电脑中的播放器或手机 APP 等工具，其中带有单句循环功能的 APP 会让操作更加方便。

（五）影子跟读（shadowing）

这也是一种很常见的训练方法。同样是跟着读，影子跟读与跟读的不同点在于：跟读是播放一句，暂停一下，跟读一句；而影子跟读则完全不暂停，就让录音一直播放，你一直跟着读，如影随形，只是比录音慢两三个单词（熟练后甚至可以比录音更快，因为你已经会背了）。刚开始练习时，可以一边看文本一边跟着读，熟练后要达到完全脱稿的程度。

对于这种方法，人们的看法褒贬不一，反对者认为它要求太高、难度太大，除非口语基础极好，否则很难执行到位。因为要做到高质量的“不看文本，一跟到底”，除了必须把材料背熟之外，还要具备纯熟的朗读能力，口齿必须清晰，速度必须快。否则你要么跟不上录音的语速，要么跟上了却含糊不清。在我看来，影子跟读与其说是一种记忆方法，倒不如说是一种要求很高的口语练习形式。面对一篇全新的材料，你很难一上来就使用影子跟读。先

音频 3-3
（Yuyu 老师示范影子跟读）

用其他方法把材料背熟，再用影子跟读来提高（甚至检测熟练度），这是比较合适的操作顺序。

从目标角度来说，如果你的英语基础一般，且目标是基本无障碍交流，那么前面几种方法就足够了。如果你对自己要求很高，希望获得极其流利、几乎没有卡顿的口语能力，就可以把影子跟读当作挑战。

以上几种方法在实际操作过程中，还有以下几点需要注意：

（一）互补使用

不一定要执着于某一种方法，而应将多种方法互补使用。例如可以先用跟读模仿语调，再自问自答演绎几遍，然后用中译英巩固，如果特别熟练，可以挑战一下影子跟读，再间隔着用中译英的方式反复复习。总之，大家一定要多多尝试，找到自己喜欢的方法和节奏。

（二）专注难点，提高效率

很多人背材料时喜欢从头背到尾，看起来很用功，其实效率并不高。因为一篇材料练过几次之后，往往大部分内容都没问题了，所以应该重点练习那些你一再卡壳和犯错的难点（此时你已经把它们用笔标记好了），对于每次都顺畅过关的部分，可以适当少花或不花时间。如此一来，火力更加集中，练习效率也就能大大提高。此外，除了难点本身，也可以再加上它的前一句和后一句，把上下衔接的句子也练一练，让记忆更有整体感。所有难点都练习完毕后，可以再从头到尾背一遍，检验一下学习效果。

（三）合格标准

一段口语材料，究竟练到什么程度才算过关呢？我给出两项标准供大家参考：

◇ 合格标准：在中译英或跟读的过程中，能够达到对比原文 95% 左右的准确度，基本流利地背出，没有明显的卡顿或停顿，就算合格。这个标准适合以“基本无障碍交流”为目标的小伙伴。（因为日常交流中短暂的卡壳属于正常现象，哪怕你说中文也难免卡壳，只要不影响交流就可以了。）

◇最高标准：不看文本，口齿清晰，完全跟上语速，几乎没有卡顿地从头跟到尾，准确度达到99%以上（也就是影子跟读法的完成标准）。这个标准适合以“非常流利的英语”为目标的小伙伴。

（四）勤复习

这是我一再强调的关键点。以上所有方法，想要行之有效，关键就是复习。如果你非常努力，却进步缓慢，很可能就是因为没有复习到位。忽视了复习的学习是一种“变相的懒惰”，很可能导致徒劳无功。

本篇回顾

- 简单描述文中提到的几种背诵方法。
- 在背诵时加入感情的作用是什么？

英语园地

实用英语口语100句（11~20句）

11 The sooner the better. 越快越好。

12 When is a good time for you?/ What time works best for you? 你什么时候方便？

13 Take your time. 慢慢来，别着急。

14 I'm crazy about music. 我对音乐很着迷。

15 How do I address you? 我怎么称呼您？

16 What was your name again? 请再说一次你的名字好吗？

17 Would you like a cup of coffee? 要来一杯咖啡吗？

18 You're the boss. 听你的。

19 So far so good. 目前为止，一切都好。

20 It drives me crazy. 它把我逼疯了。

03 口语精练 10 篇

以每周 1~2 个场景的速度，完成购物场景、问路场景、预约出租车场景、寻找失物场景、点餐场景等五篇基础难度材料，以及旅行场景、看电影场景、结交朋友场景、听音乐场景、散步场景等五篇进阶难度材料的背诵。

基础难度材料（五篇）

Text 1

场景：购物

音频 3-4

A: May I help you, Miss?	小姐，您有什么需要吗？
B: Yes, I'd like to see one of those T-shirts.	有，我想看看那其中的一件 T 恤。
A: You mean this one?	您是指这件吗？
B: Yes. What's this made of?	是的。这是什么料子做的？
A: 100% pure cotton. Very comfortable.	百分百纯棉的，穿起来很舒服。
B: Sounds good. Can I try it on?	听起来不错。可以试试吗？
A: Certainly. What size do you wear?	当然。您穿什么号码？
B: Medium size.	中号。
A: Here you are. The dressing rooms are over there.	给您。试衣间在那边。
(A few minutes later)	（几分钟后）
A: How does it fit?	合适吗？

B: It's a little tight. Do you have a bigger size?	有点紧。有大一号的吗?
A: Sure, just a second. I'll get one for you.	当然，稍等，我去给您拿。

Text 2

音频 3-5

场景：问路

A: Excuse me. Could you tell me how to get to the closest shopping mall?	不好意思，你能告诉我最近的购物广场怎么走吗?
B: Sure! Are you going to take the bus or walk there?	当然。你想坐公交车还是走路去呢?
A: I think I'll walk, so I can look around at the same time.	我打算走路去，顺便可以四处看看。
B: Then you can go down this street for three blocks and make a left. It's right there.	那你沿着这条街道走三个街区，然后左转就到了。
A: How long will it take?	大概要走多久?
B: It's about fifteen minutes.	大约 15 分钟。
A: You are so nice. Thank you very much.	你人真好，十分感谢!
B: Not at all.	不客气。

Text 3

音频 3-6

场景：预约出租车

A: Good morning. This is City Taxi. How can I help you?	早上好，这里是城市出租车公司。有什么可以为您效劳的吗?
B: Good morning. I would like to book a taxi for six o'clock this afternoon.	早上好，我想预约一辆今天下午 6 点的出租车。
A: No problem. Can I have your name and phone number, please?	没问题。请问能告诉我您的名字和电话号码吗？

B: Jack Smith. My number is 07343236258.

杰克·史密斯。我的电话号码是07343236258。

A: Thank you, Mr. Smith. And what's your destination?

谢谢您，史密斯先生。请问您的目的地是哪里？

B: I'm going to the train station to catch the 7 o'clock train.

我要去火车站赶7点的火车。

A: OK. Can I have your address, please?

好的，您的地址是？

B: No.27 Harrison Street.

哈里森街27号。

A: Alright, six o'clock at No.27 Harrison Street. The driver will give you a call when he gets there.

好的，6点在哈里森街27号，司机到了会给您打电话。

Text 4

场景：寻找失物

音频3-7

A: Hello. Excuse me.

你好，打扰一下。

B: Yes. Can I help you?

请讲，有什么可以帮您的吗？

A: I was here for dinner half an hour ago. Do you remember me?

半小时前我在这里吃晚餐，你还记得我吗？

B: Yes, I do.

记得。

A: I think I lost my bag here. Can you help me look for it?

我想我把包落在这里了，你能帮我找找吗？

B: Sure. What does it look like?

当然可以，是什么样的包？

A: It's a black nylon bag, about this big. There is my passport and some cash in it.

是一个黑色尼龙包，大约这么大。里面有我的护照和一些现金。

B: OK, I'll check with the front desk. Just a moment, please

好的，我去问问前台。请您稍等。

(One minute later)

（一分钟后）

B: I do have a black bag here. But you need to prove ownership if you want to claim it back.	我们这里确实有一个包。不过在拿回包之前，您必须证明包是您的。
A: Oh, There is my passport in it. The name is Jack Smith. And you can check the photo.	哦，我的护照在里面，名字是杰克·史密斯。你可以核对照片。
B: I think it does belong to you. Well, you only need to fill out a form before you can have it back.	我认为这个包确实是您的。您只需要填写这张表格就能把包拿回去了。
A: No problem. And thank you so much for the help.	没问题。非常感谢你的帮助。
B: My pleasure.	乐意为您效劳。

Text 5

场景：点餐

音频 3-8

A: Are you ready to order now, Sir?	您现在准备点餐吗，先生？
B: Yeah, I think I am actually. I'd like to start with some soup. What do you recommend?	是的，正打算点。我想先来一份汤。有什么推荐的吗？
A: Our minestrone is great. Is that all right, Sir?	我们的意大利浓菜汤很棒，可以吗，先生？
B: Yeah, sounds good. I'll have that. And spaghetti for the main course, please.	可以，听起来不错，给我来一份。主菜帮我来一份意大利面。
A: OK, any side dishes?	好的，要什么配菜吗？
B: A green salad, please.	一份蔬菜沙拉。
A: What type of salad dressing would you like? We have Ranch and Thousand Island.	您想要搭配什么沙拉酱？我们有田园酱和千岛酱。
B: Ranch, please.	请给我田园酱。

进阶难度材料（五篇）

Text 1

音频 3-9

场景：旅行

A: Do you like traveling?	你喜欢旅行吗？
B: Yes, absolutely. Travel makes me happy and relaxed. I love discovering new places, which broadens my horizons and expands my knowledge.	是的，当然。旅行使我快乐和放松。我喜欢发现新的景点，这个过程可以让我开阔视野、拓展知识。
A: What form of transport do you prefer when you travel?	你旅行时喜欢哪种交通工具？
B: I prefer traveling by air cause it's fast. High-speed rail is a good option too. Sometimes I also go on a road trip, which is freer. But most of the time, flying is my first choice; it's time-saving and safe.	我喜欢乘飞机旅行，因为它很快。当然，高铁也是一个不错的选择。有时我也会自驾游，这样更自由。但大多数时候，飞行是我的首选，因为它既省时又安全。
A: What's the place that left the deepest impression on you when traveling?	旅行中给你留下最深刻印象的地方是哪里？
B: I would say Beijing. It's a perfect combination of tradition and modernity. It has a bustling, impressive modern side, as well as a traditional, historical side. I went to the Great Wall, the Temple of Heaven and the Forbidden City. These attractions are so amazing that they really blew my mind.	我认为是北京，因为它是传统与现代的完美结合。它既有繁华、令人印象深刻的现代的一面，也有传统、历史的一面。我去了长城、天坛和故宫。这些景点都是如此了不起，它们真的令我叹为观止。

Text 2

场景：看电影

音频 3-10

A: Do you like watching movies?

你喜欢看电影吗？

B: Yes, I do. I'm a movie addict. For me, watching movies after work is a very good way to relax and have fun. You know, those blockbuster films are really entertaining and provoking.

是的。我是一个电影迷。对我来说，下班后看电影是一种很好的放松和娱乐方式。你知道的，那些大片真的是既有趣又刺激。

A: What kind of movies do you like?

你喜欢什么类型的电影？

B: I don't really have a specific preference. Sometimes I watch action movies because they are exciting and full of physical stunts. I'm also kind of into sci-fi movies. They make me wonder about the future and the special effects are really breathtaking. I guess I could say I like any kind of movies that make me feel good.

我并没有什么特别的偏好。有时我看动作片，因为动作片刺激，还有各种身体动作特技。我也挺喜欢科幻片的，科幻片可以让我思考未来，特效也令人惊叹。我觉得只要能让我感觉不错的电影，我都喜欢。

A: Where do you prefer to watch movies?

你喜欢在哪里看电影？

B: I prefer to watch movies on online platforms such as Youku or iQIYI instead of going to the cinema because it's free and quieter. You don't need to put up with those rude and noisy people who don't follow the rules. Plus, I can pause the movie anytime to get refreshments or go to the bathroom. Most importantly, I don't have to turn off or silence my cellphone.

比起去电影院看电影，我更喜欢在优酷或者爱奇艺这样的网络平台上看电影，因为这样更自由、更安静。你不需要忍受那些不遵守规则的粗鲁、吵闹的人群。另外，我可以随时暂停电影去吃点心或者去洗手间。最重要的是，我不用把手机关机或设置成静音模式。

Text 3

场景：结交朋友

音频 3-11

A: What do you think makes a good friend?

你认为什么是好朋友？

B: A good friend is someone who will always be there for you no matter what happens. He or she will never judge you or deliberately hurt your feelings. Also, good friends are always willing to lend a hand without expecting anything in return.

好朋友是无论发生什么事都会在你身边的人。他或她永远不会评判你或故意伤害你的感情。不仅如此，好朋友总是愿意伸出援手，不求任何回报。

A: Do you think you are a good friend to others?

你认为你对别人来说是一位好朋友吗？

B: I think so. First of all, I'm a funny guy. I'm pretty sure you always like to hang out with people who are funny, right? Besides, I'm a very good listener as well. When there is a disagreement between me and my friend, I always listen at first and then give my opinions accordingly. I believe the best way to resolve conflicts is to agree to disagree.

我想是的。首先，我是一个有趣的人。我相信你总是喜欢和有趣的人一起玩，对吧？此外，我也是一个很好的倾听者。当我和我的朋友意见不一致时，我总是先聆听，然后给出相应的意见。我相信解决冲突的最好方法是求同存异。

A: Do you keep in contact with friends from your childhood?

你和儿时的朋友还保持联系吗？

B: Yeah, absolutely. I still keep in touch with most of my childhood friends thanks to the invention of smartphones and the development of social apps such as WeChat and QQ. This might have been difficult 20 or 30 years ago. But now, everything is fast and easy with the Internet.

是的，当然。得益于智能手机的发明以及微信、QQ 等社交应用的发展，我仍然和大部分儿时的朋友保持着联系。这在二三十年前可能很难做到，但现在有了互联网，一切都很简单快捷。

Text 4

场景：听音乐

音频 3-12

A: When do you listen to music?

你一般什么时候听音乐？

B: I'm a big fan of music, so I listen to music all the time. For me, There are two types of listening, active listening and passive listening. Active listening is when I'm learning a new song, I try to remember all the details, like the lyrics and melody. Passive listening is usually when I listen to music while doing something else, like driving or working out at the gym. The music is more like background music to me.

我是一个超级乐迷，所以常常听音乐。对我来说，听音乐有两种形式，“主动听”和“被动听”。“主动听”是当我学习一首新歌的时候，我会试着记住所有的细节，例如歌词和旋律。“被动听”通常指我在做其他事情的时候顺便听音乐，例如开车时或在健身房锻炼时。这时候的音乐对我来说更像是一种背景音乐。

A: What kinds of music do you like to listen to?

你喜欢听什么类型的音乐？

B: I listen to all sorts of music from mainstream pop all the way to underground hip-hop. I grew up listening to lots of classical music as well. So I would say I like all kinds of music that make me feel good.

我听各种各样的音乐，从主流流行音乐到地下嘻哈音乐都听。我在成长的过程中也听了很多古典音乐。所以我想说，只要是让我感觉不错的音乐我都喜欢听。

A: What's your favorite kind of music?

你最喜欢哪种类型的音乐？

B: I've always been into pop music because it's just very catchy, like Jay Chou's songs. They can always wash away the dust of everyday life for me and put me in a good mood.

我一直很喜欢流行音乐，因为它朗朗上口，例如周杰伦的歌。它们总能为我洗去日常生活中的尘土，让我心情愉悦。

Text 5

场景：散步

音频3-13

A: Do you like walking?	你喜欢散步吗？
B: Yes, I do. I enjoy walking a lot. I am not a fan of jogging or basketball, and I don't go to the gym at all. Actually, as a lazy person, walking is the simplest form of exercise for me to keep healthy and fit. So, I prefer walking instead of doing some strenuous activities.	是的，我很喜欢散步。我不喜欢慢跑和打篮球，也根本不去健身房。事实上，作为一个懒惰的人，散步对我来说是最简单的保持健康和身材的运动方式。所以我更喜欢散步，而不是其他的剧烈运动。
A: Do you walk more often now than in the past?	你现在散步比过去多吗？
B: Honestly, I walked more frequently in the past. I have been living a sedentary lifestyle lately, since I spend most of my time in front of my computer. The workload is so heavy that I have to cut back on my walks.	说实话，我过去散步比现在更频繁。我最近一直过着久坐的生活，因为我大部分时间都是在电脑前度过的。工作量太大了，我不得不减少散步的时间。
A: Do you think people will walk more in the future or not?	你认为未来人们会花更的多时间散步吗？
B: Well, it really depends. For people who are health-conscious, they will definitely spend more time on different kinds of exercises, including walking. However, for people who have to work overtime in the office every day, I guess they won't walk as much for lack of spare time.	嗯，这要看情况。我认为对有健康意识的人来说，他们肯定会花更多的时间在各种锻炼上，包括散步。然而，对那些每天都要在办公室加班的人来说，我想他们不会经常散步，因为他们缺乏空闲时间。

04 放下完美发音的执念

说完了口语练习的具体方法，再来说说发音。发音是口语表现力的重要组成部分，也是很多英语学习者最想提高的能力之一，然而在实际练习的过程中，无论是方法操作还是目标设定，大家都存在一定的误区。针对这一点，本文将展开详细的论述并提出高效的解决方案。

前文中我曾说过，提高发音水平的难度很大，即使非常用功的学习者，能坚持到底并实现突破的也寥寥无几。发音到底该怎么办？我的观点是：**可以尝试练习，但不要期望过高，也无须执着于完美纯正的美式或英式发音，因为实现的可能性不大，而且也没有必要。**

为了让大家心服口服地放弃对完美发音的执念，我得先教会你们如何高效地练习发音。操作其实很简单，关键在于**模仿**和**放慢语速。**

学英语发音，本质上和我们小时候学说话异曲同工。两三岁的小宝宝，什么方法也不懂，只是大人说一句，他们学一句，就能很自然地学会。英语发音也一样，一旦碰上没有把握的单词，第一时间查电子词典或找老师，跟着正确的发音示范尽量模仿即可。只要把这个步骤做到位，哪怕完全没有学过音标，也能把单词读得基本标准。

我们现在就来试一试，用你手机上的任意一款英语词典 APP 查出下面这四个单词，点击发音键，多听几遍，然后大声模仿读出。

◇ Eiffel

◇ vague

◇ aluminium

◇ strenuous

一起来看看参考答案：

音频 3-14
（Yuyu 老师讲解如何模仿）

Eiffel /ˈaɪfəl/ *n.* 埃菲尔（姓氏）；埃菲尔铁塔（法国著名建筑）

vague /veɪɡ/ *adj.* 不明确的

aluminium /ˌæljəˈmɪniəm/ *n.* 铝

strenuous /ˈstrenjuəs/ *adj.* 紧张的，费力的，艰苦的

怎么样，是不是挺简单？为了证明这种方法的效果，我特意挑选了几个比较生僻的单词。不管是相对简单的 Eiffel 和 vague，还是比较复杂的多音节词 aluminium 和 strenuous，哪怕你之前完全没见过，只要能严格模仿词典发音，应该都能达到基本标准的程度，至少让外国人听懂没什么问题。这就是模仿的功效。

至于什么样的发音才算"基本标准"，接下来的结论可能会让你感到意外：**绝大部分中国英语学习者的发音都是基本标准的。**普遍的情况是：在 48 个音标里，大家只有几个音（通常不超过五个）发得不够准，也难免夹杂一些中式口音、语调，但很少出现大量明显的发音错误，基本不影响与外国人的交流。例如把 like（喜欢）发成"来可"，把"I like you（我喜欢你）"发成"爱来可油"。只要对方能够理解，就无伤大雅。而所谓"明显的错误"，就是把一个单词完全说错，造成理解上的障碍。例如把 like 发成"累克"，外国人会误以为是 lake（湖）。再如不少英语学习者很典型的一个发音问题——梅花音 /æ/ 不够饱满到位。中文中没有 /æ/ 音，所以很多人会不自觉地用其他音代替，例如用 /aɪ/ 代替 /æ/，把 back（回来）发成 bike（自行车），这样的错误则必须纠正。

看到这里，有人可能会问，就算靠模仿读出了基本标准的发音，但这样最多只能念对一次，下次看到还是不记得，难道每次都要查一下词典再读？这是把"发音标准"和"发音熟练"混淆了。只要能够做到把单词念对，就是发音标准，和是否能记住单词没有关系。想要把单词的发音记牢并达到"脱口而出"的熟练程度，则需要反复复习。不管你是通过音标学发音，还是靠模仿学发音，这个过程都必不可少。只要复习量到位，都可以把发音练到"张口就对"。以英语为母语的四五岁孩子，完全没学过音标，发音却非常标准，就是因为他们的模仿训练已经足够到位。

为了保证模仿的准确度，你还需要用到接下来的第二个技巧——放慢语速。放慢语速是为了更好的控制。当你无论怎样模仿都没办法把一个单词读准确时，说明你原有的发音习惯已根深蒂固。在正常速度下，你无法控制口腔肌肉做出正确的发音动作，读再多遍也是枉然，因为每一遍都是错的。此时最好的办法就是放慢速度，在慢速状态下，控制肌肉会变得容易，你才更有可能把音发正确。这和练习中文绕口令异曲同工，你想要把“黑化肥发灰会挥发，灰化肥挥发会发黑”念好，只能从慢速开始练，循序渐进。同样的，错误的英语发音需要你从慢到快地模仿、纠正，才会真正有所改善。

需要注意的是，单词中并非所有的部分都能放慢语速，一般是放慢元音的语速，而辅音的语速则不变。具体操作是“把元音拖长”。以 strenuous 为例，把单词中的元音 /e/、/u/、/ə/ 拖长，呈现的效果是：

◇ strenuous /ˈstreeeeenjuuuuuəəəəəəs/

是不是感觉更容易掌控了？这就是放慢语速的效果。至于为什么只拖长元音，不拖长辅音，大家试试就知道了。如果把 strenuous 中的辅音 /s/、/tr/ 和 /n/ 拖长，结果就是：

◇ strenuous /ˈsssssstrrrrrrennnnnnnjuəssssss/

这样读起来就完全不像一个单词了！可见辅音并不适合放慢语速或拖长发音。

放慢语速这个技巧既可以用在单个单词的发音模仿、纠正上，也可以用来练习连读、省略等音变现象。总而言之，一旦你感觉某个单词或句子读起来有困难，放慢语速一定没错。

除此之外，为了更有效地改善发音，最好找老师为你示范发音动作。注意：不仅听老师的发音，也要注意其脸部、口腔、舌头的动作，理解正确口型之后再模仿，并让老师帮你纠正。大家也可以对着镜子练习或者给自己拍视频，观察动作是否到位。我遇到过一些学生，即使跟着我的示范学，发音动作还是不准确，我的发音是 /bæd/（bad，坏的），他却模仿成 /bed/（bed，床）。因为他多年的肌肉记忆已经深入骨髓，就算他以为自己发出的元音是 /æ/，口腔动作

音频 3-15
（Yuyu 老师讲解如何放慢语速）

还是不受控制地发成了 /e/。只有让他看到自己发音时的口型，他才有可能明白自己错在哪里，以便进一步改正。

讲解完模仿和放慢语速这两大技巧，还有一个大家经常出错的概念有必要说明一下：**学习、认识音标并不能让你的发音变得更准。**音标只是记录发音的符号，认识了音标，只能让你“知道”某个音该怎么发，并不等于你能“做到”把这个音发准。想要改善发音，唯一的方法就是跟着老师“模仿 + 纠正”，逐步改变你错误的肌肉记忆。而这个过程，即使完全跳过音标，依然是可以实现的，关键在于你的模仿、纠正训练量是否足够。

以上介绍的就是发音练习的具体方法。现在问题来了，既然它的操作并不复杂，为何坚持到底且实现突破的人很少呢？为什么我要劝大家放下对完美发音的执念呢？主要有以下三大原因：

一、简单不意味着容易坚持

古希腊哲学家苏格拉底曾经给学生们布置过一项任务：把胳膊尽量往前甩，然后再尽量往后甩，每天做 300 下，看谁能始终坚持。老师刚说完，学生们都笑了：“这也太简单了。”过了一个月，苏格拉底问：“每天甩手 300 下，哪些人坚持了？”有三分之二的学生骄傲地举起了手。又过了一个月，坚持的学生只剩下三分之一。半年过后，当苏格拉底再次问起甩手任务的完成情况时，只有一个人举起了手——他就是后来成就斐然的另一位古希腊哲学家柏拉图。

引用这个故事就是想告诉大家，简单并不代表容易。很多简单的事，做一天很简单，做十天也不难，长期坚持就不那么容易了。而练发音就是如此。

二、见效慢，正面反馈周期较长

虽说长期坚持很难，但话说回来，学英语本来就要坚持，为什么唯独发音水平最难提高呢？这就要涉及“反馈周期”的概念了。

有研究表明，很多人喜欢玩游戏，主要原因之一就是它反馈周期极短，每消灭一个敌人，马上就能提升经验；学英语也类似，反馈周期短、见效快的练习，就相对容易坚持。例如一篇点餐场景的口语对话，半小时就可以背得差不多了。一篇 1 分钟的日常听力材料，一到两小时就可以完成全篇的精听。对于勤奋的学习者，这样的坚持并不是什么难事。练发音就不一样了，你需要老师反复多次地示范、纠正，才有可能把单词念对。但只要稍不注意，马上又会被打回原形，因为你错误的肌肉记忆太深刻了。你必须在每一次遇到这个单词时都小心翼翼地把它读准，如此坚持一个月甚至几个月，才有可能彻底改正。很显然，发音练习的正面反馈周期比口语、听力等练习长得多。正因为如此，发音漂亮的人才更少。

三、缺少动力

如果说以上两点都是客观原因，那么第三点就是主观原因，而且是决定性的。我们之前一再强调，为了更好地坚持，你一定要找准最“需要”做的那件事，逼迫你前进。可发音呢，你真的迫切需要漂亮的发音吗？虽然大家都渴望练就地道纯正的完美发音，但这到底是可有可无的美好愿望，还是实实在在的紧急需求？对大多数人来说，恐怕是前者。大部分英语相关工作，基本标准的发音就已足够应对，漂亮的发音能锦上添花，但不是必需品。外企老板只关心你能不能把客户招待好、把单子谈成，至于你的英语发音是纯正还是蹩脚，他并不在意。就算当英语教师，漂亮的发音也仅仅是一个加分项，授课能力始终是第一位的。

把中文和英文做一个对比，你就更能体会其中的道理。我们再熟悉不过的中文，也只有少数人练成了完全标准的普通话。对大多数人来说，既没有成为主持人、演员或播音员的需要，日常交流又完全没问题（虽然大家都有各自家乡天南地北的口音，但完全不影响交流），自然就没有动力去提高普通话水平。中文发音尚且如此，英文发音练习难以坚持也就不奇怪了。

读到这里，相信你已经能明白为什么我建议你“放下完美发音的执念”了。综合来看，发音练习的反馈周期长，见效比较慢，且对大多数人来说，完美发音并非迫切需求，所以很难坚持练习，也没必要为之耗费太多精力。

只要你能做好“模仿”和“放慢语速”，勤加复习，保证发音基本标准，就足够应对绝大部分的日常生活及工作需求。与完美发音相比，这才是更适合我们的努力方向。

本篇回顾

- 发音“基本标准”和“完全错误”的区别是什么？各举一例。
- 模仿是人类的本能。没学过音标也可以练好发音，就像小宝宝模仿大人说话。
- 当你感觉发音有困难时，可以放慢语速。
- 英语相关职业对发音的要求如何？
- 说说“放下完美发音的执念”的理由。

英语园地

实用英语口语 100 句（21~30 句）

21 She never showed up. 她一直没有出现。
22 That’s not like him. 那不像是他的风格。
23 I couldn’t get through. 电话打不通。
24 I’m fed up with working overtime. 我受够了加班。
25 Be my guest. 请便，别客气。
26 Can you keep an eye on my bag? 帮我看一下包，好吗？
27 Call me. （记得）给我打电话。
28 Text me. （记得）给我发信息。
29 Let’s call it a day. 今天就到这儿吧（表明事情或任务的结束）。
30 Something’s come up. 有事发生了。/出事了。

05 天天练口语和发音，生活中却用不出来，为什么？

在前文中，我先后讲解了口语和发音的练习方法。然而，就算背下了很多口语材料，发音也达到了基本标准的程度，你还是有可能在生活中遭遇“想说说不出”的窘境。为何会如此？通常来说，主要有以下两个原因。

一、练过的材料，没有达到合格标准

简单来说，就是练过的材料不够熟练。回想一下，从小到大你学过那么多句子，有多少可以做到像 I don’t know 或 I love you 一样不经过任何思考就直接说出来？恐怕并不多。大部分人的情况可能是这样——学过 100 句，有 10 句说得比较熟练，另外 30 句要想一想然后才能支支吾吾地说出来，而剩下的 60 句几乎完全忘了。不仅仅是口语，听力也是一样。有些人做了很多篇听写训练，却没有一篇真正是彻底拿下的。第一次听写的正确率是 50%，现在再听还是 50%，一个月前听不出来的难点，现在依然听不出来，就像从来没练习过一样。这样的熟练度，自然没办法做到在生活中运用自如。

造成不够熟练的原因，主要还是缺少复习，要解决这一问题，自然就需要加强复习。再次强调，**复习极其重要，甚至比学习新知识更重要，所有不复习的学习都是变相的懒惰，所有不复习的努力都将徒劳无功。**

为了检测你的复习是否到位，我们再做一次测试。把以下“点餐”和“散步”场景节选的中文口头翻译成英文，看看你有多少句可以脱口而出。

点餐场景

A：您现在准备点餐吗，先生？

B：是的，正打算点。我想先来一份汤，有什么推荐的吗？

A：我们的意大利浓菜汤很棒，可以吗，先生？

B：可以，听起来不错，给我来一份。主菜帮我来一份意大利面。

A：好的，要什么配菜吗？

B：一份蔬菜沙拉。

A：您想要搭配什么沙拉酱？我们有田园酱和千岛酱。

B：请给我田园酱。

散步场景

A：你喜欢散步吗？

B：是的，我很喜欢散步。我不喜欢慢跑和打篮球，也根本不去健身房。事实上，作为一个懒惰的人，散步对我来说是最简单的保持健康和身材的运动方式。所以我更喜欢散步，而不是做一些其他的剧烈运动。

A：你现在散步比过去多吗？

B：说实话，我过去散步比现在更频繁。我最近一直过着久坐的生活方式，因为我大部分时间都是在电脑前度过的。工作量太大了，我不得不减少散步的时间。

A：你认为未来人们会花更多时间散步吗？

B：嗯，这要看情况。我认为对有健康意识的人来说，他们肯定会花更多的时间在各种锻炼上，包括散步。然而，对那些每天都要在办公室加班的人来说，我想他们不会经常散步，因为他们实在缺乏空闲时间。

二、达到合格标准的材料，积累得不够多

第一点说的是材料练得不够熟，第二点则是材料练熟了，但数量不够。就好像期末考试快到了，老师指定了20章的重点，你却只复习了三章。虽

然这三章你倒背如流，但考试还是一塌糊涂，因为你熟悉的内容太少了，还有 17 章根本没看。有学生向我反馈过，辛辛苦苦练了 10 篇听力，复习也做到位了，每一篇都能完全听懂，可再练第 11 篇，依旧很吃力。于是他开始怀疑自己，是不是方法出了问题。但真正的原因其实是：10 篇还是太少，并不足以覆盖绝大部分听力场景，如果能踏踏实实地练完 100 篇，那么再练第 101 篇，一定会轻松得多。口语也是如此，你好不容易把本书中的几个场景全部拿下了，结果对方问的却是：Do you prefer staying with your relatives or your friends?（你更愿意和你的亲戚还是你的朋友待在一起？）你瞬间傻眼，虽然有一肚子话想说。

◇“当然是和朋友啊，亲戚根本就不来往呀。”

◇“亲戚总是喜欢问东问西，好烦啊。”

◇“我的表哥就是我最好的朋友，所以这对我来说不是问题。”

◇“工作后和朋友见得少了，主要是和家人待在一起。”

但你却说不出来。虽然“亲戚朋友”也是很常见的话题，这些句子也不算多难，但没有提前准备，你很难在短时间内给出高质量的回答。现在来看看参考答案：

◇“当然是和朋友啊，亲戚根本就不来往呀。”

Definitely friends. I don’t associate with my relatives at all.

◇“亲戚总是喜欢问东问西，好烦啊。”

My relatives are always asking all sorts of questions, which is really annoying.

◇“我的表哥就是我最好的朋友，所以这对我来说不是问题。”

My cousin is my best friend, so it’s not a problem for me.

◇“工作后和朋友见得少了，主要是和家人待在一起。”

I rarely see my friends since I started working. I mainly spend time with my family.

把这些句子练熟，你的装备库存就可以再增加一些，日积月累，改变才会逐渐发生。这个积累的过程，就是我们常说的“从量变到质变”的过程。

你必须把练习合格的材料积累到一定数量，直到足够应付生活中的绝大部分场景，才有可能发生质变，达到随时随地都能比较顺畅交流的程度。可惜的是，大多数人都没能挺过这个量变的阶段，质变自然就遥不可及了。在这种情形下，哪怕你的发音足够标准，甚至完美，也无法真正实现交流，因为你能说的句子实在太少了。

再次强调，英语口语靠的是积累，而不是所谓的临场反应。很多人把开不了口归结为临场反应能力差，这是认知错误。真正的原因是，你的英语装备库长期缺少弹药，当然不可能在关键时刻有效输出。事实上，世界上几乎不存在百分百的临场反应能力，那些被临时叫到还能应对自如、侃侃而谈的高手，都是因为平时就有充足的积累，早已处于时刻准备着（always ready）的状态。所以，如果你下次碰到开不了口的窘境，别再用临场应变能力不够、反应慢、记性不好这种虚无缥缈的理由安慰自己了，老老实实承认准备不足，然后踏实练习，耐心积累，争取早日实现从量变到质变的飞跃。

“天天练口语和发音，生活中却用不出来”的具体原因，基本就是以上两种。总结起来两句话：1）练过的材料不够熟；2）练熟的材料不够多。除此之外，还有一些人的情况是练习很到位，但完全没有出国、生活、旅行、学习、考试或工作方面的需求，纯粹是为个人爱好而学英语。他们的困境在于，虽然足够勤奋，但口语长期没有用武之地，最后还是难免懈怠。对于这种情况，我的建议是调整目标，具体做法如下：

1. 暂时搁置口语

短期内不用花太多时间练习口语，至少无须太纠结于口语水平，暂时搁置也没有关系。毕竟没有硬性需求，一直靠毅力坚持练习，是很难做到的。

2. 以兴趣为导向，多练听力和阅读

尝试多花时间在听力和阅读上，多看你感兴趣的美剧、电影、脱口秀等音视频材料，以及小说、心灵鸡汤、名人演讲等各类英语原版图书（后文会有关于阅读方法的详细讲解），以享受的心态去学英语。

之所以这样设定目标有两大原因：

1. 口语是输出，是主动练习；听力和阅读都是输入，是被动接收。相对来说，被动接收比主动练习轻松一些，坚持起来更容易。

2. 正如之前所说，**要为实现目标而坚持，而不是把坚持当作目标**。如果你确实没有口语方面的需求，强行练习的意义不大。不用担心未来有一天会用得上，首先这种可能性非常小，就算这一天真的到来了，到时候提前几个月开始练习，效果也不会差。不妨就以趣味为第一导向，刷遍各种电影、美剧、小说，充分享受英语的快乐，没必要时刻纠结于提高和进步。就比如我买跑步机，只要能出汗、散步，心情舒畅，也就足够了。至于是否用来跑步，是否长期坚持，这些并不重要。

本篇回顾

- 生活中无法顺畅说英语的两大原因：1）练过的材料不够熟；2）练熟的材料不够多。
- 如果口语表达能力不足，哪怕发音完美，也无法实现有效的交流。
- 临场反应能力强的根本原因是什么？
- 没有任何实际使用的需求，却又很喜欢英语，应该如何调整目标？

英语园地

实用英语口语 100 句（31~40 句）

31 Let's get to the point. 我们谈重点吧。

32 Keep that in mind. 记住那件事。

33 That was close. 刚才好险啊。

34 I'll be looking forward to it. 我期待着它。

35 Chances are slim. 机会很小。/希望渺茫。

36 Far from it. 差得远呢。

37 I'm behind in my work. 我的工作进度落后了。

38 It's a pain in the ass. 这真是一件麻烦事。

39 We're in the same boat. 我们的处境相同。

40 My mouth is watering. 我流口水了。

06 找准差距！我离无障碍交流还有多远？

在前文中，我谈到了口语水平的量变到质变。有些人可能会问：“老师，那究竟要完成多大的练习量，才能引起质变呢？”

这个问题非常好。制订计划时，如果可以提出一个具体的数字，目标就会更加清晰，努力起来也更有动力。本文中，我会为大家推荐一个口语练习的目标数字，只要拿下它，就很有可能完成从量变到质变的飞跃，真正实现基本无障碍交流。

我选取的标准是托福和雅思的评分体系。这两门考试是国际性英语标准化水平测试，其主要作用是**为国外的大学提供分数参考，以判断学生是否有足够的语言能力应对当地的学习和生活**。换句话说，如果能够在这两门考试中取得一定的分数，那就说明你基本具备在国外学习和生活的能力，这是我选取它们作为衡量标准的主要原因。

先说托福，托福考试满分 120 分，听、说、读、写四项各 30 分。考试没有及格线，但国外院校都有各自的分数要求。在美国，综合排名在第 60~150 位的大学通常要求托福成绩达到 80 分左右，少数要求达到 70 分左右。综合排名前 50 位的大学一般要求托福成绩不低于 90 分。顶尖名校更是普遍要求 100 分甚至 105 分以上。雅思考试同样分听、说、读、写四项，每项的满分都是 9 分，四项成绩相加后的平均分就是你的雅思成绩。假设你考到听力 8 分、口语 7 分、阅读 6 分、写作 5 分，那么总成绩就是（8+7+6+5）÷4=6.5 分。雅思考试同样没有及格线，英国较好的院校一般要求雅思成绩至少达到 6.5 分，顶尖院校则要求 7 分甚至 7.5 分。排名第五六十位及更靠后的大学最低要求一般在 6 分左右。低于这个分数，能够申请通过的学校较少。

读到这里，有些人可能会好奇，那么雅思成绩和托福成绩相互之间如何比较呢？例如，我的雅思考到了 8 分，相当于托福多少分呢？这个问题可以参考托福考试的官方机构 ETS（美国教育考试服务中心）认可的对比数据：

雅思托福分数换算表

雅思分数	托福分数
9	118~120
8.5	115~117
8	110~114
7.5	102~109
7	94~101
6.5	79~93
6	60~78
5.5	46~59
5	35~45
4.5	32~34
0~4	0~31

现在我们知道了，国外一般大学对英语水平的要求基本不低于雅思 6 分或托福 80 分。拿到这个分数，就意味着你基本（至少勉强）具备出国生活并接受本科教育的英语水平。这个分数的具体水平如何呢？可以参考雅思官方给出的相关描述。

听力 6 分：通常能够听懂篇幅较长的讲话，理解详细的指示或说明，能大体理解直接陈述的事实、态度、观点和目的，能基本听出话语的主要内容，辨别与其相关和无关的信息，并能大体推断隐含的意义，且无须逐个加工词语和结构。

听力 5 分：通常能够听懂较短的发言，并对所听信息进行加工，获取非连续性的信息，且能在一定程度上听懂较为详细的说明。能够听懂直接陈述的事实、态度、观点和目的，理解主要内容并推断隐含的意义，但程度有限。

对比得出，6分的听力水平能听懂较长的讲话，且能听出其主要内容。5分水平则只能听懂较短的发言，且理解程度有限。

> **口语6分**：通常能够进行详尽的口头表达，会因重复、自我纠正或因搜寻词语或语法形式时的犹豫致使表达有时不够清晰、流利。讲话大体上有条理，观点表达大体连贯，但会出现一些错误。有足够的词汇量进行话题讨论，内容清晰、详尽，虽然会经常出错，但通常能够很好地变换措辞。能在有限范围内使用简单和复杂的语法结构。使用较为复杂的结构时，可能会经常出错，但其语言通常易于理解。发音清晰、有效，但可能存在问题。虽然有时单词发音不清晰，但通常易于理解。
>
> **口语5分**：通常能够持续地讲话，但常常出现重复、自我纠正、放缓语速，或因搜寻词语或语法形式而犹豫。讲话并非始终清晰、有条理，经常过度使用某些连接词或短语。能够流畅地谈论简单的话题，但在谈论欠熟悉的话题及运用相对陌生的语言时，可能会出现问题。有足够的词汇量来谈论熟悉和陌生的话题，但词汇范围有限，经常出错，且变换措辞的能力有限。能够相当准确地使用简单的语法结构，也能够使用为数不多的复杂语法结构，但通常会出错，可能令人费解。发音清晰、有效，但经常出错，有时会造成理解困难。

对比得出，6分的口语水平能进行详尽的表达，有足够的词汇量进行话题讨论。尽管有时不够清晰、流利，甚至经常出错，但通常易于理解，基本不会造成交流困难。5分水平则只能流畅地谈论简单的话题，碰到欠熟悉的话题就难以应对。出错更多，有时候还会造成交流和理解困难。

通过以上描述对比，再加上之前“国外一般大学对英语水平的要求基本不低于雅思6分或托福80分”这一数据，我们可以得出结论：**基本无障碍交流的门槛就是雅思6分或托福80分左右**。有了这个衡量标准，再和我们熟悉的高考英语或大学英语四六级成绩做比较，你就可以知道自己大致的水平了。在我所接触和了解过的学生案例中，以下这些数据比较具有代表性。

四级 550 分或高考 135 分左右的英语基础，经过一定的准备后参加雅思考试，成绩普遍在 6.5 分左右，相当于托福的 60~90 分。

四级 450 分或高考 120 分的英语基础，经过一定的准备后参加雅思考试，成绩普遍在 5.5 分左右，相当于托福的 40~60 分。

高考刚刚及格（满分 150 分，得 90 分）的英语基础，经过一定的准备后参加雅思考试，成绩普遍在 4.5 分左右，相当于托福的 30~40 分。

由于高考英语、大学英语四六级考试和雅思、托福的题型各不相同，这份数据对比只能作为参考（注意：此处指经过一定的准备后参加雅思考试，如果不熟悉题型，直接裸考分数会更低）。另外，以上数据是平均成绩，不包括个例。例如我的一名学生，大学英语四级考试成绩只有 450 分左右，但备考雅思特别认真，在四个月里不断地刷真题、背单词、练口语，水平提高很快，第一次参加雅思考试就拿到了 7 分的好成绩。

如果你想更加准确地了解自己的水平，可以花几个小时做一套雅思或托福测试题，然后根据分数就可以得知自己的英语水平了。试卷中的听力和阅读部分可以自己核对答案评分，主观题部分（口语和写作）可以找老师打分。

看完以上参考数据，相信你对自己的英语水平应该心中有数了。**综合而言，如果你能够达到雅思 6 分或托福 80 分的水平，就能够（至少勉强）应对生活中大部分的听力和口语场景，避免“明明练了很多，生活中却用不出”的情况，实现基本无障碍交流。这也就是我在前文中提到的质变的最低门槛。**

Tips

事实上，就算达到甚至超过雅思 6 分或托福 80 分，在刚出国的那段时间里，你仍然要克服许多语言上的困难，例如当地人特有的口音、上课时老师飞快的语速等。你需要继续提高英语水平，才能让生活和学习逐渐进入正轨。

另外，由于雅思和托福考试都是听、说、读、写四科全面考查，如果只是单纯讨论口语和听力这两项能力，而不考虑阅读和写作能力，还可以把目标进一步精简。即完全不花时间练习阅读和写作，只求雅思口语和听力达到6分（每项满分9分）或者托福的口语和听力达到20分（每项满分30分）。那么，问题来了，想要达到这个分数，需要背熟多少个口语话题呢？

答案是50~80个。虽然雅思官方并没有公布明确的题库，但根据多年来的考后经验总结，可以推算出雅思口语的出题范围为50~80个话题。我们之前练过的“散步”“听音乐”等话题，在内容和形式上都和雅思口语题型基本一致。从语言质量上来说，它们大约相当于6.5分的水平。也就是说，**如果你面对雅思口语考官的提问，能够比较流利地回答出“散步”场景中的内容，就很可能得到6.5分左右的成绩。**另外，由于口语考题是考官从题库中随机抽取的，为了保证回答内容的质量，比较稳妥的办法就是把50~80个可能抽到的题目全部准备好。也就说，类似“散步”场景的段落，你需要背熟50~80个。

在实际备考过程中，很多考生不会把所有话题全部背完，而会使用串题技巧，用同一份材料回答好几个相似的话题。例如你背熟了“一个令你印象深刻的人”，自然也可以把它用在“一件令你难忘的事”或“一次特别的旅行”之类的话题中，因为难忘的人、事、物往往是彼此联系的。但是，如果以提高口语水平为目标，而不仅仅是为了应付考试，还是要尽可能地多练熟一些话题，增加优质材料的输入量。虽然说雅思口语6分是基本无障碍交流的门槛，但我之前也说过，哪怕你拿到6分以上的成绩，在国外生活仍然需要一定的时间去适应，所以你的英语装备库的库存肯定是越多越好。

本篇回顾

估算一下，你此刻的英语水平离基本无障碍交流还有多远？

英语园地

实用英语口语 100 句（41~50 句）

41 What do you recommend? 你有什么推荐的吗?
42 I ache all over. 我浑身酸痛。
43 I have a runny nose. 我流鼻涕。
44 It's out of the question. 这是不可能的。
45 Do you have any openings? 你们有（职位）空缺吗?
46 It doesn't make any difference. 没什么差别。
47 I'm sick and tire of that. 我烦透了。
48 You can count on us. 你可以信赖我们（尽管放心）。
49 It doesn't work. 这个坏了，用不了了。
50 It's better than nothing. 总比什么都没有好。

07 挑战雅思托福！无障碍交流是这样练成的

在前文中，我们对达到无障碍交流所需的练习数量进行了详细的量化。接下来我会详细讲解雅思 / 托福真题的具体使用方法。

由于很多人并不需要出国留学，所以不用真的去参加雅思考试，至少没必要为了考出好成绩而多次刷分。你只需要把真题用作练习材料，达到 6 分左右的水平即可。由于雅思官方并没有给出具体的口语题目和答案，你必须自己搜集相关资料。你可以选择合适的图书或网络资源（其中包含口语范文），选好一套资料后，一个一个话题练习即可。听力方面，你可以直接使用雅思真题的听力部分。先做题，然后自己评分，最后做全篇的精听练习。需要注意的是，由于你的首要目标是提高听力水平，而不是考出好成绩，所以要力争把录音从头到尾全部听懂，完全达到前文提到的听力练习的三大合格标准：1）秒懂大意；2）抓住全部细节，“颗粒感”十足；3）无压力跟读。但如果你需要参加考试，那么首要目标就是做对题目，拿到分数，在时间有限的情况下，部分内容听不出来也无妨。

在精听材料时，可以适当做一些取舍。因为雅思听力题目中有些内容和日常生活联系不大。正如之前所说，雅思和托福的考查目标是“你能否应对国外的学习和生活”。所以题目中既有日常生活场景，也有校园学习的场景。如果你只是想提高日常生活类英语水平，与校园学习相关的题目就可以少练或不练。例如某套真题中听力测试四个部分的主题分别是：

第一部分：求职咨询，求职者和面试官的电话沟通。

第二部分：当地新开的体育用品店介绍，聊到了新店的地址、特色、服务等。

第三部分：两名学生找老师讨论该学期的学习和考试经历。

第四部分：学术讲座，主要探讨海豚和鲸鱼等海洋生物的某些行为特征。

很显然，前两个部分更加贴近日常生活，而后两个部分则偏向于学习和学术。在时间精力有限的情况下，可以将日常生活类内容作为主要练习对象。

以上就是雅思真题的使用方法，如果你打算用托福材料来练习，操作也大致如此。另外，如果你不打算出国留学，只是想获得雅思或托福成绩作为职场敲门砖，为了减少考试费用，最好的策略是充分准备，一次性考出理想的成绩。大家可以用三个月到半年的时间来备考，将目标定为雅思 7 分或托福 95 分以上（最少不能低于雅思 6 分或托福 80 分），否则在找工作时几乎没有优势，和持有大学英语四级证书区别不大。

以上就是雅思及托福资料相关学习方法的介绍。总体而言，挑战雅思 / 托福考试，既是实现基本无障碍交流的第一步，也是对你多年英语学习成果的一次总结和检验。如果你的英语基础不错，也希望检验自己的英语水平，很值得一试。

（注：本文探讨的是如何实现生活中的基本无障碍交流，所以只涉及口语和听力的练习方法。阅读和写作的练习方法请参考后文相关章节。）

本篇回顾

- 以“提高听力口语水平”为目标和以“考试拿高分为目标”，在具体练习时有何不同？
- 如果决定参加考试，最好准备充分，一次性考出理想的成绩。

实用英语口语 100 句（51~60 句）

51 Don't take it personally. 别太在意。

52 I'm not myself today. 我今天状态不好。

53 I have a sweet tooth. 我喜欢吃甜食。

54 I can't express myself very well in English. 我不能很好地用英语表达自己。

55 I'll make it up to you. 我会补偿你的。

56 The milk has gone bad. 牛奶变质了。

57 Cut the bullshit. 废话少说。

58 It's up in the air. 这件事尚未确定。

59 Math is beyond me. 我对数学无能为力。

60 It slipped my mind. 这件事我（一不留神）给忘了。

08 30 天见效，短期突破口语的绝佳方法

虽说人人都渴望做到用英语无障碍交流，但这毕竟难度不小，需要投入大量的时间和努力。如果你暂时无须达到这一水平，而仅仅是想解决某个特定领域的英语需求，也可以退而求其次，专门针对这个方向来学习，如旅游英语、职场英语、商务英语、外贸英语、医疗英语等。在此，我将以“职场商务口语”为例，介绍一种 30 天内即可见效的积累方法。只要你执行到位，并配合相关教材的学习，就有望在较短的时间内实现英语口语的突破。

首先明确一点，职场商务英语并没有什么特别，其实质就是**日常英语 + 职场商务相关词汇**。以下面这段关于“产品订购”的对话为例（建议大声朗读三遍）：

A: How are you this afternoon?	你今天下午怎么样?
B: Just fine. I looked over the catalog you gave me this morning, and I'd like to discuss prices on your computer speakers.	还好。今天上午我已经详细看过了你给我的产品目录，我想讨论一下你们计算机扬声器的价格。
A: Very good. Here is our price list.	很好。这是我们的价目表。
B: Let me see. I see that your listed price for the K-two-one model is ten US dollars. Do you offer quantity discounts?	我看看。你们 K-2-1 型号的标价是 10 美元。大量订购的话，有折扣吗?
A: We sure do. We give a five percent discount for orders of a hundred or more.	当然有。购买 100 个或以上的订单我们有 5% 的折扣。

大家可以看出，这段对话从头到尾句子都比较简单，唯一需要多下功夫的就是以下这些和产品有关的商务类表达：

◇ catalog 产品目录
◇ computer speaker 计算机扬声器
◇ price list 价目表
◇ K-two-one model K-2-1 型号
◇ quantity discount 大量订购时的折扣

事实上，不仅仅是商务英语，任何一门专业英语，都是**日常英语＋专业词汇的综合**。因而，大家只要把英语基础打牢，做好专业词汇的扩充，拿下这些专业英语就只是时间问题了。

介绍了商务英语的本质后，再来回答一个很多从事英语相关工作的小伙伴都非常关心的问题：为什么我上班这么久了，与工作相关的英语还在原地踏步？

原因很简单，就四个字：**蒙混过关。**

回想一下，每次碰到拿不准的英语表达，你是不是都得过且过？写邮件时，写不出就找机器翻译；跟外国同事开会时，每次发言都使用几乎相同的词汇；至于听力，大意能懂就行，实在听不懂对方也不一定会发现，只要故作镇定、一直点头就行。长此以往，当然不会有长进。事实上，想要在短时间内突破商务英语，就要**拒绝蒙混过关，坚决迎难而上。**认真对待每一个让你感到困难的短语和句子，给自己提一个要求：**这句英语，我允许自己今天不会用，但只此一次，下不为例。**落实到具体的操作上，你需要做好以下两点：

（一）固定积累

每天固定写下三个工作中让你感到棘手的句子。先写中文，再翻译成英文（自己先译一遍印象更深刻），然后找老师沟通修改，得出最终的正确版本，记在专用的笔记本或手机 APP 上，反复复习，直到能脱口而出。每天写三句，坚持 1~3 个月，就能得到 90~270 个与工作相关的句子。考虑到你在行动过程中会打折扣，只是落实一半，那也可以得到 45~135 个句子，这就足以覆盖你大部分的工作需要了，因为通常一份工作最常用的句子很难超过 50 个。

除了积累句子之外，所有关于你工作的一切，都可以按照以下步骤进行：**先用中文描述——译成英文——反复复习**。例如，你可以把工作业务内容和职责范围用中文详细描述一遍，再翻译成英文，其中一定会有一些你用得上的短语和句子。

（二）随时积累

为了防止你在固定积累时执行不到位，就需要第二步操作——随时积累。**如果某个短语或句子经常在工作中出现，让你觉得很棘手，就要第一时间把它记下来，反复复习**。之所以加入“经常”这个限定词，是因为我反对一碰到生词就记，原因有二：1）生词太多，根本记不完，很难坚持；2）并非所有生词都是你真正需要的。有些词汇出现频率很低，记了也用不上，很快就会忘掉，不如省下力气，专攻常用的生词。而经常出现的短语或句子必然是你工作中必不可少的，最好第一时间准确地记下来。

看到这里，可能有些人可能会问：“老师，你不是一再强调口语练习必须模仿和复制吗？为什么又要自己去收集各种句子和表达呢？”这个问题非常好，原因很简单——在实际学习的过程中你会发现，没有哪套教材或资料能够完美地覆盖你所有的商务英语需求。每个人的工作情况都不一样，用到的英语自然也就各不相同，比如实际情况可能是：你从事服装行业、我从事食品行业、他从事化妆品行业等。即使是在同一个行业（甚至在同一家公司），每个人的职责也是不同的。负责产品销售的员工和负责原材料进口的员工，大家用到的商务英语句子肯定不一样。而英语教材中通常选取的是那些具备共性的场景（例如见客户、约开会、自我介绍等），这就会造成使用效率不高的问题——假设一本书中有 60 个商务场景，其中可能只有 15 个你勉强用得上，而很多你需要的句子和词汇，书里又偏偏没有。如果能有这样一本教材，其中正好包含了你需要的所有句子，那就完美了。但市场上通常没有这种为某个人量身定做的“完美”教材，所以你需要自己动手——**每天固定积累三句话，再加上随时积累，为自己编写一本完美的教材**。对你来说，这本教材就是最有针对性、最适合你个人的资料，是能最快解决你英语问题的终极法宝。因为没有谁比你自己更了解你的工作，哪怕是优秀的英语教师，通常也只能在句子结构上给出指导，一旦涉及专业词汇，你才是专家。

这就是“自己收集句子”的必要性所在。

自己收集句子不仅适用于商务英语学习，也可以运用在旅游英语、日常英语、医疗英语等其他领域之中。简言之，只要你碰到重要且频繁出现的疑难表达，就要在第一时间记下来，以便日后复习。养成这种习惯之后，你可以将自己积累的资料作为教材学习之外的有力补充，日积月累，你的英语装备库就会越来越强大。

除了自己收集句子，想要在短期内实现有效的英语交流，接下来介绍的五个方法也非常关键：

（一）攻克听力

英语交流不只需要口语，更需要良好的听力。事实上，听力比口语更难提高，口语有问题时还能记在本子上，听力不好就连记下来的机会都没有。外国同事开完会，转身就走了，任何素材都没留下，你想精听都没有对象，怎么办呢？

推荐方法：在所有与外国同事交流的场合，不管是开会、打电话还是面对面沟通，都用手机或录音笔录下来，以便事后做精听、泛听练习。其原理和自己收集句子一样，只不过使用的方式是录音。精听录音时，你一定会碰到听不懂的地方，由于没有文本，无法对照，只能想其他办法。可以付费找外国人帮你听译，也可以找老师为你解答，如果有同事愿意教你那就再好不过了。如果你所在公司有现成的与业务相关的英语资料或统一的英语听力培训，那自然最好。如果没有，你就只能靠自己收集听力材料了。

从操作角度来说，这种方法比较麻烦，可能还需要花一些钱（找人翻译、听译，报课找老师等），但只要下定决心也是能做到的，这就要看大家的执行力如何了。

（二）活用教材

虽然自己收集的句子最有针对性，但合适的教材仍然必不可少。大家可以挑选以场景对话形式编写的教材，例如商务英语类教材往往包括下订单、催收账款、与客户沟通、和同事开会等场景。不需要把整本书学完，直接学

习你需要或感兴趣的场景即可。沟通遇到问题时，再去查阅相关场景，看看有没有用得上的词语和句子，让教材发挥词典的功能。

（三）无须执着于完美的英文表达

之前我们说过，不管是日常沟通还是工作需要，只要不影响交流，稍微有一些用词、语法或发音的瑕疵，都无伤大雅，没必要执着于完美的英文表达。始终记住：英语只是交流的工具，只要能顺利完成沟通，实现生活和工作上的目标，你的英语能力就是合格、甚至优秀的。

（四）直奔主题

很多学习者常犯的错误是：明明想提高商务英语能力，却稀里糊涂地从音标、语法、背单词入手，学了几个月都没有真正涉及自己的工作。牢记一点：突破特定领域的英语，必须直奔主题。跳过音标、语法等内容，就执行**自己收集句子**和**学习教材**这两步。碰到发音、语法等问题，再单独拿出来问老师即可。

（五）跟随老师学习

不管是自己收集句子，还是跟着一本教材学习，你都需要在碰到问题的时候询问老师，所以除非你的英语基础较好，学习能力、自觉性都很强，否则不推荐自学。自学意味着你只能自己摸索，学习效果也无法得到及时的反馈，虽然可以省下一些学费，但失去的是更为宝贵的时间和机会成本，所以建议大家如果有条件还是跟随优秀的教师学习。

本篇回顾

- 说说自己收集句子的必要性。
- 尝试在你下次和外国同事或客户沟通时录音，然后用这段材料做精听练习。

实用英语口语 100 句（61~70 句）

61 You can't please everyone. 你不可能讨好每个人。
62 I'm working on it. 我正在努力（做某事呢）。
63 You bet! 当然了！
64 Tell me about it. 可不是嘛。/我同意。
65 Are you pulling my leg? 你是在逗我吗?
66 Sooner or later. 迟早的事。
67 I couldn't care less. 我完全不在乎。
68 You have my word. 我向你保证。
69 What's bothering you? 什么事困扰着你?
70 I'm mad at myself. 我在生我自己的气。

09 积少成多，一起来做口语小句库

为了让你进一步体会自己把它收集句子的操作细节，我在此特意为大家准备了“迷你英语小句库”。请试着回想一句让你困扰已久的英文表达，把它的中文写下来，自己翻译成英文，再找老师沟通修改。确定最终的英文版本后，把它写在中文的下方，这样就算完成了一个句子的收集。马上试试看吧！（可参考范例）

- 范例 1

中文：我喜欢你看着我的样子。

英文：I like the way you look at me.

- 范例 2

中文：我下午可能要请假，我们保持微信联系，有什么需要随时联系我。

英文：I may have to ask for leave this afternoon. Let's keep in touch on WeChat. Anything you need just let me know.

________专属的“迷你英语小句库”

主题：介绍你的工作

任务：先用中文描述你的工作内容、职责，再尝试翻译成英文

中文：我的工作内容主要包括 / 我主要负责________________

____

____

英文：

单句积累

>> **No. 1**（自己翻译，然后找老师核对）

中文：这份资料我明天就要用，你看看能不能下午下班前发给我。

英文：

No. 2—No. 20（自己收集、翻译，然后找老师核对）

>> **No. 2**

中文：

英文：

>> **No. 3**

中文：

英文：

>> **No. 4**

中文：

英文：

>> **No. 5**

中文：

英文：

>> **No. 6**

中文：______________________________

英文：______________________________

>> **No. 7**

中文：______________________________

英文：______________________________

>> **No. 8**

中文：______________________________

英文：______________________________

>> **No. 9**

中文：______________________________

英文：______________________________

>> **No. 10**

中文：______________________________

英文：______________________________

>> **No. 11**

中文：______________________________

英文：______________________________

>> **No. 12**

中文：______________________________

英文：______________________________

>> **No. 13**

中文：______________________________

英文：______________________________

>> **No. 14**

中文:________________

英文:________________

>> **No. 15**

中文:________________

英文:________________

>> **No. 16**

中文:________________

英文:________________

>> **No. 17**

中文:________________

英文:________________

>> **No. 18**

中文:________________

英文:________________

>> **No.19**

中文:________________

英文:________________

>> **No. 20**

中文:________________

英文:________________

怎么样，不是很难吧？记得翻译后给你的老师看看哦。辛辛苦苦收集的句子，一定要好好复习。更多的句子积累，可以在你的手机 APP 或笔记本上继续进行。

英语园地

实用英语口语 100 句（71~80 句）

71 Don't get me wrong. 别误会我。/别弄错我的意思。

72 I'm under a lot of pressure. 我的压力很大。

73 Who do you think you are? 你以为你是谁啊?

74 It doesn't make any sense. 这毫无意义。

75 What's this regarding? 这是关于哪方面的?

76 Don't even think about it. 想都别想。

77 I can't make it. 我去不了/我赶不上/我做不到。

78 Can you give me a hand? 你能帮个忙吗?

79 I'm afraid I can't. 我恐怕我不行。

80 It will come to me. （这件事）我会想起来的。

10 独自一人创造英语环境

说完了各种口语练习方法，还有一个“老大难”的问题没有解决。经常有学生问我：“老师，我也想好好练口语，可是没有英语环境，怎么办呢？”缺少英语环境，确实让人困扰。难道真的花大量金钱出国待两年，就为学英语？对大多数人来说，这显然不现实。好在 Yuyu 老师同样找到了良好的解决方案。接下来的内容，只要你理解到位并坚决执行，就能做到“独自一人创造英语环境”，让你的口语练习事半功倍。

想要创造英语环境，首先要弄清楚一个问题——英语环境究竟能有多大效果？很多人认为，只要有机会在国外待上一年半载，就一定能轻松成为英语“大神”。事实却没有那么简单。我有不少在国外生活学习过的学生和朋友，他们有的英语进步很大，有的稍有进步，还有一些人是原地踏步，和出国之前基本没有区别。为什么会有如此大的差异？我特意去问过那些稍稍进步和原地踏步的朋友，得到的答案几乎如出一辙——现有水平基本可以满足日常生活需要，结交的朋友也大多是华人，大家直接用中文交流，缺少提高英语水平的动力，所以就没有刻意去英语环境中练习。这类人基本都有一个共同点——出国主要是为了旅行或居住，而不是留学深造。留学深造意味着你至少要逼自己达到能听懂学校老师讲课的水平，相比之下，足够日常生活和旅行的英语水平要求就低多了。就像我们之前所说的，如果把“点餐”场景简化到极致，this（这个）、that（那个）和 how much（多少钱）这几个单词就够了；把“购物”场景简化到极致，try（试试）、too big（太大）、too small（太小）这几个单词就够了，确实无须再去努力提高。与此同时，我还有一些从未出过国的学生和朋友，他们的听力、口语却练得非常棒，雅思考到 7 分不在话下。我问他们是如何做到的，得到的回答也几乎一模一样——无非就是自己疯狂练习，反复精听和复制各种优质的听力、口语材料。他们对“英语环境”的看法也出奇地一致：“没机会出国，没外国人对话，难道还不会自己找材料练习吗？”

由此可见，英语环境绝不可等同于英语水平的提高，它只能提供一些客观的外部条件，让你练习起来更加方便，仅此而已。起决定性作用的，始终是你的主观驱动力和执行力。如果你有强烈的进步愿望且执行力强，英语环境会让你事半功倍。如果你懒得练习或缺少提高的动力，就算浸泡在纯英语环境中，效果也十分有限。

弄清了英语环境的真实效果，再来具体讲讲如何创造它。英语环境究竟是什么？其实就是**更多听英语和说英语的场合。**创造英语环境，就是创造更多听和说的场合。如此一想，思路瞬间就清晰了——其实你本来就有很多这样的场合，只不过没有好好利用罢了。听力方面，你的电脑里还躺着那么多电影、美剧没有听懂，书架上还摆着那么多雅思真题没有完成，怎么好意思说没有听英语的环境？这些材料不都是英语母语者录制的吗？口语方面，要实现基本的流利交流，雅思口语出题范围内的 50~80 个话题练熟了吗？这些高质量话题也都是母语使用者精心编写的，假设你只能背出其中的五六个话题，还都是半生不熟的状态，怎么能说没有说英语的机会？以练习时长来说，如果你一天用八小时精听一部电影，再用八小时记住八个口语话题，总共就有 16 个小时的英文输入和输出，是不是就相当于待在了国外？因为你一直在说英语和听英语啊！虽说一天练习 16 个小时不太现实，但创造英语环境的原理就是如此。不需要花数十万元出国留学，不需要花几万元报一对一外教课程。哪怕只是独自一人坐在家里，**只要你用足够多的时间来练习听力和口语，就是在创造英语环境。**

本篇回顾

- 很多人出国后英语并没有明显进步，原因是什么？
- 有些人从未出过国，英语口语和听力却练得很棒，他们是如何做到的？
- 独自一人创造英语环境的原理是什么？

英语园地

实用英语口语 100 句（81~90 句）

81 It's nothing. 小事情。/不足挂齿。

82 That's really something. 真了不起。

83 You can't do this to me. 你不能这样对我。

84 Are you out of your mind? 你疯了吗?

85 Take it easy. 放轻松。/别着急。

86 Time will tell. 时间会证明的。

88 If I were in your shoes, I would go there. 如果我站在你的角度，我会去那儿。

88 Just to be on the safe side, we'll leave now. 安全起见，我们现在就离开。

89 It won't take much time. 这不会花很长时间的。

90 It's been a long time. 好久不见。

11 和外教练口语的正确打开方式

在前文中，我详细讲解了创造英语环境的原理和操作方法。简单来说，**只要你用足够多的时间来练习听力和口语，就是在创造英语环境**，甚至不用花一分钱。然而大多数人学英语时，行动力和学习能力都略有不足，因此有必要适当寻求外部的帮助。接下来我将详细讲解和外教练口语的正确操作方式，以及如何报班学习、如何利用演讲练习等实用的方法，力争让你用最少的花费实现最佳的练习效果。

一、外教≠英语环境

找外教练口语，首先要明确一个观念——外教≠英语环境。我们说过，**英语环境能否起作用，关键在于练习时长。练习时间太少，哪怕你真的生活在国外，也相当于没有英语环境。练习时间够长，就算一个人坐在家里，也相当于浸泡在全英文环境之中。**而和外教学习的最大局限就是——练习时长实在太短了。哪怕报了几百节一对一的课程，每次上课不过半小时左右而已，一周总共练习的时长不过几小时，这与真正的语言环境相去甚远。如果真要利用外教来创造英语环境，起码要每天和他一起练习好几个小时，这样的花费将会是天文数字，不比真正出国的费用低。

除此之外，很多人还有一个错误的认知：只要是外教，英语教学水平一定很高。但事实远非如此，因为“会说”和“会教”是两回事。大多数外教的中文水平都较低，没办法和中国学生顺畅地沟通。而教学是需要讲解的，外教连基本的中文沟通都费劲，又怎么进行复杂的讲解呢？难道用全英文讲解地道的口语用法？这样你可能更是听不懂了！再以发音为例，外国人从小接受的是母语发音训练，张口就是正确的，他们对中国人的发音特点和习惯并不熟悉。对于如何纠正一个中式发音的错误，他们远不如发音漂亮的中教有经验。也就是说，不论是讲解知识点，还是纠正发音，外教的授课效果都可能比不上优秀的中教。只有那种在中国生活多年、具备一定中文水平、了解中英文差异、会用中文解释英文的外教，才能确保课程的质量。但这样的外教，你可能很难遇上。

二、把外教当作“定期考官”

既然外教有这么多劣势，找他们上课是不是就毫无意义呢？那倒也不至于。作为练习对象，他们有一项价值是中教无法比拟的，那就是**可以帮助你习惯和外国人说英文的感觉，增加临场感，降低紧张感。**

我至今仍然记得第一次出国的尴尬场景。大三暑假，我去佛罗里达州的一家麦当劳打工。下飞机后，我推着行李，走在偌大的机场大厅里。忽然，一名机场清洁工热情地对着我打招呼，说的好像是“Hey bro, how are you doing?（嘿，兄弟，你好吗？）”我瞬间大脑中一片空白，呆若木鸡地站在那里，一个字都没有回答，被他狠狠地白了一眼。当时我的英语水平并不低，平时也经常做朗读和精听练习，但为什么在那一刻，连常见的问候都回答不出来呢？后来我想明白了，这其实与英语水平关系不大，真正的原因是，我当时缺少和外国人面对面说话的经验，导致一下子紧张、慌乱，连最简单的“I'm good, you good?（我很好，你好吗？）”都想不起来。

事实上，不只是英语，即使是我们再熟悉不过的中文，这样的情况也难免发生。明明一篇演讲稿已经练得滚瓜烂熟，自己一个人在家倒背如流不知多少次了，可是当站上讲台，面对乌泱泱几百名观众时，你还是会心跳加速，全身颤抖，甚至一个字也说不出来。由此可见，不管什么技能，从“一个人练好”到“实战发挥好”，还需要经历很多模拟训练。英语口语也不例外，独自一人说英语和面对外国人说英语，并不完全是一回事，二者之间的距离，需要你用各种练习去弥补，而外教的价值恰恰就在于此。走上英语教师的岗位之后，我有了更多和外国人交流的机会，对于这一点的体会也越来越深。和外国人面对面交流的最大意义，并不是你想象中的帮你快速提高英语水平，而是**帮助你逐渐适应和外国人说话的感觉，增加临场感，降低紧张感。**

清楚了价值所在，跟外教学习的最佳方式也就呼之欲出了。**和外教练习，想用最少的花费获得最佳的效果，就要平时自己先大量练习，有了一定的积累之后（例如背熟了五个话题），再跟外教面对面交流，让他做你的“定期考官”，一次性地把最近的成果展示、巩固一遍，练个痛快。**

这个方法最重要的一点是“提前准备”，否则上课效果会非常微弱。记住一句话：**凡是你能临场发挥说出来的，都是你本来就会的。**以绝大部分人的英语基础而言，如果毫无准备，只靠临场发挥，几乎说不出任何新东西，无法获得“展示并巩固”的效果。虽然还是可以降低紧张感，但这种效果会在最初几节课之后急剧下降，毕竟你面对外国人时再怎么紧张，几节课之后也就基本适应了。不仅如此，当你的水平停滞不前时，每次都没有新内容展示，很多外教会有意无意地放慢语速，尽量使用简单的词句，让你能够顺利地听懂，造成一种“流畅交流”的表象。这样一来二去多上几次课，你可能会产生“听力口语都大有进步”的错觉。很显然，这并不是一件好事。

在课前准备时，注意要把与讨论话题相关的问题和答案都练熟（没错，问题也要练，否则你不知道怎样提问）。以“运动”这一话题为例，你可以准备好以下这些问题和相应的答案，例如：你喜欢什么运动？你们国家流行什么运动？你每周做运动的频率如何？你认为运动的意义是什么？你想尝试什么新运动吗？假设准备五个话题，每个话题包含 4~5 个小问题，一共就是 20~25 个小问题，这样就足够和外教高质量地畅聊至少半小时了。上课时，要以巩固为主，争取把你准备的内容全部展现出来，如果临时想聊别的话题，再适当穿插。千万不要觉得只有在毫无准备的情况下和外教自由聊天（free talk）才能练临场反应能力。再次强调：临场反应能力来自平时的深厚积累！对英语基础薄弱的学习者来说，自由聊天就是无目的地闲聊，临时发挥就是临时凑数，输出的全是低质量语言，几乎不会有任何进步。口语练习的关键是复制和模仿，如果你可以复制 50~80 个与“散步”场景类似的口语素材，每个话题都能和外教聊得很顺畅，口语的突破就指日可待了。

明确了把外教当“定期考官”这一训练方针，报课的方式也就能确定了。你可以在网上找外教一对一练习服务，每次报 5~10 节课，费用只需数百元至一千多元，这就能满足一段时间的练习需求（一周上一次，10 节课可以上两个多月）。和那种一次性支付上万元甚至几万元的课程相比，这样的计划显然更加合理、划算。

以上练习和报课的方法不仅适用于跟外教一对一练习，和中教上课也是一样。总之，一对一练习时长有限，主要起温故知新的作用，绝不能替代课后的练习。除此之外，不管是选择一对一还是大班课，一定要有**课后答疑**。学生学习，如果在课后找不到老师，有问题就无从解决。没有课后答疑的课程，一定要谨慎选择。这也是我多年来一直在为学生做的事情，不管是碰到英语知识的疑问，还是学习中的迷惘，或是状态不佳、士气低迷，我都鼓励他们随时找我，我会在第一时间给出我认为最好的答复。

另外，如果想找外国人面对面练习英语，还可以在生活中尽量寻找和外国人接触的机会，如在街上偶遇、上网搜寻外国人聚集的场所、去大学校园里找留学生等。见面后可以直接说明来意，即使失败了也不要灰心，要多多尝试、锻炼自己的勇气（这种方法类似“街头搭讪”）。

- **搭讪用语参考：**

  Excuse me. I'm sorry to bother you. Do you have a minute? Could you do me a favor? I'm looking for a partner to practice my spoken English with, so I wonder if you could help me with this. I will pay for it. Could I have your WeChat? We can talk about the details on WeChat. Thank you so much. You are so nice.

  不好意思，很抱歉打扰你。你现在有空吗？可以请你帮忙吗？我正在寻找一个练习英语口语的搭档，所以不知道你能不能帮我这个忙。我会付费的。我可以加你的微信吗？我们可以在微信上聊聊具体事宜。非常感谢，你真的太好了。

三、演讲式练习

除了找外教练习之外，还有一种方法可以降低说英语的紧张感，提高实战能力，且不用花一分钱——**用练演讲的方式去练英语**。我曾经花费几千元专门学习演讲技巧，也做过多场公开演讲，还组织过公司内部新教师的培训。一路走来，我总结出提高演讲能力的方法其实很简单，就两点：1）先把演讲稿背熟，达到说出其中任意两个单词都可以轻松接下去背完全文的程度；2）尽可能多地站上讲台，面对观众，反复演练。我的演讲教练曾说过一句话：**你紧张，是因为你紧张的次数还不够。**当你经历过无数次令人紧张的大场面之后，自然就会气定神闲，不再紧张。据说很多演讲达人为了做好跨年演讲，会提前半年开始准备，无数次打磨演讲稿并上台排练；演讲界也流传着这么一种说法：准备演讲所花费的时长应该是演讲本身时长的 100 倍。所有这些方法的原理都相同——熟悉内容，反复演练。

就英文练习而言，你需要做的就是**把你背熟的口语内容，尽可能多地在有观众的公开环境中展示出来。**例如，在宿舍拉着室友听你背，在家里背给家人听，在学校操场面对锻炼的人群大声背诵，在街上对着来来往往的行人声情并茂地来一段等。一开始你可能会觉得难为情，不好意思开口，但只要勇敢地踏出第一步，脸皮就会越来越厚，内心也会越来越强大。如果你在任何时间、任何地点都能做到张口就来，自信甚至疯狂地输出英语，你的演讲能力和口语能力就接近大功告成了。我有一个朋友就是这样，我俩一起逛街，他毫无征兆地就开始对着我大段背诵英语美文名篇；在服装店买衣服，他会突然对店员说："请大家帮我一个忙，最近刚练了一小段两分钟的演讲，想请大家给我当一下观众。"然后就自信满满地开始他的演讲，引得全场都拍手叫好。事后我问他紧不紧张，他的回答我至今难忘：**"当然紧张啊，都能感觉到心脏怦怦跳，脸上也火辣辣的。但我不想放弃这样的练习机会，有了想法我就要去做，就想看看自己能不能做到，而不是事后捶胸顿足，后悔为什么当初没有果断行动。"**

这种演讲式的练习方法，其实和跟外教上课的原理一致，都是面对真实的观众展示你已经背熟的内容。唯一的区别是，外教会跟你对话，有来有往，而演讲式练习法只是为了展示，更偏向于勇气和实战能力的锻炼。除了常规训练外，演讲式练习还有一种改良版，那就是拍视频练习——**全程拍摄你的每一次展示过程，然后复盘总结。**培训界有一句话：不把自己的课录下来，都不知道自己讲得这么差。给自己拍视频，可以全方位无死角地暴露你的所有弱点，不只是表达的内容，还包括眼神、表情、手势、声音、语调、说话节奏、舞台台风等。一点点打磨这些细节，你的英文能力和演讲能力都会越来越强。同时，尽可能多地参加各种演讲活动（英语角、沙龙、辩论、演讲比赛等），不放过任何一次展示自己、锻炼自己的机会，力争成为一个面对任何大场面都能从容应对的高手。

以上就是找外教练口语及相关方法的具体操作步骤，只要你能够执行到位，不但效果极佳，还可以大大降低口语练习的花费。这么看来，学英语其实和瘦身减重有点相似，如果你有足够的执行力，又愿意主动学习各种食品和热量的相关知识，制订科学的计划，那么花很少钱甚至不花钱也能成功减重，否则就只能花高价找健身机构帮忙。越努力，越省钱，不管学习什么技能，都是这个道理。

本篇回顾

- 外教并不能提供英语环境，其主要价值在于帮助你降低说英语时的紧张感，把他们当成“定期考官”是相对合理的练习模式。
- 不管是一对一课程还是大班课程，一定要配有课后答疑。
- 选择一篇口语素材背熟，在你的家人或朋友面前大声背诵并全程录制视频。

英语园地

实用英语口语 100 句（91~100 句）

91 I'm speechless 我无语了。

92 She looks blue. 她看起来很忧伤。

93 It's a long story. 说来话长。

94 What's this city famous for? 这座城市以什么闻名?

95 What brings you here? 什么风把你吹来了?

96 I'm here on business. 我来这里出差。

97 How late are you open? 你们营业到多晚?

99 Let's have some fun tonight. 今晚让我们好好开心开心。

99 It's about time. 时间差不多了。

100 Thank you for coming to see me off. 谢谢你来为我送行。

Chapter 04

第四章

单词

01 告别“死记”，一招教你高效背单词

说起背单词，你脑海中是否会浮现这样的记忆，一大清早起床，仍然睡眼惺忪，你急匆匆赶到学校。在英语早读课上，书声朗朗。你抱着课本，摇头晃脑地高声念道：“apple，apple，a-p-p-l-e，a-p-p-l-e，apple，苹果，苹果……”

对很多人来说，背单词是英语学习永恒的主旋律，也是困扰自己多年的难题。有人认为，英语学习的关键就是背单词，只要单词量达到八千、一万，一切都水到渠成；还有人相信，应该存在某种神奇的方法，可以让人摆脱死记硬背的痛苦，轻松搞定单词。这些说法有道理吗？单词到底应该怎么背？接下来我会为大家揭晓答案。

首先讲背单词的方法。招不在多，好用就行。只要你能把接下来的这一招执行到位，背单词的效率就会显著提高。这招很简单，就八个字：**把单词放入句子中。**

背单词，最忌孤军奋战，只记一个孤零零的单词，缺少上下文场景，这种记忆方法效率低且十分枯燥。但偏偏很多人习惯这么做——买一本单词书，从以字母 A 开始的单词背起，“abandon，a-b-a-n-d-o-n，a-b-a-n-d-o-n，放弃遗弃离开，放弃遗弃离开……”结果往往没背到第三页就真的放弃离开了。相比之下，把单词放入句子中，获得一个具体场景，结合上下文提示，记起来就容易多了。以 abandon 为例，如果可以搭配一个例句：

◇ The shoes were worn out, so Jack abandoned them.

这双鞋已经穿坏了，所以杰克把它们扔了。

这时不是孤零零地背 abandon 这一个词，而是练习整句话。这样不仅能记下 abandon 的主要含义“放弃，遗弃”，还能学习它的具体用法，同时顺便记住了 worn out（穿坏了的，破旧不堪的）这个特别实用的短语，一举多得。再看三个例句：

◇ I prefer a sedentary lifestyle instead of doing some strenuous activities.

我更喜欢宅在家的生活方式，而不是做一些费力的活动。

◇ Don’t cross you legs. It’s not good.

别跷二郎腿。这样不好。

◇ I am not a fan of jogging or basketball.

我不太喜欢慢跑和打篮球。

是不是很眼熟？没错，这些都是我们练过的句子。只要你之前没有偷懒，一定已经记住了 sedentary，strenuous，cross one’s legs，not a fan of，jogging 这些最初可能让你头疼不已的单词和短语。注意：这些单词和短语不算简单，你也没有特意去背它们，只是反复练习了一些口语和听力句子，就顺便记住了它们。这就是**把单词放入句子中**的意义所在，只要记住了句子，也就在不知不觉中记住了单词。不用专门背单词，更不用一个字母一个字母地记，这就大大减少了死记硬背的枯燥和痛苦。

除了提高记忆效率，把单词放入句子中还有一个重要的意义——**更有利于口语水平的提高**。我们努力背单词，就是希望用这些单词去造句，进而掌握更多高质量的句子。既然如此，为什么不从一开始就直接背高质量的句子呢？事实上，在和外国人交流的过程中，使用频率最高的“语言单位”其实是句子，而不是单词，直接用一个单词就能回答的情况较少（除非对口语表达要求极低）。不仅如此，背句子也更符合我们一再强调的口语练习的关键——**直接复制、模仿**，而不是先背单词、学语法，然后在二者基础都不够好的情况下勉强造句。所以从现在起，大家要建立“句子量”的概念。**不再只是关注单词量，而要关注句子量。直接决定你口语水平高低的核心因素，不是你能背多少单词，而是你能流利地说出多少优质的句子。**

以上理念，适用于所有的英语场景，不管你要背的单词所属范畴是日常生活、旅行、职场、商务，还是美剧、电影、脱口秀。只有一种情况例外，如果你正在准备一场考试（如大学英语四六级、雅思、托福等），可是你的词汇量距离考试要求还差一大截，做真题时有大段的内容看不懂，复习根本无从下手。这个时候，你就只能暂时把句子量放在一边，先专注提高词汇量了。你需要买一本与考试相关的词汇书，努力攻克单词难关。具体来说，你要争取每天背一两个单词列表（list），也就是 50~100 个单词（对大多数人来说，每天能记这么多单词已经很不错了），直到你的词汇量达到考试要求。购买词汇书时，尽量选择配有例句的版本，在记忆的过程中也要多结合例句。虽然时间紧迫，你无法把每一个例句都背熟，但它们会在一定程度上帮助你把单词记得更牢。

除了传统的词汇书之外，手机上的各种背单词 APP 也同样好用。这类 APP 一般都有**重难点词汇复习功能和专题分类功能**。前者可以借助大数据计算挑出那些你每次都记不住的单词，方便你精准打击，反复训练。而专题分类功能可以根据不同水平或考试对单词进行分类，例如初中、高中、大学、考研或四六级、雅思、托福等。你要准备哪种考试，直接选择相关板块即可。

在实际背单词的过程中，除了**把单词放入句子中**这个招式总原则之外，还有两个小技巧也非常重要，它们分别是：

（一）听说读写，多管齐下

之前我们说过，信息有不同的传递方式，如听声音、看图片、读文字、闻气味、摸实物等。练听力和口语时，可以把这些方式都用起来，记忆效率会更高。背单词也一样，**学一个新单词时，不要只停留在看（reading）的层面，还要把它大声说出来（speaking）、在纸上写出来（writing），以及听（listening）它的发音。当然，这些操作最好都结合例句进行。**这样听、说、读、写多管齐下，一定比只是看单词印象深刻得多。例如“散步”场景，我们先精听了它的录音，接着把它当作口语材料背熟，听、说、读齐头并进，strenuous 等生词自然就很容易记住了。

（二）根据自身需要记单词

虽然我刚说过，记单词最好听、说、读、写多管齐下，但这只是方法，是为了把单词记得更牢，却并不是最终目的。严格来说，如果要彻底掌握一个单词，其标准应该是**看到的时候能立刻认出，听到的时候能立刻听懂，想说的时候能立刻说出，写作的时候能立刻写出**。很显然，我们并非要把每个单词都掌握到这个程度，这样太费时费力，也完全没必要。例如以下这一系列短语：

> I think，I guess，I suppose，if you ask me，in my opinion，as far as I'm concerned，I reckon，personally speaking

这些短语都可以表示“我认为、我觉得”，但在口语层面，大家说得最多的还是 I think，基础稍好一些的也许会说 I guess, in my opinion 或 as far as I'm concerned，其他短语使用的频率较低。这就说明，对很多人来说，这些短语中只有 I think 达到了“能说出”的程度，其他的可能只是“能看懂”。但从口语层面来说，这就够了，只要你没有特别高的要求，一个 I think 说一辈子也毫无问题。

这就再次回到了“目标设定”的问题上，你可以根据自身需要决定对一个单词或句子的掌握程度。假设你的目标仅仅是应对日常生活和出国旅行的基本交流，并不需要说得多么“高大上”，那么在众多意思接近的表达之中，只要选一句练到“能说出”就够了。例如为了在国外购物时能和小摊贩讨价还价，有以下表达可供选择：

◇ Can I get a discount on this? 可以打折吗？

◇ Can you give me a discount? 可以打折吗？

◇ What's your best price? 最优惠的价格是什么？

◇ Can you go down a bit on the price? 价格还能便宜点吗？

◇ Could you give me a better price? 可以便宜点吗？

◇ Can you make it cheaper? 能便宜点吗？

◇ Can you give me a better deal? 再便宜点可以吗？

这么多句子，全都记下来吗？当然不用！挑一句你觉得顺眼的，练到“能说出”的程度，然后走遍全球就用这一句！你甚至可以说得更简单一些，例如，把 Can you give me a discount 简化成两个单词 Any discount?（打折吗？）

再如“能写出”，也常常无须做到。毕竟相当一部分英语学习者并没有写作的需求，我们在日常生活中也很少会碰到必须“正确拼写”单词的场合，就算临时有需要，现场用手机查询就能应付。因此，除非你要参加考试，或者工作中要写英文邮件，否则对于单词的拼写，可以适当降低要求。总而言之，**记单词时，方法上要“听说读写，多管齐下”，但目标上，还是要根据自身需要，决定单词的掌握程度。**

之所以特意说明这一点，是因为我发现不少学习者有“英语焦虑”。偶尔看到别人使用英语时的精彩表现，就自卑或羡慕不已，恨不得马上背下 3000 个单词。其实真的大可不必。我有一个学生，出国旅行时不管碰到什么场景，都只用一两个单词交流，例如 this（这个），that（那个），no spicy（不要辣的），something sweet（要点甜的），one more（再来一个），check please（买单），too big（太大了），too small（太小了），try（试试），too much（太贵了），any discount（打折吗），no discount，I go（没折扣？那我走了）等。她的英语水平不高，但她自己十分满意，整天乐此不疲，也算是做到了学以致用。我希望大家都能像她一样，停止焦虑，快乐起来，找到适合自己的目标，然后努力达到。

本篇回顾

- 不要孤零零地记单词，而要把单词放入句子中。
- 不要只是“看”单词，而要听说读写，多管齐下。
- 多管齐下只是手段，要根据自身需要决定单词的掌握程度。
- 你有英语焦虑吗？

英语园地

midwife 是“中间的妻子”？

大家都知道wife指的是“妻子”，那么midwife是“中间的妻子”吗？当然不是！虽然mid作为前缀可以表示“中间，中等”，例如midnight（午夜），mid-sized（中等大小的）等。但是midwife不能这么翻译。原来，midwife来自中世纪英语，当时mid作为前缀可以表示“和……一起”，类似with。而wife在中世纪英语中通常泛指女人（woman），而并非特指女性配偶。所以，midwife在当时的字面意思其实是“with-woman（与女人在一起）”，用来表示“与另一个女人在一起并帮助她生产的女人”，也就是我们常说的“助产士、接生员、产婆”。例如：

Mary is a trained **midwife**. 玛丽是受过训练的助产士。

The **midwife** gave to baby a warm bath. 助产士给婴儿洗了个温水澡。

02 用句子记单词，实战训练 20 句

为了让大家进一步熟悉“把单词放入句子中”的操作方法，我准备了 20 个实用例句，每句都包含 1~3 个地道好用的单词或短语。大家先听我的语音讲解，再反复朗读所有句子，达到每一句都能“轻松中译英”的程度。然后你就会发现，虽然没有特意去背，也没有练习单词的拼写，但你已经在不知不觉中把这些好用的表达记住了。

音频 4-1
（Yuyu 老师讲解例句）

1. wolf down 狼吞虎咽地吃

wolf /wʊlf/ *v.* 狼吞虎咽地吃

How did you **wolf down** that pizza so quickly?

这么快就吃完了披萨，你是怎么做到的？

2. don’t give me that 别跟我来这套

Don’t give me that! I won’t believe you.

少来这套，我不会相信你的。

3. in a row 连续，一连串

row /roʊ/ *n.* 一排，一行

I ate 3 apples **in a row**.

我连续吃了三个苹果。

4. people person 人缘好的人，善交际的人

Mike is a **people person**. We all like him.

迈克人缘很好，我们都喜欢他。

5. lose heart 丧失信心，灰心

You shouldn't **lose heart**. We still have time.

你不应该灰心，我们还有时间。

6. in no time 立刻，很快，马上

Don't worry. It will be over **in no time**!

别担心。很快就结束了。

7. hard to swallow 难以下咽，难以接受

swallow /ˈswɑːloʊ/ *v.* 吞下，咽下

It's really hard to **swallow** for him.

这件事对他来说真的很难接受。

8. seize the day 把握今天，及时行乐，活在当下

seize /siːz/ *v.* 抓住

Life is short. Just **seize the day**.

人生苦短，及时行乐。

9. heavyweight /ˈheviweɪt/ *adj.* 重量级的，有影响力的

We need some **heavyweight** partners.

我们需要一些重量级的合作伙伴。

10. nag /næg/ *v.* 使烦恼，不断地唠叨某人

My girlfriend **nagged** me to cut my hair.

我女朋友唠叨着催我去理发。

11. silver bullet 银子弹；良方，高招；灵丹妙药

silver /ˈsɪlvər/ *adj.* 银质的

bullet /ˈbʊlɪt/ *n.* 子弹

There is no **silver bullet**. You just have to work hard.

没有什么灵丹妙药，你只能努力。

12. meal ticket 饭票；餐券；赖以为生的工作或技能；提供生活来源的人

I don't want to be a **meal ticket** for anyone.

我不想给任何人当饭票。

13. embody /ɪmˈbɑːdi/ *v.* 体现，代表（思想或品质）

slogan /ˈsloʊɡən/ *n.* 口号，标语

philosophy /fəˈlɑːsəfi/ *n.* 哲学，思想体系，理念

This **slogan embodies** our business **philosophy** well.

这个口号很好地体现了我们的经营理念。

14. bank on something 指望 / 依赖 / 寄希望于某事

The company is **banking on** the new project to make some money.

公司指望这个新项目赚钱。

15. the domino effect（多米诺）骨牌效应，连锁反应

Mike's decision began **the domino effect**.

迈克的决定引发了连锁反应。

16. condescending /ˌkɑːndɪˈsendɪŋ/ *adj.* 表现出优越感的，居高临下的

(be) fed up with 受够了；极厌恶；对……厌倦

I'**m fed up with** your money and your **condescending** attitude.

我受够了你的钱和你居高临下的态度。

17. sensational /senˈseɪʃənl/ *adj.* 非常好的，绝妙的

You look **sensational** this evening.

你今晚看起来光彩照人。

18. monotonous /məˈnɑːtənəs/ *adj.* 单调乏味的，毫无变化的；千篇一律的

It's **monotonous** work, like most factory jobs.

这是一项单调的工作，和大多数工厂的工作一样。

19. absurd /əbˈsɜːrd/ *adj.* 愚蠢的，荒谬的；滑稽可笑的；荒唐的

high-flown /ˌhaɪ ˈfloʊn/ *adj.* 夸张的，小题大做的

flown /ˈfloʊn/ *v.* 飞行（fly 的过去分词）

His **high-flown** style just sounds **absurd** today.

他的浮夸风格如今听起来真是荒谬。

20. deliberate /dɪˈlɪbərət/ *adj.* 故意的，蓄意的，成心的

nasty /ˈnæsti/ *adj.* 下流的

vicious /ˈvɪʃəs/ *adj.* 凶险的，下流的

It is a **deliberate**, **nasty** and **vicious** attack on a young man's character.

这是对一个年轻人人格蓄意的、下流的、恶毒的攻击。

英语园地

"灰心"用英文怎么说?

在追求目标的道路上，你难免会有灰心丧气的时刻，那么"灰心"用英文怎么说呢？有一个短语特别形象且简单好记，叫作lose heart。lose意为"丢失"，而heart除了可以表示我们最熟悉的"心"之外，还可以表示"信心"，所以lose heart就是"失去信心"。来看看例句：

Don't **lose heart**. We still have time.

别灰心，我们还有时间。

What a disappointment! It's enough to make one **lose heart**.

太失望了！这足以让人失去信心。

Now, don't **lose heart**. Keep trying.

现在，请不要灰心，继续努力！

03 学会查词典，让单词记忆事半功倍

在前文中，我详细讲解了“把单词放入句子中”的单词记忆方法。此处我将补充一个能够让单词记忆事半功倍的小技巧，也是英语学习的重要技巧之一——查词典。

看到这里，有些人可能会不以为然，查词典不就是在英语词典 APP 里把单词输进去吗？这有什么难的？没错，查词典确实很简单，但其中也有许多精妙的小操作。不信？一起来看看吧。

一、勤于查词典，习惯查词典

很多人查词典最大的问题其实是，他们根本不查词典！我为什么知道这一点？因为我给超万名学生做过一对一答疑服务。很多学生提出的问题，如果自己动手查词典，分分钟就能解决。这只能说明，他们要么根本没有查词典的意识，要么懒得去查。

以发音问题为例。很多时候，你读错了某个单词的发音，只是因为你不知道正确的发音而又懒得查词典确认，只是凭感觉去猜，当然容易读错。就像中文里的词语“耄耋”，如果你学习态度严谨认真，在没有把握读对的情况下，肯定会去查出这个词的发音，然后确定这个词念“mào dié”（指年纪很大的人，80~90 岁称为“耄耋之年”）。但有少数人，想也不想就读作“毛至”。这是能力问题吗？显然不是，这只能是习惯和态度问题。

让我们再次复习一下“查词典并模仿发音”的技巧。以下几个单词，先自己凭印象读一遍，再用英语词典 APP 查询，点击发音并模仿（不用看音

标，没把握就多听几遍）。

◇ Eiffel ◇ vague

◇ aluminium ◇ strenuous

一起来看看参考答案：

Eiffel /ˈaɪfəl/ *n.* 埃菲尔（姓氏）；埃菲尔铁塔（法国著名建筑）

vague /veɪg/ *adj.* 不明确的

aluminium /ˈæljəˈmɪniəm/ *n.* 铝

strenuous /ˈstrenjuəs/ *adj.* 紧张的，费力的，艰苦的

是不是挺眼熟的？没错，就是我们之前练习过的单词。大家发现了吗？遇到不熟悉的单词，仅凭第一感觉去猜发音，是很容易读错的。但只要不偷懒，马上查词典并模仿正确发音，正确率就非常高，至少让外国人听懂没什么问题，这就是查词典和模仿的功效。

二、学会看例句

除了示范发音，词典还能教会你单词的具体运用。很多人查词典就只看单词的中文意思，但这远远不够，你还要看它如何组词、造句等。以 sedentary 为例，查词典可知它的含义是"久坐的，惯于久坐不动的，定居的，定栖的，静坐的"，只看这几个含义，你依然没有把握正确使用它，此时就有必要看看词典中给出的词语搭配和例句。

- **搭配：**

a sedentary job	倾向于久坐的工作
a sedentary occupation	倾向于久坐的职业
a sedentary lifestyle	倾向于久坐的生活方式
a sedentary population	定居人口

- **例句：**

◇ He became increasingly **sedentary** in later life.

到晚年，他变得越来越不爱动了。

◇ Rhinos are largely **sedentary** animals.

大致说来，犀牛是一种定栖动物。

有了这些搭配和例句作为示范，不管你是直接复制，还是模仿造句，都简单多了。

另外，在参考例句时，尽量选择那些标明权威出处的句子。之所以强调这一点，是因为网络词典中有一部分例句是从国内搜索引擎的文章里抓取的，这些文章很可能是由各网站编辑人员原创或整理的，无法确保正确性，大家要注意识别。

1. Strenuous efforts had been made to improve conditions in the jail.
   为改善那家监狱里的条件已做了艰苦的努力。《柯林斯英汉双解大词典》

2. She made strenuous efforts to tame her anger.
   她竭力压制心头怒火。《牛津词典》

三、认识的单词看不懂，查词典对比含义

当你认识的单词出现在某个句子中，有时候你却不懂它的意思。这很可能是因为这个单词有多种含义。以单词 funny 为例，最常见的意思是“滑稽的，有趣的，搞笑的”，但是在下面这两个句子中：

◇ I suspect there may be something funny going on.

我怀疑有某件（　　）事情正在进行中。

◇ If there has been any funny business, we'll soon find out.

如果有任何（　　）事，我们很快就会发现。

如果把 funny 翻译成“滑稽的，好笑的”，得到的句意就是：

我怀疑有某件（滑稽的）事情正在进行中。

如果有任何（好笑的）事，我们很快就会发现。

这样的搭配明显有问题。可以认定，此处 funny 应该有其他的含义。马上查词典，把所有的含义逐一对比，看看哪种含义最符合句子语境。

funny

adj. 滑稽的，有趣的；古怪的，难以解释的；微恙的，稍有不适的；生气的，不友好的；疯疯癫癫的；出故障的；可疑的，不诚实的；放肆的

n. （报纸上的）滑稽连环漫画；<非正式>笑话

adv. 古怪地，奇怪地

经过对比，“古怪的”“可疑的”比较适合。放入句子中，得出整句翻译：

◇ I suspect there may be something funny going on.

我怀疑有某件（古怪的、可疑的）事情正在进行中。

◇ If there has been any funny business, we’ll soon find out.

如果有任何（古怪的、可疑的）事，我们很快就会发现。

至于是用“古怪的”还是“可疑的”，需要参考更多的上下文语境。只能说，在上面两句话中，这两种意思是基本适用的。

这就是所谓的对比含义——本来认识的单词却看不懂，一定要查词典，逐一对比所有含义，看看哪种含义最适合特定的句子。大家不要图方便，直接用自己熟悉的含义去翻译，否则很可能会闹出笑话。

方法学完，马上就练！用你的手机词典查询 set 的含义，逐一对比，然后找出下列各句中 set 的含义，再翻译全句。

1）Don’t worry. It’s all set.

2）He was leading 5-1 in the first set.

3）We will set a date for the meeting.

4）I really like this set of books.

5）I can’t believe you set me up.

>> **参考答案**

1）Don't worry. It's all set.

set：用作形容词，意思是“安排好的”，all set 表示“都安排好了”。

参考译文：别担心，都安排好了。

2）He was leading 5-1 in the first set.

set：用作名词，表示网球比赛中的“盘”。

参考译文：他在首盘比赛中以 5-1 领先。

3）We will set a date for the meeting.

set：用作动词，意思是“设定”。

参考译文：我们会为会议设定一个日期。

4）I really like this set of books.

set：用作名词，意思是“一套，一组”。

参考译文：我特别喜欢这套书。

5）I can't believe you set me up.

set：用作动词，意思是“安排”，set sb. up 作为短语，表示“算计 / 陷害 / 安排某人”。

参考译文：不敢相信你居然算计我。

感觉如何，是不是很简单？这么做可能有点耗时，但英语学习就应该这么严谨。注意：在对比含义的过程中，同样可以多参考例句。例如你无法确定 a set of books 中的 set 是不是表示“一套，一组”，但你发现在“一套，一组”的含义下，有一个例句是 I want a new set of furniture.（我想要一套新家具。）a set of books（一套书）和 a new set of furniture（一套新家具），用法明显一致，因而可以确定 a set of 就表示“一套”。如果对比所有含义之后，仍然找不到合适的义项，就要考虑是不是存在“短语搭配”的情况。例如：I can't believe you set me up.（不敢相信你居然算计我。）词典中的 set 似乎没有“算计”的意思，只有一个意思比较接近的“安排”。这时候，你就要转变思路，尝试查一下“set up”或“set me up”。然后可以知道 set sb. up 是一个短语，表示“安排 / 算计 / 陷害某人”，整句的意思也就一目了然了。

四、活用搜索引擎

虽然英语词典的功能足够强大，但依然会有无法解决的问题。例如

pasta 和 spaghetti 这两个词，通过查词典可知，它们都是“意大利面”，但二者有何区别，词典上并没有详细的答案。这时候你就可以求助于搜索引擎（搜索引擎在某种程度上算是查询范围更大的词典）。活用搜索引擎，可以帮你大大提升解决问题的速度。就以 pasta 和 spaghetti 的区别为例，随手一查，答案就有了（以下内容根据搜索引擎查询结果整理而来）：

pasta 是所有意大利面的统称，而 spaghetti（细长意面）是 pasta 中的一种。其他常见的 pasta（意面）种类还包括 macaroni（通心粉）、fusilli（螺旋面）、lasagne（意式宽面、千层面）等。

spaghetti（细长意面）

macaroni（通心粉）

fusilli（螺旋面）

lasagne（意式宽面、千层面）

以上就是查词典的全部技巧，只要你能把它们好好消化并付诸实践，就可以独自解决很多英语问题，极大地提高英语学习能力。就我个人而言，查词典和勤搜索是解决英语问题的重要法宝，强烈建议大家也尽快养成遇到问题勤查询的好习惯。

本篇回顾

- 你有查词典的习惯吗？
- 为什么要参考词典中的搭配和例句？
- 如果词典中查不到某个英语知识点，你该怎么办？

英语园地

“冤枉”用英文怎么说？

“冤枉”一词在我们的日常交流中出现频率很高，但是用英文该怎么说呢？要翻译“冤枉”，有两种思路：1）找到与之对应的单词；2）把它解释为“不公正地对待”之后再翻译。Yuyu老师推荐以下两种表达：

- **be wronged 被冤枉（wrong用作动词时可以直接表示“冤枉”）**

  I didn't do it. I **was wronged**.

  我没有做这件事，我是被冤枉的。

- **treat unjustly 不公正地对待（unjustly意为“不公正地”）**

  She helped Mike when she felt he had been **treated unjustly**.

  当她觉得迈克受到不公正的对待时，她帮了他。

04 前方有坑，千万别这样背单词

说完了推荐使用的记单词方法，再来说说应该避开的“大坑”。接下来，我会总结关于背单词的两种常见错误理念，以及一些夸张宣传的“神奇记忆法”，请大家注意识别规避。

大坑之一：记下单词的全部含义

虽然查词典很重要，但如果稍不注意，也会查出问题。例如你兴致勃勃地去查一个生词，却发现它居然有 38 种含义！怎么办？全部都记下来吗？直接说结论：**不要记单词的全部含义！**原因很简单，内容太多了，你根本记不住，愿望很美好，但不具备可行性。从需求角度来说，你也没必要记住那么多含义。

既然无须记下单词的全部含义，那么应该记下多少呢？我的建议是：**记住最靠前、最常用的含义，以及你当下需要用到的含义。**也就是说，你记住两三种含义即可。以单词 set 为例，其含义之多，扫一眼都会让人眉头紧皱。

set

v. 放，置；使开始；把故事情节安排在；设置；摆放餐具；镶嵌；安排；树立；布置；凝固；使现出坚定的表情；固定发型；把（断骨）复位；排版；为……谱曲；落（下）；布置（戏剧、电影或电视节目的布景）；（断骨）愈合

n. 一组（类似的东西）；一组（配套使用的东西）；一伙（一帮、一群）人；电视机；布景；舞台；（网球、排球比赛等的）盘；集；一组歌曲（或乐曲）；（在某学科上能力相当的）一批学生；（尤指坚定的）姿势；头发的定型；凝固；兽穴；（供移植的）秧苗

adj. 位于（或处于）……的；安排好的；固定的；套（餐）；有可能的；不自然的

大家可以选择记住每个词性排名最靠前的含义，也就是动词的“放，置”、名词的“一套，一组”和形容词的“安排好的”。事实上，不记这三种含义也没关系，你可以在需要用到时再查询。你当下必须找到并记住的，就是你目前用到的句子中 set 所对应的含义。现在我们来复习一下查词典技巧，找出下列句子中 set 的含义，然后翻译全句。

◇ Don’t worry. It’s all set.

____

◇ He was leading 5-1 in the first set.

____

◇ We will set a date for the meeting.

____

◇ I really like this set of books.

____

◇ I can’t believe you set me up.

____

返回前文（第 154 页）核对答案，看看你是否都做对了。把未能正确翻译的句子大声朗读几遍。

面对单词的众多含义，能做到上面这一步，就足够了。事实上，只要你稍加留意就会发现，有些单词看起来有很多含义，但有些含义本质上是同类，只是在不同场景下的翻译稍有不同。例如动词 transfer，它的意思有“转让，转移，转乘，转岗，转账，转学”等，但核心含义只有一个——“转”，记住这种含义就够了！因为在上下文指引下，你的中文语感会自动把“转”调整为合适的中文词语。马上来试试看！读下列句子，在括号中填入 transfer 的含义。

◇ She has been transferred to another department.

她已被（　　）往另一个部门。

◇ I transferred at Shenzhen for a flight to Singapore.

我在深圳（　　）飞往新加坡的班机。

◇ I want to transfer to a new school.

我想（　　）到一所新学校。

◇ The exhibition was transferred to another city two days later.

两天后，这个展会被（　　）到另外一个城市。

◇ People can transfer money through WeChat now.

现在人们能够用微信来（　　）了。

参考答案分别是：转调、转乘、转（学）、转移、转账。这些含义都是由“转”这个核心含义调整变化而来的。怎么样，不是很难吧？

大坑之二：漫无目的地追求词汇量

不知道你是否有过这样的经历，买了一本词典，每天背两页，想着坚持一年就能背完。又或者定下计划，在日常生活中只要碰到不认识的单词就随手记下来，每天坚持，积少成多。刚开始几天都完成得不错，但随着时间的推移，执行变得越来越难，最后渐渐不了了之。一年半载后的某一天，你忽然热血重燃，决定再试一次，结果和上次一样，执行了两三天就无疾而终。为何会如此？以下是我的一个学生的心路历程，或许会让你产生共鸣。

“刚开始真的还挺兴奋的，觉得时间都利用起来了，每天都能积累不少生词，很有成就感！但记着记着就发现，确实有点累，而且根本没心思好好玩了，老想着学习！比如说去逛商场时，坐电梯看到 B1 层（地下一层），就会想这个 B 指的是什么呢？查一下，原来是 basement（地下室），赶快记下来。买饮料时，发现很多饮料的名字都是英文，于是统统查了一遍，摩卡（mocha）、卡布奇诺（cappuccino）、拿铁（latte）等，赶快记下来。买衣服的时候，又看到衣服尺码 S，M，L，XL，心想应该是缩写吧！马上查一下，原来 S 是 small（小的），M 是 medium（中间的，中等的），L 是 large（大的），X 是 extra（额外的，特别的），XL 就是 extra large（特别大的，加大的），又要记下来。去 ATM 取钱时，突然发现自己居然不知道 ATM 这三个再熟悉不过的字母的具体含义，M 应该是 machine（机器）吧，赶快查查 A

和 M。原来 A 代表 automatic（自动的），T 代表 teller（出纳员）。ATM 的意思是“自动出纳机”或“自动柜员机”，又学会了一个知识点……一天下来，单词确实记了不少，但也觉得特别累，玩得一点儿也不尽兴，没走两步就要查单词，时间都被割裂了。”

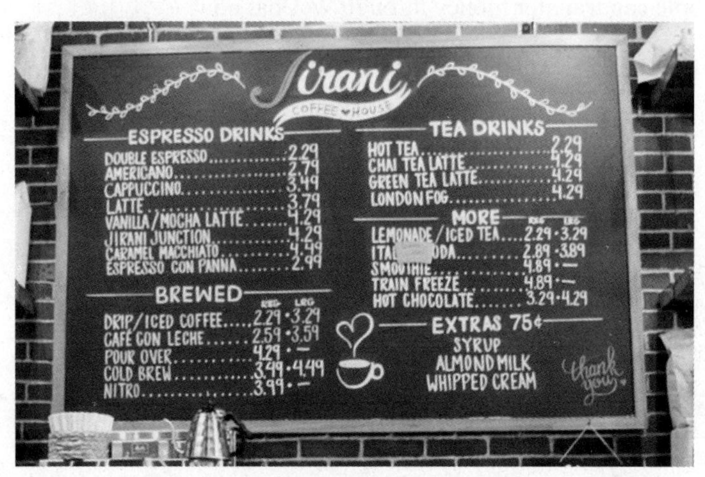

各种饮料的英文表达

四个月后她又给我发了一段话：

“老师，虽然我的计划没有坚持下来，但有一搭没一搭地背，词汇量还是提高了不少！不过现在有一个问题让我很烦躁。我感觉自己的词汇量还行（已通过大学英语六级考试），为什么每天还是会碰到很多生词呢？处处都是生词，究竟要背到什么时候才行呢？”

为什么总觉得英语单词背不完呢？这要从中英文的一个主要区别说起。在中文中，描述一个新事物时，通常会用现有的汉字组成词语，而英语中却常常凭空创造新单词。例如“电”是 electricity，“池”是 pool，中文中的“电”和“池”这两个字就可以组合成“电池”，而英语中的“电池”却要用单词 battery 或 cell 来表示。这就导致英语单词的数量比汉字多得多。第 12 版《新华字典》收录的单字为 13000 多个，而 1989 年出版的第二版《牛津英语词典》仅主词汇数量就超过 30 万。

就常用词而言，专业英语词汇量测试网站的统计报告显示，四岁的英语母语使用者就已经有约 5000 的词汇量（注：能听懂且能说出约 5000 个单词，但不会阅读和拼写），而大学英语六级考试通常要求的单词量为 5500 个。也就是说，即使你拿下大学英语六级证书，词汇量也才刚刚和四五岁的英语母语使用者持平。不仅如此，以英语为母语的成年人词汇量普遍在 25000 到 35000 之间，而以中文为母语的成年人掌握的常用汉字数量在 3500 左右。这就意味着，同样要达到普通人的平均水平，学习者需要记下的英文单词数量是汉字的 6~10 倍。如果某人已通过大学英语六级考试，他想要实现“能说出日常生活中大部分事物对应的英语单词”这一目标，还得背约 20000 个单词（从 5500 到 25000）。现在你知道为什么总感觉英语单词怎么背都背不完了吧？！

看完以上数据，相信你已经打消了背词典或记下日常生活中每一个生词的念头。有些人可能会问：“那我到底该如何确定哪些单词需要记呢？”还是那句话，不管做什么，目标最重要。你学英语无非是为了考试、求职或日常交流，所以最稳妥的办法就是紧跟相关教材或考试真题，按部就班地学习，掌握大纲要求的单词量即可。例如你在准备雅思考试，就使用相应的词汇书，掌握 6000~8000 个单词；你想提高商务英语，就记下教材中你可能会遇到的商务场景相关词汇和句子。至于那些在日常生活中随机出现的、在目标范围之外的单词，大家有兴趣可以记一记，但不必强求。

大坑之三：夸大词根词缀的作用

先说结论，**为了记单词而花大量时间专门学习词根词缀是本末倒置，是“简单问题复杂化”**。注意两个限定词，“花大量时间”和“专门学习”。记词根词缀确实有帮助，但只能起辅助作用，不应该作为主要的学习对象。因为词根词缀和中文的偏旁部首类似，我们在小学上语文课时，并不会先大费周章地把所有的偏旁部首都学会，再用它们来记汉字。相反，我们直接学习汉字本身，顺带了解偏旁部首，帮助加强理解。英文也一样，先学词根词缀，再组合成单词，看似很巧妙，实际上花费的时间精力更多，相当于为了到达距离 100 米的目的地，绕了一个 300 米的大圈。相比之下，直接记单词本身，顺带通过了解词根词缀的含义来加强记忆，这是更为合理的选择。来看看具体例子：

◇ report 报告。前缀 re-，表示“回”；词根 port，表示“拿”。把消息、情况等“拿回来”，所以 report 意为“报告”。

◇ president 总统，大学校长。前缀 pre-，表示“前”；词根 sid，表示“坐”；后缀 ent，表示“人”。开会时“坐在前面的人”，一般是主事者或指挥者，所以 president 意为“总统，大学校长”。

◇ immediately 立即。前缀 im-，表示“无”；词根 medi，表示“中间”；ate 是形容词后缀，表示“……的”；ly 为副词后缀。合起来就是“中间没有空隙地，当中没有间隔地”，所以 immediately 意为“立即”。

什么感觉？是不是觉得 report，president，immediately 这三个单词从未如此复杂？这就是“简单问题复杂化”。相比之下，直接用一个句子把三个单词串联起来记忆，就容易且高效得多。

◇ Get the report immediately! The president needs it.
立刻把报告拿过来，总统需要！

反复读几遍，是不是很快就把三个单词都记住了？

此外，从难度上来说，词根词缀知识本身就内容繁多，学起来费时费力，却仅对一部分单词有效，概括性、规律性都不算强。综合来看，专门学词根词缀来记单词，难度高、投入大，效果还不明显。作为辅助手段，可以一试，但我不推荐将其作为主要的单词记忆方法。

大坑之四：任何号称“神奇”的单词记忆法

如果平时稍微关注各种英语学习网站或自媒体，你一定不难发现，时不时就会出现一位顶着诸多头衔的名师，推出一种全新的单词记忆法，铺天盖地地大肆宣传，号称自己的方法有多么与众不同。例如最早的谐音记忆法：

pregnant 扑来个男的——怀孕
ambulance 俺不能死——救护车
pest 拍死他——害虫

各种联想记忆法：

cargo　船货，货物

【记法】将该词分解成 car 和 go 两个字母组合

【联想】卸下的船货，可以用汽车（car）拉走（go）

dragon　龙

【记法】将该词分解成 drag 和 on 两个字母组合

【联想】长长的龙尾，拖拉（drag）在（on）地上

各种单词记忆法可以说是五花八门，层出不穷。就我在写这段文字时，就有一种新方法在各大平台上疯狂打广告，号称可以用“逻辑”记单词。以 about 为例，不要只想着它的意思是“关于”或“大约”，要探究其背后的逻辑。about 的本意是“转圈圈”，所以和它有关的短语都有“转圈”的意思。例如 talk about（谈论……），过去都说是固定搭配。但这种新方法提出要探究这个搭配背后的逻辑！about 是“转圈”，talk about 就是“围着某个话题转圈”，所以才表示“谈论……”。let’s talk about her，就是让我们“围绕”她谈一谈。再如 turn on 和 turn off 分别代表电器开关的“开”和“关”，为什么呢？原来 on 和 off 背后也是有逻辑的。on 的本意是“接触”，off 则相反，意为“脱离”，所以 turn on 就是“接触，通电”，turn off 就是“脱离，断电”。而短语 on and off，一会连上一会断掉，所以它的意思是“断断续续”。

单从以上几个例子来看，这种记忆法确实有一定的效果，但它们和词根词缀记忆法一样，都有明显的局限性，那就是：

（一）应用范围有限

所谓单词背后的逻辑，只能在有限的范围内说得通。例如 about 的本意是“转圈”，那 be about to 表示“即将，刚要，正打算”，go about 表示“处理，从事”，又该怎么解释呢？on 的本意是“接触”，那 come on baby（宝贝加油）又该怎么解释？当然你可以说，be about to 是“围绕”未来的某件事

转圈圈，所以可以翻译成“即将，刚要，正打算”；go about 也是“围绕”某件事转圈圈，所以翻译成“处理，从事”；come on 就是继续“接触”不要停，所以翻译成“加油”。反正只要愿意解释，总能说得通，至于是否牵强，就顾不上了。谐音记忆法和联想记忆法也大致如此。它们的共同问题在于，你**可以用这些所谓的“神奇”方法记 10 个、20 个甚至 100 个单词，但你很难用这种近似脑筋急转弯的方式去记数千个单词。**

（二）简单问题复杂化

本来只是简单的 ambulance（救护车），pregnant（怀孕的），dragon（龙），talk about（谈论），turn on（开电器）和 turn off（关电器），只需要记住几个例句就能快速记下了。这些所谓的“神奇”方法偏偏要引入各种理论强行联想、解释，把学习过程弄得复杂无比，看似省力，其实更费力，实在是本末倒置。

综合来看，不管是哪种号称“神奇”的单词记忆法，都逃不过以上两个缺陷。因此它们只适合作为辅助手段偶尔使用，而不应该作为投入大量时间精力的主要学习方法。始终牢记“**把单词放入句子中**”这关键一招，听说读写多管齐下，同时找到适合自己的目标，这才是提高单词量的有效途径。

说完大坑，背单词的方法就全部讲完了。最后再次强调，**不管多么高效的方法，都只能在一定程度上提高效率，真正起到决定性作用的始终是大量的复习。再高效的方法，没有复习也是白搭，不那么高效（甚至低效）的方法，只要复习到位，一样能把单词记牢。**想想你印象最深刻的那些单词，是不是大部分都来自初高中时的“老本”？那时我们根本不知道什么“神奇”的方法，也没有方便的手机 APP，就是埋头死记硬背，加上层层把关的作业、考试，一记就能管很多年。相比之下，离开校园后的这些年里，工具越来越先进，方法越来越多，课程越来越丰富，你的词汇量真的有很大突破吗？复习有多重要，不用我再多说了吧？

本篇回顾

- 不用记下单词的全部含义，只记你当下需要的那种含义。
- 说说英语单词数量比汉字多得多的原因。
- 根据自身目标，说说你认为自己大概需要记住多少单词。
- 各种“神奇”记忆法的优缺点分别是什么？应该如何使用它们？
- 好方法只能有限地提高背单词效率，多复习才是决定性的。

英语园地

“讲道理”用英文怎么说？

生活中我们难免和其他人发生冲突，但事后回想起来，经常会因为自己的太过冲动而后悔，想着当时要是能心平气和地讲道理，事情应该能更好地解决。“讲道理”用英文怎么说？有一个我们非常熟悉的单词正好合适——reason。大家都知道它的意思是“理由”，其实它还可以直接用作动词，表示“以理相劝”。“和某人讲道理”，就是reason with sb.，来看看具体的运用：

I tried to **reason with him**, but he wouldn't listen.

我尽量跟他讲道理，可他就是不听。

Reasoning with Mike is totally a waste of time.

和迈克讲道理完全是浪费时间。

愉悦学英语

Chapter 05

第五章

语法

01 语法究竟是什么？

和单词一样，语法也令人无比头疼。很多人无数次立下宏愿，一定要彻底拿下语法，却往往连一周都坚持不下来。语法到底是什么？语法一定要学吗，能不能直接跳过？如果要学，学到什么程度才行？面对繁杂且枯燥的语法知识，究竟怎样学才能轻松省力？接下来，我将跟大家一起探究这些问题的答案。

首先明确语法的定义。语法，简单来说，就是“语言的法则”。就像篮球和足球都有各自的游戏规则一样，你说话或写文章、遣词造句，都要遵循这个法则。另外，人们最早是先使用语言，后来为了更好地学习和交流，才总结了一套语法，所以是**语言在先，语法在后。**

明确了基本定义，有些方向性的问题就有了解答。例如“语法一定要学吗”，答案是“不一定”。我们学中文便是如此，五六岁的孩子，根本没学过中文语法，听力和口语能力却足够顺畅交流；小学生尽管还没接触语法知识，依然可以阅读各类读物，写出基本通顺的作文。由此可见，不论是中文还是英文，哪怕完全不学语法，只要练习量到位，听说读写还是可以达到一定水平的。因为语言在先，语法在后，你直接把语言本身练熟了，自然就掌握了它的法则，只是自己没有意识到罢了。

说到这里，有人可能会问：“既然如此，我们为什么还要学语法呢？跳过它，直接学好英语不就行了？”理论上确实可以，现实中却难以实现。想直接学好英语，你得把它当成母语去学，这需要你在纯英语环境中成长（例如在以英语为母语的国家出生长大），或者有外教长期陪伴练习（例如从小上双语学校）。很显然，大多数人并不具备这样的学习条件。所以只好退而求其次，依托一本教材，跟着老师一课一课地背单词、学语法。

尽管纯英语环境难以实现，但“像学母语一样学英语”的思路依然是正确的。我们之前反复强调的“口语就是复制和模仿、把单词放入句子中”等理念，都遵循了这一思路。具体如何操作？我将在后文中揭晓。

本篇回顾

- 语言在先，语法在后。
- 语法不是学会语言的必要条件。

英语园地

形容人也可以用 impossible（不可能的）吗？

impossible（不可能的）是一个常见的单词，比如著名的广告语 impossible is nothing（没有不可能）。但是你知道吗？impossible其实也可以直接用于形容人。当我们想说某人的行为让人无法忍受，甚至不可理喻、无可救药时，就可以用impossible。Yuyu老师推荐例句：

I had to leave the job because my boss was **impossible**.

我不得不辞职，因为我的老板实在让人无法忍受。

I can't believe you did this. You are **impossible**!

不敢相信你会这么做，你简直不可理喻。

02 一条原则，两点补充，这样学语法更轻松

前文说到，虽然大部分人无法实现在纯英文或中英双语环境中学英语，但如果能努力做到像学母语一样学英语语法，效率就会大大提高。具体操作时，这条 12 字原则你要时刻牢记：**例句为主，定义为辅，随时查询。**

语法之所以难学，主要原因之一就是定义、规则太多。好不容易记下了八条规则，刚有点成就感，又发现有五处例外、三点补充，一下子就让人泄了气。可回想一下小时候学中文的情景，当年上语文课时，我们有没有一条一条去背中文的语法规则呢？并没有！我们都是直接读课文、练句子，语文水平自然就提高了。学英语语法也要往这个方向靠拢：**每学习一个新的语法知识点，对定义稍作了解就行，不用强行记下，更不要花太多时间去背条条框框的规则。要把主要精力用于熟悉例句，再进行模仿训练。**

举个例子，现在进行时的基本结构是“主语 +be doing”，表示动作正在进行。但它还有另外一种常见的用法，叫作“现在进行时表将来”。结构不变，仍是“主语 +be doing”，只是不再表示动作正在发生或进行，而是表示一种即将到来的意图、打算或安排。和一般将来时（will do）相比，这种用法更加生动，给人一种期待的感觉。

以上这段话，算是“现在进行时表将来”的定义。仅看这段文字描述，你很难有把握自如运用这一规则。但如果能结合几个例句，感觉就会很不一样。

◇ I'm going.

解析：不是“我正在走”，而是“我要走了”，表示我将来的意图。

◇ I'm meeting you after class.

解析：不是"课后我正在遇见你"（也说不通），而是"课后我去找你"，表示我将来的打算。

◇ You are going to school right now.

解析：不是"你现在正在上学"，而是"你立刻上学去"，表示对未来的安排、命令。

怎么样，看完例句，是不是发现"现在进行时表将来"一点儿也不难？很显然，与单纯背定义相比，通过例句学习语法，要简单得多。熟悉例句之后，你还可以尝试模仿造句。不要怕犯错，拿不准就向老师请教。现在，请翻译以下三句话，试着用上"现在进行时表将来"。

1）你要留下来吗？

____

2）她要买一辆新自行车。

____

3）下星期你打算干什么？

____

>> **参考答案**

1）Are you staying?

2）She is buying a new bike.

3）What are you doing next week?

这就是所谓的"例句为主，定义为辅"。当你能做到熟练运用大量句子时，对相关语法定义不太了解也无关紧要。例如：

◇ We Chinese are hardworking and brave.

我们中国人勤劳勇敢。

其中的 Chinese 在句中充当什么成分？是什么用法？可能不少人都说不上来。事实上，Chinese 是 we 的同位语，用来进一步说明 we（我们）具体是谁。再看一个句子：

◊ The news that he was married is not true。

他结婚的消息是假的。

句子主干是 The news is not true，that he was married（他结婚）是同位语从句，补充说明 the news（消息）的内容。

◊ The news that he was married is not true.

他结婚的消息是假的。

同位语从句，补充说明 news 的内容

很明显，不管是口语层面，还是阅读层面，以上两个语法知识点，就算你完全不知道，也不会影响对句子的理解和使用。

说到这里，有人可能会问："老师，你说的道理我明白，但如果不背语法规则，我下次遇到不确定的地方怎么办？例如不确定从句要不要加 that 怎么办？" 很简单，四个字——**随时查询**。把你的语法书当作"词典"，遇到了问题再查。我之前说过，**不要试图背下词典，而是在有疑问的时候查询词典**，这句话对语法学习同样适用。事实上，在大多数情况下，就算你有一些语法小瑕疵，例如从句中多了或者少了一个 that，并不会太影响交流，没必要为了这种微小的不确定性而过于担心。这也是我即将谈到的两个关键补充点中的第一点。

关键补充点一：语法小瑕疵无伤大雅

不少学生和我反映，他们不敢开口说英语，原因之一就是担心语法出错，被别人笑话。这种担心真的大可不必。试想一下，你碰到了一个外国人，特别想跟你沟通，他笨拙地说着中文，时不时出现一点小小的语法错误，例如把"我很喜欢你"说成了"我喜欢你很"，你会嘲笑他吗？我相信你不会。

在实际生活中使用英语时，**我们当然要追求正确的语法，但偶尔出现一些小瑕疵，只要不影响交流，就无伤大雅**。例如，一名运动员在一次赛后采访中被问到妈妈会不会来现场看她的比赛时，她的回答是：

I were asked her many times and she said："I have my life. I didn't want to come with you."（我问过她很多次，她说："我有我的生活，我不想跟你去看

你的比赛。”）

很显然，“我问她”说成“I were asked her”在语法上是错误的，多加了一个 were，应该是 I asked her。另外，妈妈说“我有我的生活，我不想去。”因为转述句子主语用的是“我”，所以时态应该是一般现在时。I have my life（我有我的生活）是正确的，但 I didn't want to come with you 中的助动词 didn't 应该改成 don't。这类语法错误如果出现在考试中，一定会被扣分，但在日常口语交流中问题不大。

除了英语学习者难免出现语法错误，英语母语使用者很多时候也并不是百分百遵循语法。例如：There's two cats here.（这里有两只猫。）句中的 There's 应为 There are 或者其缩写 There're。但或许是因为 There's 发音更简单，不少美国人会直接说 There's。再如，当别人问候你“最近怎么样”时，你可以说：I'm doing great.（我很好。）从语法角度来说，great 只有形容词词性，而动词 do 后面一般不能接形容词，应该接副词，例如 doing well。但实际上，在美国人的日常交流中，doing great 随处可见。诸如此类的语法小错误，由于人们长久以来都这么说，就习以为常了，几乎不能再称之为“错误”了，它们是语言本身的丰富和进化。有的词典甚至给 great 加上了副词词性，把它归类为“非正式用法”。不仅如此，还有一些最初完全错误的“中式语法”，由于流传太广，使用的人太多，也逐渐被权威词典接受。例如“加油”翻译成 add oil，“丢脸”翻译成 lose face，“做不到”翻译成 no can do 等。

可能有些人会问：“为什么语法总是变来变去，连错的都能变成对的？”这是因为语言（尤其是口语）本身就是灵活的、变化的。20 年前的“打酱油”和今天的“打酱油”，已经完全不是一件事。20 年前的“浮云”和今天的“浮云”，也早已不是同一片云。**这就是语法，它是一种规则，但又总有例外。它乍看上去挺精确的，仔细看又颇为粗糙，所以没必要钻牛角尖。**同样是动词不定式用法，为什么 help sb. to do sth.（帮助某人做某事）中的 to 可以省略，变成 help sb. do sth.，而 tell sb. to do sth.（告诉某人做某事）中的 to 就不能省略？其实没有什么特别的原因，就是大家的习惯而已。语言是用于交流的，只要能实现有效的交流，一些细节的出入和改变，无须太过在意，更没必要因为担心出错而不敢开口。

关键补充点二：找准目标，降低难度

这仍然是我一再强调的重点：找准目标，降低难度，提高成功率。如果你只需要实现基本的口语交流，例如和外国客户沟通或是出国旅游，就无须在语法上投入太多精力。但如果你要当英语教师，或是需要阅读英文原版资料、写出高质量的英语文章（考试作文、英文报告、学术论文等），就必须提高语法水平。事实上，这三种目标对语法的要求也不一样。

目标一：英语教师

参考要求：对于考试大纲内的语法知识点，不仅要自己烂熟于心，还要能掰开了揉碎了讲给学生听。阅读能力和写作能力满足教学要求即可，不用特别加强。另外，如果你想体会当教师的感觉，可以把前文提及的“现在进行时表将来”的定义和例句熟悉起来，像教师一样大声讲解一遍，有条件的可以邀请朋友或家人充当学生听你讲。讲解的同时录制视频，看看自己是否具备当教师的素质。

目标二：阅读英文原版资料

参考要求：需要强大的阅读能力，能轻松读懂英文长难句，在词典和搜索引擎的帮助下，可以快速阅读大段的英文资料，但不需要像教师那样对语法知识点如数家珍。相当于一个中国人阅读量很大但不太了解中文语法。同样的，写作能力也无须特意加强。

目标三：用英语写作

参考要求：能够准确运用英语语法，写出合格甚至高质量的英语文章。同样不需要对语法知识点如数家珍，相当于一个中国人文笔很好但不太了解中文语法。阅读能力一般较强，虽然读书多文笔不一定好，但文笔好阅读量往往不会小。顺便说一句，一些中小型外企对英语写作水平的要求并非很多人想象的那么高，只要你能够和外国客户实现有效的沟通，写邮件的水平稍微低一点其实并没有什么影响。

通过对比你会发现，在以上三类人群中，对语法知识最精通的可能是英语教师，但阅读和写作水平最高的却不是他们。这就是找准目标的意义所在，不同目标对语法的要求各不相同，会讲课的不一定会阅读，会阅读的不一定会写作，会写作的又不一定会讲课。你需要精准地找到自己的目标，尽量避免做无用功。

除了找准以上这些具体目标外，还可以进一步缩小学习范围。例如不要把“记住所有语法知识点或完整地学完一本语法书”当作目标，语法书太厚了，知识点太多了，全部学完难度太大。相比之下，攻克主要难点、建立基本的语法体系，实现起来就容易得多。英语语法中的主要难点包括**句型结构、时态、非谓语动词、从句**和**长难句**等几个板块，接下来我会对它们逐一进行详细的讲解。

本篇回顾

- 学语法时，以例句为主，定义为辅，有不懂的知识点再随时查询。
- 没必要记下全部语法知识点，明确你学习语法的具体目标。

英语园地

“你辛苦了”用英文怎么说？

“你辛苦了”是中文里最常见的礼貌用语之一，经常用来表达对某人辛苦付出的谢意。那么用英文该怎么说呢？是“you are tired（你累了）”吗？当然不是！事实上，由于语言表达习惯的不同，英文中并没有可以直接翻译“你辛苦了”这四个字的短语或句子。尽管如此，还是有一些英语表达可以传递与之相同的情感。以下是Yuyu老师的推荐：

Really **appreciate** your hard work. 真的很感谢你的辛苦付出。

Thanks a lot. You've been a great help. 非常感谢，你帮了大忙。

You helped us a lot. **Thank** you so much. 你帮了我们很多。非常感谢。

Good job/Nice work/Well done! 干得好！（常用于领导对下属表达“辛苦了”）

03 竟如此相似？中英文语法的全面对比

前文中我们说过，英语语法之所以难，主要原因之一是规则、定义太多，需要花大量时间记忆。这种难度在一定程度上是由知识点的量造成的。此处我将从一个全新的角度切入，深入探讨语法难学的原因，并以此为线索，重点突破**句型结构**、**时态**、**非谓语动词**、**从句**和**长难句**这几大主要难点。首先，请用最快的速度把下面三句话口头翻译成英文。

1）我喜欢你。

2）我非常喜欢你。

3）我一直喜欢你。

“我喜欢你”，很简单，是 I like you。就算没学过英语，只要把这三个单词查出来，按照中文的顺序组合在一起，就是正确的表述，因为它的语法和中文语法完全相同。

“我非常喜欢你”，也不难，是 I like you very much。它的语法和中文语法稍有不同。在中文里，修饰动词的状语副词“非常”放在动词“喜欢”之前，而英文中的 very much 则放在句尾。这种差别并不大，稍加注意就不会出错。就算你按照中文的习惯，把“我非常喜欢你”翻译成 I very much like you，外国人也能瞬间理解。同样的，外国人按照英文语法的逻辑，把“我非常喜欢你”说成“我喜欢你非常”，你也能秒懂。

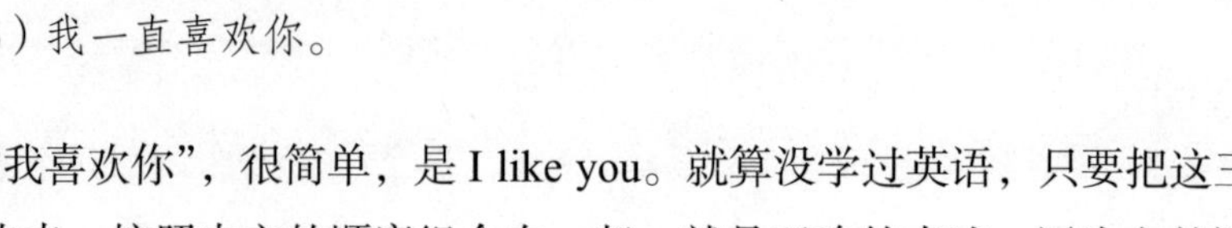

中文：我（主语） 非常（状语副词） 喜欢（谓语动词） 你（宾语）

英文：I（主语） like（谓语动词） you（宾语） very much（状语副词）

中英文语法的区别并不大

“我一直喜欢你”，这句可就没那么简单了。答案是“I have always liked you”。其中 always 表示“一直”，have liked 是现在完成时用法，表示过去的动作或状态持续到现在，对现在造成影响，并可能继续发生下去。have always liked you 就是：过去一直喜欢你到现在，未来还可能继续喜欢。这道翻译题，哪怕你过了大学英语六级也不一定能答对，因为它的语法和中文语法截然不同。在中文里，动词不用变形，不管是过去喜欢、现在喜欢还是将来喜欢，“喜欢”两个字始终不变。要表达一直喜欢，只要在动词“喜欢”前加“一直”就行。相比之下，英文除了要加 always，更重要的是把动词 like 变成现在完成时形态 have liked。这种变形是中文没有的，你会感到不习惯。即使学过，也很容易遗忘，难度一下子增加了许多。

所以你发现了吗？**一句英文难不难，直接取决于它的语法和你的母语语法是否相似。**如果相似或完全一样，就很简单，把中文词语直接替换成英文单词就行，比如把“我喜欢你”换成“I like you”。如果它的语法和中文语法截然不同，难度就瞬间变大了，各种中文里没有的变形会让你晕头转向，就像把 like 变成 have liked 一样。

有了这个结论，攻克语法的新方向一下子就清晰起来——**重点关注中英文语法截然不同的部分**，二者相似或完全一致的地方，可以直接按照句中的词语顺序翻译并理解。

那么中英文语法到底有多大不同呢？答案可能会让你意外——其实颇为接近。就直观感受而言，说二者的基本句型相似程度高达 70% 都不为过。你可能觉得难以置信，但通过对比就会一目了然。首先看英文，英文中的基本句型是简单句。

所谓简单句，就是**句子各成分都只由单词或短语构成，且只有一个主谓结构的句子。**例如“主谓宾”结构的简单句：I like you.（我喜欢你。）主语是 I，谓语动词是 like，宾语是 you，主、谓、宾三个成分都是由单词构成的；再如“主系表”结构的简单句：The apple on the desk is big.（桌上的苹果很大。）主语 The apple on the desk 是由单词和短语构成的，系动词是 is，表语是 big。这个句子的成分要么是短语，要么是单词，所以它也是简单句。简单句无法再拆分成更小的单位，是英语中最简单、最基础的句子结构。

简单句有五种基本句型，它们分别是：

主 谓	例：She smiled. 她笑了。
主 谓 宾	例：She likes me. 她喜欢我。
主 谓 双宾	例：She gives Lily a pen. 她给了莉莉一支钢笔。
主 谓 宾 宾补	例：She calls me Mike. 她叫我迈克。
主 系 表	例：She is a student. 她是学生。

五种句型详细讲解：

（一）“主谓”结构：主语 + 谓语动词（不及物动词）

- She smiled. 她笑了。
  主语 谓语动词

解析： 谓语动词一般是“不及物动词”，动作可以独立完成，不需要承受者，所以不需要宾语。

更多例句：

◇ Things change. 事物是变化的。

◇ He left. 他走了。

（二）“主谓宾”结构：主语 + 谓语动词（及物动词）+ 宾语

- She likes me. 她喜欢我。
  主语 谓语动词 宾语

解析： 谓语动词一般是“及物动词”，有一个动作的承受者，所以有一个宾语，但无须补充信息。

更多例句：

◇ I ate an apple. 我吃了一个苹果。

◇ Mary hit Mike. 玛丽打了迈克。

（三）“主谓双宾”结构：主语 + 谓语动词（及物动词）+ 间接宾语 + 直接宾语

- She gives Lily a pen. 她给了莉莉一支钢笔。
  主语 谓语动词 间接宾语 直接宾语

解析： 谓语动词一般是“及物动词”，有两个动作的承受者，所以有两个宾语（一个间接宾语和一个直接宾语）。

更多例句：

◇ He lent Jack a book. 他借给杰克一本书。

解析： a book 是直接宾语，Jack 是间接宾语。

◇ Mike brought me a burger. 迈克给我带了一个汉堡。

解析： a burger 是直接宾语，me 是间接宾语。

（四）“主谓宾宾补”结构：主语 + 谓语动词（及物动词）+ 宾语 + 宾语补语

- She calls me Mike. 她叫我迈克。
  主语 谓语动词 宾语 宾语补语

解析： 谓语动词一般是“及物动词”，有一个动作的承受者，且需要补充信息，所以有一个宾语，宾语补语用于补充信息。

更多例句：

◇ I found the book easy. 我发现这本书很容易。

解析： the book 是宾语，形容词 easy 是宾语补语，补充说明这本书理解起来很“容易”。

◇ We made him our monitor. 我们选他担任班长。

解析： him 是宾语，名词 monitor 是宾语补语，补充说明选他担任的是“班长”。

（五）“主系表”结构：主语 + 系动词 + 表语（主语 + 谓语动词 + 主语补语）

- She is a student. 她是学生。
  主语 系动词 表语

解析：谓语动词一般是系动词，也叫连系动词。系动词往往不表示某个具体动作，而是把主语和表语连接起来，说明两者的关系，为主语赋予信息。系动词的英文是 linking verb，其中 linking 就是“连接，联系”的意思。例如在“She is a student.（她是学生。）”中，表语 a student 和主语 She 由系动词 is 连接，把“学生”这一信息赋予主语。

更多例句：

◇ The soup smells good. 汤闻起来很棒。

解析：主语 The soup 和表语 good 由系动词 smells 连接，把 good 这一信息从气味方面赋予主语。此处的 smells（闻）看起来是一个动作，但其实更偏向于把汤的信息固定在嗅觉方面，嗅觉上的 good（好），自然就是“香”。如果不用 smells，而把“The soup smells good.”改成“The soup is good.”，句子信息就不够具体，只能翻译成“汤很好”，至于是好吃、好看，还是好闻，无法判断。要让句子信息更加具体，知道汤到底好在哪里，就需要用不同的系动词 taste，look，smell 来加以区分。

The soup tastes good. 汤尝起来很棒。（味觉上的好）

The soup looks good. 汤看起来很棒。（视觉上的好）

The soup smells good. 汤闻起来很棒。（嗅觉上的好）

很明显，此处的 taste,look,smell，并不是在强调“尝、看、闻”三种动作，而是更偏向于从“味觉、视觉、嗅觉”三个不同方面赋予主语信息。这就是系动词和一般谓语动词的区别，它往往不强调具体动作，而侧重于为主语赋予信息。

经过以上分析，相信你已经对系动词有了进一步的了解。“主系表”结构常常让人迷惑，主要就是因为大家不太清楚这个“系”字。其实从句子结构和作用来说，系动词和一般的谓语动词并没有什么区别，都是进一步对主语进行陈述、说明，只不过一个强调动作，一个赋予信息。为了方便理解，我们可以把“主系表”的称谓换成“主谓表”。不仅如此，表语在作用上其实和补语是一样的，都是补充、说明信息。唯一的区别是：补语一般补充宾语的信息，所以常常被称作“宾语补语”；而表语则补充主语的信息，所以也可以称作“主语补语”。二者的比较如下：

主语补语（表语）happy 补充说明主语迈克的心情

“主系表”结构：Mike is happy.
迈克很开心。

宾语补语 happy 补充说明宾语迈克的心情

“主谓宾宾补”结构：A good job made Mike happy.
一份好工作让迈克很开心。

把“表语”换成“主语补语”，“主谓表”的叫法就可以进一步更改为“主 + 谓 + 主补”，这样就能和其他四大基本句型在称谓上统一了：

主 谓	主语 + 谓语动词（不及物动词）
主 谓 宾	主语 + 谓语动词（及物动词）+ 宾语
主 谓 双宾	主语 + 谓语动词（及物动词）+ 间接宾语 + 直接宾语
主 谓 宾 宾补	主语 + 谓语动词（及物动词）+ 宾语 + 宾语补语
主 谓 主补（主系表）	主语 + 谓语动词（系动词）+ 主语补语（表语）

了解完五大基本句型，再做一个特别重要的补充。不知道你是否注意到了，在以上所有句型结构中，对于“谓”这个成分，我用的全称都是“谓语动词”，而不是“谓语”。为何如此呢？因为很多人对谓语的理解一直有所偏差。在《韦氏词典》中，“谓语（predicate）”的定义是这样描述的：

> the part of a sentence or clause that expresses what is said of the subject and that usually consists of a verb with or without objects, complements, or adverbial modifiers（句子或从句的一部分，用来表达对主语的描述，通常由单独的动词或带有宾语、补语、状语的动词短语构成）

其他各种权威词典的解释也基本一致。也就是说，谓语中必须有一个动词，也就是前文提到的谓语动词，这个动词可以单独充当谓语，也可以带着宾语、状语、补语等其他成分一起充当谓语。当动词是不及物动词时，它单独充当谓语，就像“He laughs.（他笑了。）”中的 laughs；当动词是及物动词或系动词时，它和紧跟其后的宾语、表语、补语等成分，一起构成谓语。就像在句子“A good job made Mike happy.（一份好工作让迈克很开心。）”中，made 是谓语动词，Mike 是宾语，happy 是宾语补语，它们组合在一起，才是谓语。很多人把 made 当作谓语，是不准确的；made 只是谓语动词，是谓语的核心部分。同样的，主语也包括核心名词和修饰它的定语（如果有的话）。例如在句子“Mike is happy.”中，主语只由 Mike 这个单词充当。但是在句子“A good job made Mike happy.（一份好工作让迈克很开心。）”中，A good job 合在一起充当主语，其中 job 是主语的核心名词（也叫中心词），A 和 good 是修饰中心词的限定词。同样的，谓语动词也是谓语的中心词。

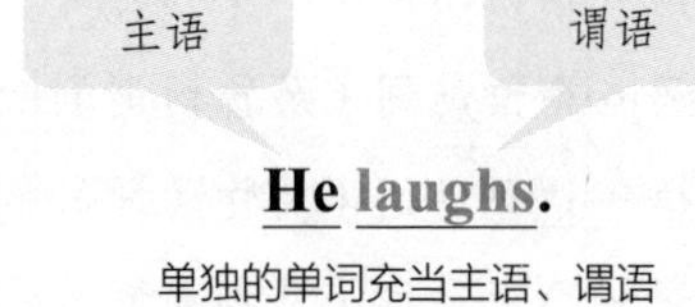

单独的单词充当主语、谓语

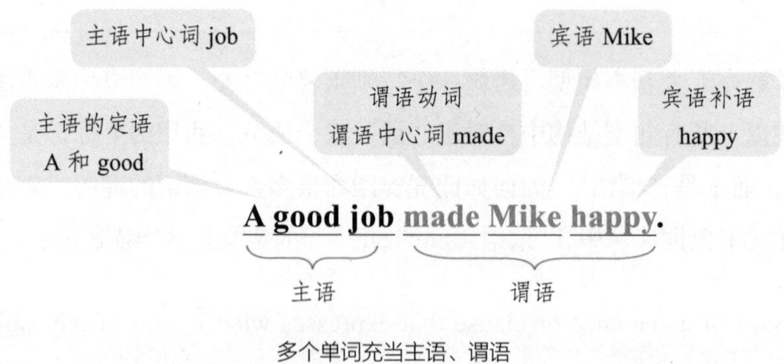

多个单词充当主语、谓语

明确了谓语和主语的概念，句子成分的划分方式就很清晰了。一个语法完整的句子，通常分为两大部分——主语和谓语。其中主语是陈述的对象，谓语则对主语的动作、状态或特质进行陈述或说明。除了主语（包括主语中心词和限定词）外，句子余下的部分（谓语动词、宾语、宾语的限定词、状语、补语等）都包括在谓语之内。所有句子，其实都是“主语 + 谓语”结构，体现在含义上，就是在说“什么 + 怎么样”。换句话说，简单句的五大基本句型，都是“主语 + 谓语”结构。只不过为了方便，大家把“谓语动词”直接叫作“谓语”，才有了“主谓、主谓宾、主谓双宾”之类的叫法。

主	谓	主语 + 谓语动词（不及物动词）
主	谓宾	主语 + 谓语动词（及物动词）+ 宾语
主	谓双宾	主语 + 谓语动词（及物动词）+ 间接宾语 + 直接宾语
主	谓宾宾补	主语 + 谓语动词（及物动词）+ 宾语 + 宾语补语
主	谓主补（主系表）	主语 + 谓语动词（系动词）+ 主语补语（表语）
主	谓	主语（什么）→ 谓语（怎么样）

所有的句子都是“主语 + 谓语”结构
谓语包含宾语、补语、表语等成分

也有一种说法认为，正是因为早期很多教材把谓语动词简称为“谓语”，进而简化成“谓”，才造成“主谓宾”这种相对模糊的叫法。相比之下，更科学的说法应该是“主动宾”。也就是把谓语动词简称为“动”，而不是“谓”。这样一来，谓语和谓语动词就不容易混淆了。

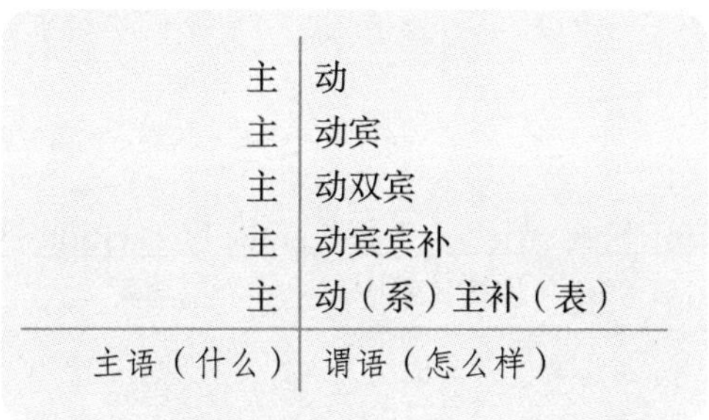

主	动
主	动宾
主	动双宾
主	动宾宾补
主	动（系）主补（表）
主语（什么）	谓语（怎么样）

注：为了方便理解，后文中仍然沿用大家习惯的“主谓宾”等简称。

了解英语的基本句型后，再来看看中文。中文和英语一样，同样把句子分为主语和谓语两大部分，常见的基本句型有“主谓”和“主谓宾”两种。注意：此处的“谓”同样指谓语动词。

基本句型一：主语 + 谓语动词

主语	谓语动词
雪花	飘
马儿	跑
主语（什么）	谓语（怎么样）

基本句型二：主语 + 谓语动词 + 宾语

主语	谓语动词	宾语
她	喜欢	我
小猫	吃	鱼
主语（什么）	谓语（怎么样）	

所以你发现了吗？在最基本的句子层面，中英文语法几乎是一样的。二者的基本句型都是“主语 + 谓语”，表达“什么 + 怎么样”。英语的五大简单句，只要按照单词顺序翻译，就能直接得出通顺的中文。即使加入定语、状语、同位语等修饰成分，两者的区别也很小。例如：

除了状语的位置，其他成分和位置完全相同

经过以上对比分析，再回过头看看我之前的结论——就直观感受而言，在基本句型层面，中英文语法相似度高达 70%，是不是一点都不夸张？总结一下，中英文的基本句型结构相似度很高，都是“主语 + 谓语”，描述“什么 + 怎么样”。把英语的五大简单句翻译成中文，几乎不需要调整，直接按照词语顺序翻译即可。就算加上定语、状语、同位语等修饰成分，两者的区别也很小，仅仅是某些成分摆放的位置稍有不同，几乎不会造成理解上的困难。那么问题来了，既然二者如此相似，为何英语语法还是让人头疼无比？为何英语长难句总是把人绕得云里雾里？这必然是因为除了相似之处，两者还存在很多不同。在后文中，我将对这些不同之处逐一详细论述。

本篇回顾

- 在英语语法中，和中文相似的部分就简单；反之则难。
- 中英文的基本句型很相似，都是“主语＋谓语”结构，表示“什么＋怎么样”。
- 系动词和一般谓语动词有什么区别？
- 表语和补语有什么区别？
- 着重复习主语、谓语、谓语动词、中心词的定义。

英语园地

put one’s foot in one’s mouth 是“把脚放进嘴里”？

如果你第一次碰到put one’s foot in one’s mouth这个短语，可能会完全摸不着头脑。“把脚放进嘴里”，还有这么奇怪的行为？”没错，正是由于这种行为过于滑稽、荒谬，所以这个短语常常用于表达“说了一些愚蠢、不得体甚至伤人的话，让人觉得十分后悔”，也可以翻译为中文成语“祸从口出”。来看看Yuyu老师推荐的相关例句：

When I told Mary that her hair was more beautiful than I had ever seen it, I really **put my foot in my mouth**. It was a wig.
我真是说错话了。我跟玛丽说她的头发比我以前见过的都漂亮，可那是一顶假发。

Don’t let him speak for too long. He often **puts his foot in his mouth**.
别让他说太久，他总是说错话。

04 动词变形大揭秘（1）——“时态”精讲

前文说到，虽然中英文语法的基本句型很相似，但也存在一些差异，造成了各种令人头疼的难点。接下来我将要介绍的就是两者的区别之一：词语的变形。

在中文里，不管你表达的意思如何变化，词语本身都不会改变。苹果就是苹果，就算有很多苹果，你也只需要加上“很多、八个、三箱”等修饰语，“苹果”两字始终不变。英文则不同，除了要加上 a lot of（很多）、eight（八个）、three boxes of（三箱）之外，apple 本身还要加 s，变成 apples。或许你会说：“老师，这不就是名词的单复数吗？加 s 或者 es，没什么难的呀。”确实，很多英语单词的变形不算复杂，例如名词的单复数变形 apple → apples，形容词的比较级变形 big → bigger → biggest，代词的主格、宾格、所有格变形 he → him → his 等。但也有一些变形，变化形式多，和中文差异大，记起来特别费力。其中最具代表性的就是动词的变形。

我们讲过，“什么 + 怎么样”是描述事物的基本句式，体现在句型上，就是“主语 + 谓语”结构。而谓语中的关键词就是谓语动词。

主 谓	主语 + 谓语动词（不及物动词）
主 谓 宾	主语 + 谓语动词（及物动词）+ 宾语
主 谓 双宾	主语 + 谓语动词（及物动词）+ 间接宾语 + 直接宾语
主 谓 宾 宾补	主语 + 谓语动词（及物动词）+ 宾语 + 宾语补语
主 谓 主补（主系表）	主语 + 谓语动词（系动词）+ 主语补语（表语）

不同的谓语动词及其搭配造就了简单句的五种基本句型

很明显，谓语动词是一个句子中最关键的成分，谓语动词性质的不同，直接导致了紧跟其后成分（宾语、补语等）的不同，进而造成句型的不同。也正因为如此，谓语动词的变形，直接造就了**英语语法的两大难点——时态和非谓语动词**。接下来先说说时态。

中文也有时态，就像“苹果”加上“三箱”，变成“三箱苹果”一样，中文的时态变化，只靠增加词语来体现，动词本身始终不变。例如“我看电影”这一行为，为了表示其时态不同，只需要加上“昨天”“正在”“已经……了”“……着”“……过了”等词语。但不管是昨天看、现在看还是明天看，也不管是正在看、已经看完了或是将要看，“看”这个字不会有任何改变，它不会改动笔画变成“盾”或者“春”。英文就不同了，动词 watch 要根据时态变化出现不同的变形，可能是 watch 本身拼写的改动，变成 watched 或 watching，也可能是增加 will，be，have 之类的助动词，又或者是变形和加词同时发生。具体比较如下：

时态	英文 变形、加词单独或同时发生	中文 只加词
一般现在时	watch（原形）	看，常常看，总是看
一般过去时	watched（变形）	看了，看过，曾经看过
一般将来时	will watch（加词）	将要看，会看，打算看
一般过去将来时	would watch（加词）	之前打算看，之前要看
现在进行时	is watching（变形＋加词）	在看，正在看，看着
过去进行时	was watching（变形＋加词）	之前正在看，当时正在看
将来进行时	will be watching （变形＋加词）	将会正在看
现在完成时	have watched（变形＋加词）	已经看了，已经看过
过去完成时	had watched（变形＋加词）	之前已经看了
将来完成时	will have watched （变形＋加词）	将会已经看过
现在完成进行时	have been watching （变形＋加词）	从过去起一直看

了解中英文动词变化的区别之后，再来进一步探究英文时态的来龙去脉。时态，其实是“时”和“态”的组合。“时”是动作发生的时间，有过去、现在、将来、过去将来四种。“态”是动作发生的状态，有一般、进行、完成、完成进行四种。四种“时”和四种“态”组合后，理论上共有16种时态，但常用的只有八种。

四种“时”搭配四种“态”，得出 16 种时态

状态	时间			
	现在	过去	将来	过去将来
一般	一般现在时 * do does	一般过去时 * did	一般将来时 * will do	一般过去将来时 * would do
进行	现在进行时 * be doing	过去进行时 * were doing was doing	将来进行时 will be doing	过去将来进行时 would be doing
完成	现在完成时 * have done has done	过去完成时 * had done	将来完成时 will have done	过去将来 完成时 would have done
完成进行	现在完成进行时 have been doing	过去完成进行时 had been doing	将来完成进行时 will have been doing	过去将来完成进行时 would have been doing

注：加 * 的为八种最常用时态。

接下来，我会以“态”为基准，分别搭配四种“时”，对每种时态逐一分析。

一、“一般”状态

没有特别的动作状态信息，既不强调正在进行，也不强调完成或持续，只是简单的、一般的客观描述。和四种不同的动作时间组合后，得到四种时态：一般现在时、一般过去时、一般将来时、一般过去将来时。

1. 一般现在时：主语 +do

◇ I watch movies.

我（经常）看电影。

2. 一般过去时：主语 +did

◇ I watched a movie yesterday.

我昨天看了一部电影。

3. 一般将来时：主语 +will do/ 主语 +be（am, is, are）+going to do

◇ I will watch a movie tomorrow.

I am going to watch a movie tomorrow.

我明天要看一部电影。

4. 一般过去将来时：主语 +would do/ 主语 +be 过去式（was, were）+going to do

◇ I told you 3 days ago that I would watch a movie.

I told you 3 days ago that I was going to watch a movie.

三天前告诉过你，我要看一部电影。

解析：现在、过去和将来这三个时间点都比较好理解，但“过去将来”是什么？既是过去又是将来，岂不是自相矛盾？其实“过去将来”的完整表述是“过去的将来”。假设 A 事件发生在过去，B 事件比 A 事件发生得晚，那么 B 是 A 的将来。由于 A 不是现在，是过去，所以 B 不是“现在的将来”，而是“过去的将来”。描述现在的将来，用将来时。描述过去的将来，用过去将来时。

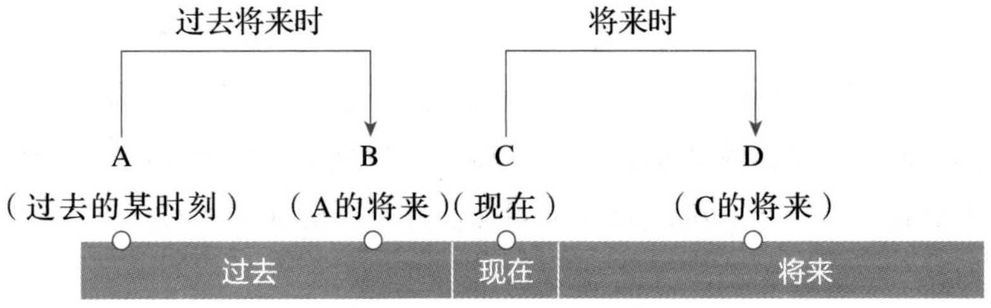

过去将来时和将来时的对比

在句型结构上，只需要把一般将来时中的 will 或 am, is, are 变成过去式 would 或 was, were，就可以得到“一般过去将来时”。这种变化方式对后面三种动作状态“进行”“完成”和“完成进行”中的“过去将来时”同样适用。

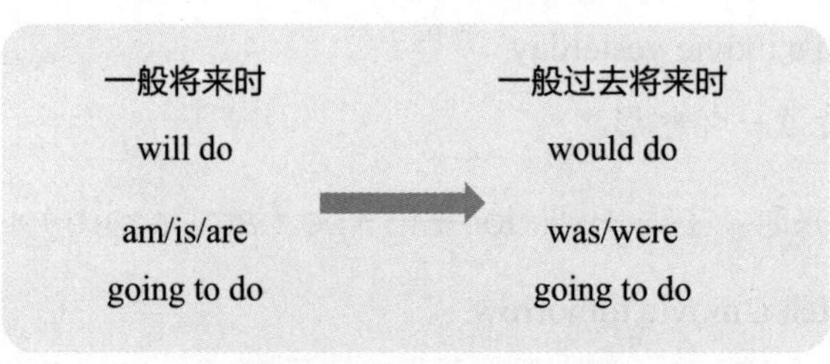

“一般将来时”变“一般过去将来时”

更多例句：

一般将来时：

◇ He will agree.

他会同意的。

will 变 would

一般过去将来时：

◇ You told me a week ago that he would agree.

你一周前告诉过我他会同意的。

一般将来时：

◇ He will arrange everything.

他会安排一切。

will 变 would

一般过去将来时：

◇ Mike said yesterday that he would arrange everything.

迈克昨天说他会安排一切。

很明显，过去将来时常常用于从句，主句时态一般是过去时，如“你一周前告诉我……（You told me a week ago...）”“迈克昨天说……（Mike said yesterday...）”“我之前不知道……（I didn’t know...）”等。表示某人在过去某个时间点聊到或转述的将来的事情。另外，除了刚刚提到的一般过去将来时，之后要讲到的其他三种动作状态下的过去将来时在口语中都不常用，稍作了解即可。

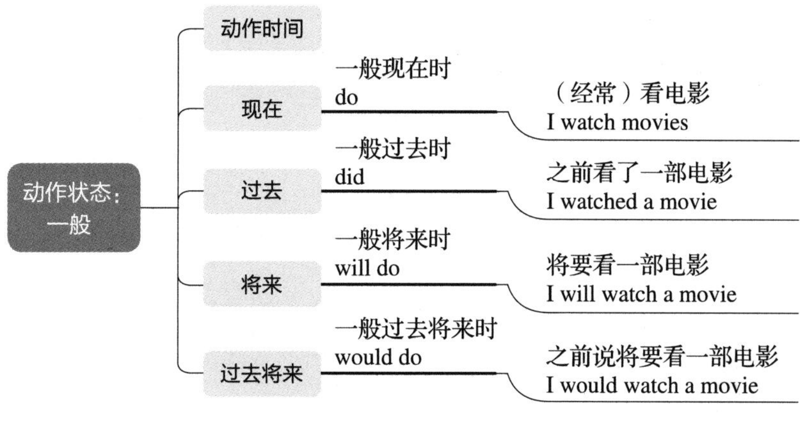

"一般"状态的四种时态总结

二、"进行"状态

强调动作正在进行。和四种不同的动作时间组合后，得到四种时态：现在进行时、过去进行时、将来进行时、过去将来进行时。

1. 现在进行时：主语 + be 动词（am, is, are）doing

◇ I am watching a movie.

我正在看电影。

2. 过去进行时：主语 + be 动词的过去式（was, were）doing

◇ I was watching a movie at 3 yesterday afternoon.

昨天下午 3 点我正在看电影。

3. 将来进行时：主语 + will be doing

◇ I will be watching a movie at 3 tomorrow afternoon.

明天下午 3 点我将正在看电影。

4. 过去将来进行时：主语 + would be doing

◇ I told you that I would be watching a movie at 3 the next day.

之前我告诉过你，我第二天下午 3 点将正在看电影。

解析： 只要把将来进行时 will be doing 中的 will 变成过去式 would，谓语动词由 will be doing 变成 would be doing，就把“将来进行时”变成了“过去将来进行时”。

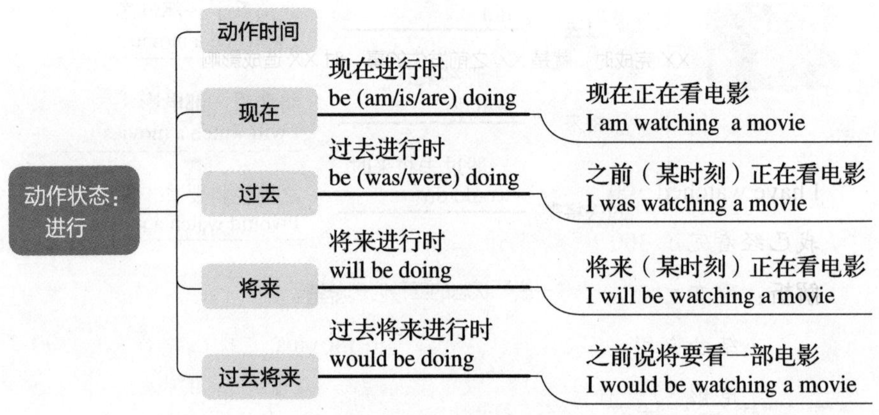

“进行”状态的四种时态总结

三、“完成”状态

表示动作已经发生或完成，且造成了某种影响或结果。和四种不同的动作时间组合后，得到四种时态：现在完成时、过去完成时、将来完成时、过去将来完成时。

完成状态主要强调已经发生的事所造成的影响或结果。理解完成状态只需要记住一句话——**XX 完成时，就是 XX 之前发生的事对 XX 造成了影响。**现在完成时，就是现在之前发生的事对现在造成了影响。过去完成时，就是过去之前发生的事对过去造成了影响。将来完成时，就是将来之前发生的事对将来造成了影响。过去将来完成时就是“过去的将来”之前发生的事对“过去的将来”造成了影响。

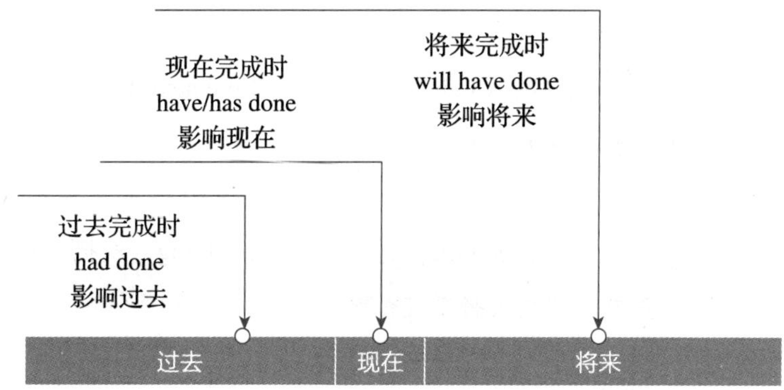

XX 完成时，就是 XX 之前发生的事，对 XX 造成影响

1. 现在完成时：主语 +have/has+done（动词的过去分词）

◇ I have watched 300 movies.

我已经看完了 300 部电影。

解析： 现在之前发生的事影响了现在，也就是“过去”影响了现在。结合例句，“I have watched 300 movies.（我已经看完了 300 部电影。）”看电影发生在现在之前，对现在造成了影响（导致我现在已经看完了 300 部电影），所以用现在完成时。

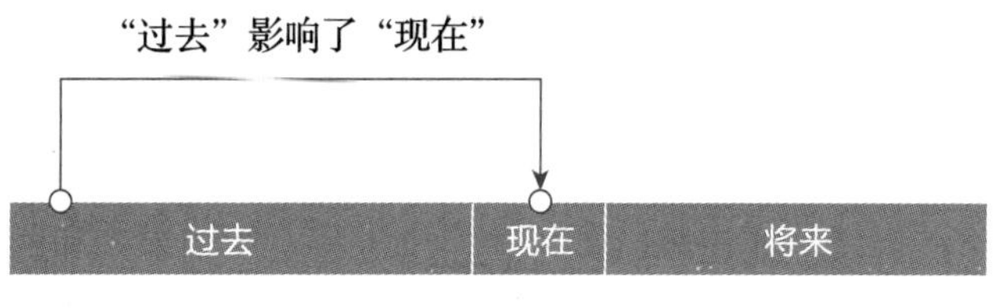

现在完成时

2. 过去完成时：主语 +had+done

◇ I had watched 300 movies by last summer.

到去年夏天，我已经看完了 300 部电影。

解析： 过去之前发生的事影响了过去，也就是“过去的过去”影响了过去。结合例句，“I had watched 300 movies by last summer.（到去年夏天，我已经看完了 300 部电影。）”去年夏天是过去，看电影的行为比去年夏天更早，是“过去的过去”。这一行为对去年夏天这个“过去”造成了影响（导致到去年夏天我已经看完了300部电影），所以用过去完成时。

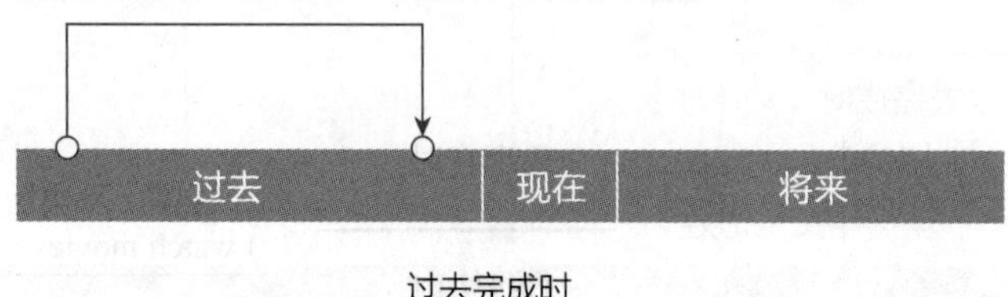

过去完成时

3. 将来完成时：主语 +will have+done

◇ I will have watched 300 movies by next summer.

到明年夏天，我将会已经看完了300部电影。

解析：“将来”之前发生的事影响了将来，也就是“将来的过去”影响了将来。结合例句，“I will have watched 300 movies by next summer.（到明年夏天，我将会已经看完了300部电影。）”明年夏天是将来，看电影发生在明年夏天之前，是“将来的过去”。这一行为对将来（明年夏天）造成了影响（导致到明年夏天我已经看完了300部电影），所以用将来完成时。

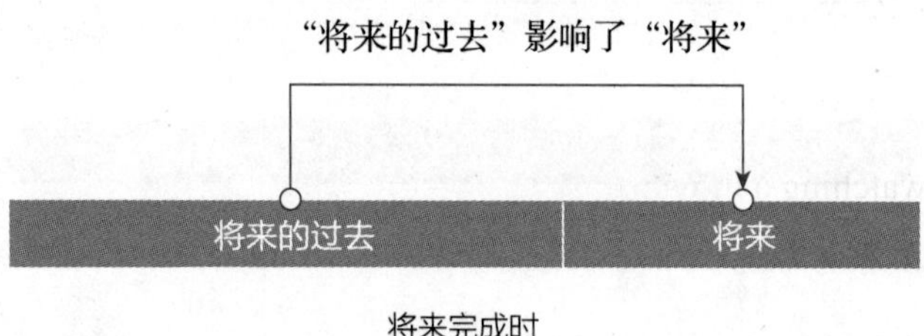

将来完成时

4. 过去将来完成时：主语 +would have+done（动词的过去分词）

◇ Last spring I told you I would have watched 300 movies by last summer.

去年春天我告诉过你，到去年夏天，我将会已经看完了300部电影。

解析：“过去的将来”之前发生的事影响了“过去的将来”。下图中，假设A点是去年春天，也就是“我告诉你”这个行为发生的时间点。很明显，A点是过去，B点比A点更晚，是“过去的将来”，所以用“过去将来完成时”。

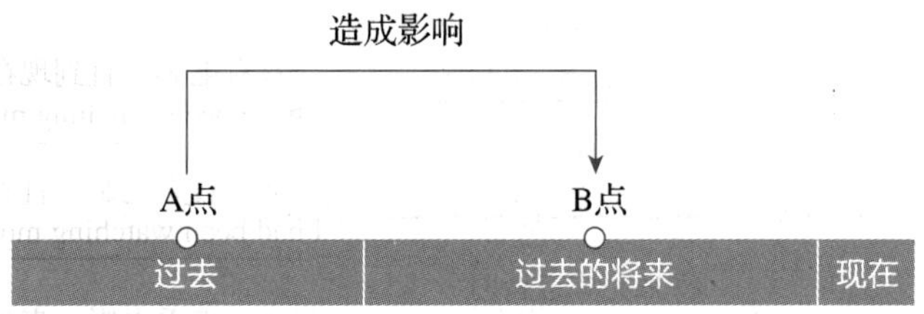

过去将来完成时

注意：

如何区分“过去完成时”与“过去将来完成时”？方法之一就是看是否存在“在过去更早的某时刻谈到或转述未来发生的事情”的情景或语气。比如同样是“去年夏天看完300部电影”这件事，其不同时态使用区别如下：

过去完成时

◇ I had watched 300 movies by last summer.

到去年夏天，我已经看完了300部电影。

解析：单纯描述过去某时刻（去年夏天）已经完成的事，用过去完成时。

过去将来完成时

◇ Last spring I told you I would have watched 300 movies by last summer.

去年春天我告诉过你，到去年夏天，我将会已经看完了300部电影。

解析：描述在过去更早的某时刻（去年春天）谈到其将来的某时刻（去年夏天，比去年春天晚，是去年春天这个“更早的过去”的将来）已经完成的事，用过去将来完成时。

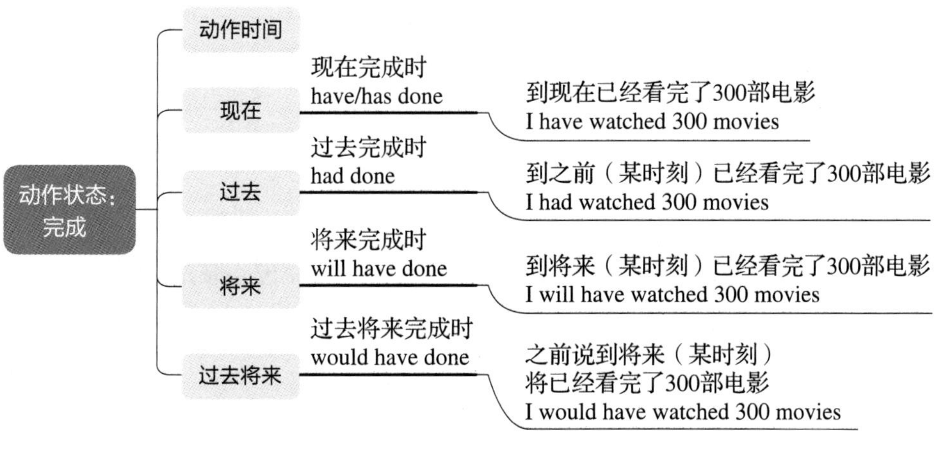

“完成”状态的四种时态总结

四、“完成进行”状态

顾名思义，“完成 + 进行”，所以“完成进行”是“完成状态的 have done”加“进行状态的 be doing”，得到 have been doing，具体变化过程如下：

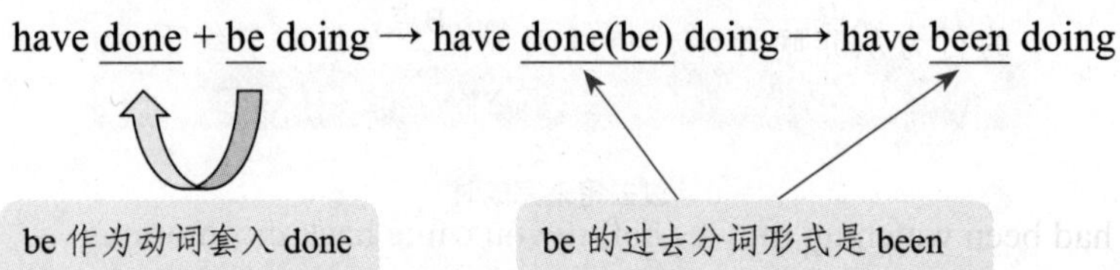

完成进行状态强调**“动作持续到某个时间点 X，可能在 X 点刚完成，也可能继续进行下去”**。其中 X 点是什么时间点，时态就是“X 完成进行时”，一般翻译为**“一直在做某事（直到 X 点）”**，可能继续做，也可能在 X 点刚完成。所以：

X 点是现在——现在完成进行时，表示到现在为止一直做某事

X 点是过去——过去完成进行时，表示到过去某时刻为止一直做某事

X 点是将来——将来完成进行时，表示到将来某时刻为止一直做某事

X 点是过去的将来——过去将来完成进行时，表示到“过去将来”某时刻为止一直做某事

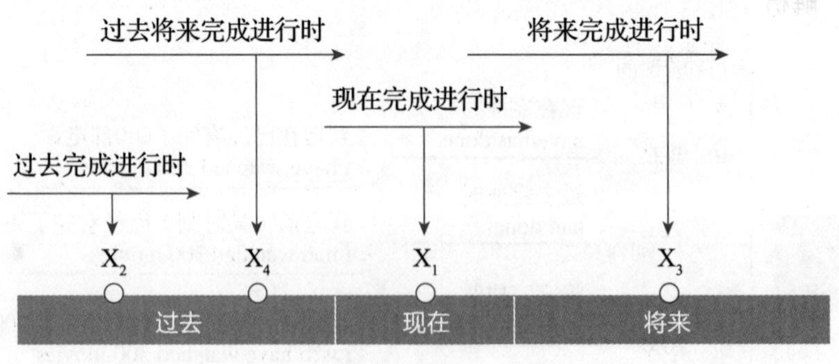

完成进行时

1. 现在完成进行时：主语 +have been doing

◇ I have been watching movies since last night.

从昨晚起我就一直在看电影（直到现在）。

解析：表示看电影的行为一直持续到现在，且可能继续下去。看电影的行为从昨晚开始，持续到现在，有可能继续下去。

2. 过去完成进行时：主语 +had been doing

◇ I had been watching movies before you came back this morning.

在你今天早上回来之前我一直在看电影。

解析：表示看电影的行为一直持续到今天早上，且可能继续下去。今天早上与现在相比，是过去的某时刻，所以用过去完成进行时。

3. 将来完成进行时：主语 +will have been doing

◇ I will have been watching movies for 10 hours by tomorrow morning.

我会一直看电影，直到明天早上。到那时我将持续看电影 10 小时了。

解析：表示看电影的行为一直持续到明天早上，且可能继续下去。明天早上是将来的某时刻，所以用将来完成进行时。

4. 过去将来完成进行时：主语 +would have been doing

◇ I told you I would have been watching movies for 10 hours by last night.

我之前告诉过你，到昨晚，我将已经持续看电影 10 小时了。

解析：假设“我告诉你”这一动作发生在过去某时刻 A 点，而看电影的行为将持续到相对于 A 点的将来某时刻 B 点，且可能继续下去。A 点是过去，B 点是 A 点的将来，所以 B 点是“过去的将来”，用“过去将来完成进行时”。

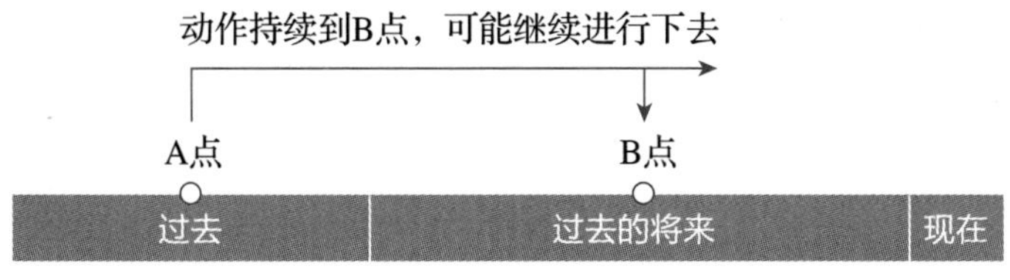

过去将来完成进行时

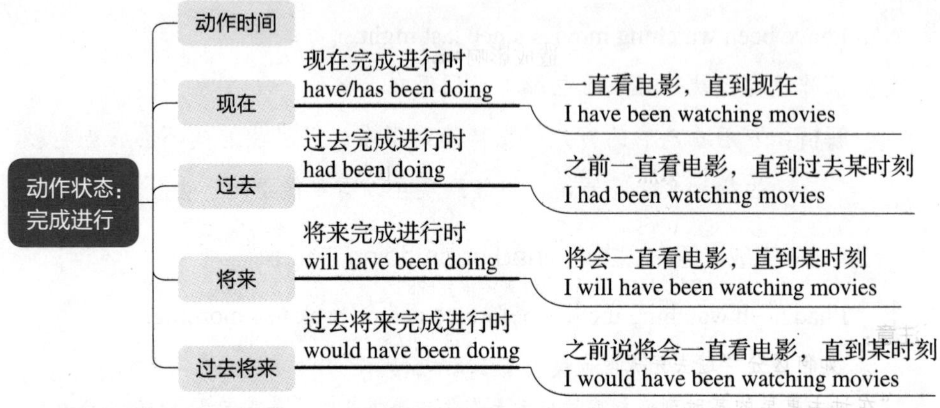

“完成进行”状态的四种时态总结

以上就是16种时态的讲解，虽然已经总结得尽量精练，但很明显，内容还是很多且比较复杂，想要彻底掌握，难度实在不小。我的建议是，首先牢记关于“时态”的两大基本概念：1）英语中表达不同时态的手段是将谓语动词“变形”和“加（助动）词”；2）时态指动作发生的时间和状态，四种时间和四种状态组合后会有16种时态，但常用的只有八种。可以把主要精力放在常用时态的学习上，其他不常用的稍作了解即可。除此之外，学习时一定要多些耐心，不要想着一次性学完，每次弄懂一到两个时态，各个击破，多多复习。

本篇回顾

了解16种时态的用法，再以同一个句子为基础，根据各种时态变化写出16个句子。

英语园地

shut the front door是“关上前门”吗?

当你和外国朋友聊天时，忽然听到对方说shut the front door，可别误以为他要你帮忙去把房间的前门关上。事实上，shut the front door是英语口语中的非正式用法，含义类似shut up（闭嘴），常常用来表达“惊讶，不相信”，且稍显粗俗、不礼貌（多用于熟人之间）。来看看Yuyu老师推荐的例句：

- 对话1

A: You're not going to believe this, but I just won $2 million!

你肯定不会相信，但是我刚刚赢了200万美元！

B: **Shut the front door!**

闭嘴吧（别逗了）！

- 对话2

A: Some TV producer just called. They want you to write a new sitcom for them!

刚刚有电视制作人打电话来，他们想让你写一部新情景喜剧！

B: What? **Shut the front door!**

什么？闭嘴吧（不可能的事）！

05 动词变形大揭秘（2）——“非谓语动词”精讲

前文提到，谓语动词的变化多端造就了英语语法的两大难点——时态和非谓语动词。时态已经讲完，现在来说说非谓语动词。

非谓语动词，顾名思义，**就是“不是谓语”的动词**。我们说过，英语表达的基本逻辑是“什么 + 怎么样”，体现在句型上就是“主语 + 谓语”，而谓语部分的核心就是谓语动词。

谓语的核心

五大基本句型

主语 +谓语动词（不及物动词）

主语 +谓语动词（及物动词）+ 宾语

主语 +谓语动词（及物动词）+ 间接宾语 + 直接宾语

主语 +谓语动词（及物动词）+ 宾语 + 宾语补语

主语 +谓语动词（系动词）+ 主语补语（表语）

主语（什么）　谓语（怎么样）

然而，动词在句子中的作用不仅仅是充当谓语动词，还可以充当主语、宾语、状语、补语、定语等句子成分，起到名词、形容词、副词的作用。这类动词，就叫作非谓语动词。

谓语动词还有一个叫法——限定动词，因为它的形式受到主语人称和数的限定。而非谓语动词不受主语的限定，没有人称和数的变化，所以也叫作非限定动词。例如：

动词 has，充当谓语动词，受到主语限定，所以也叫限定动词。

动名词 swimming，充当定语，起形容词的作用。不受主语限定，所以也叫非限定动词。

He has a swimming pool.

他拥有一个游泳池。

同一个句子中的“谓语动词”和“非谓语动词”

解析： has 在句中充当谓语动词，受到主语 He 的限定，在人称和数上必须和主语保持一致。swimming 是由动词 swim 变化而来的动名词，在句中不作谓语动词，而是充当宾语 pool 的定语，所以是非谓语动词，不受主语限定，没有人称和数的变化。

介绍完英语中的非谓语动词，再来和中文对比看看。中文其实也有类似的用法，例如用动词“阅读”造句：

◇ 我经常阅读小说。

解析：“阅读”充当谓语动词，表示一种行为、动作。

◇ 阅读是一种享受。

解析：“阅读”充当主语，表示阅读这件事。

◇ 我喜欢阅读。

解析：“阅读”充当宾语，充当我喜欢的对象。

◇ 阅读方法很重要。

解析：“阅读”充当定语，修饰“方法”，表示具体是什么方法。

大家发现了吗？“阅读”不管是充当谓语动词，还是主语、宾语、定语等非谓语成分，都不用做任何变形，始终是“阅读”两个字（当然你也可以理解为中文的“阅读”既是动词也是名词）。但英文就不行了！动词 read 只有在作谓语动词时才可以保持原形，例如：I often read novels.（我经常阅读小说。）如果充当其他非谓语成分，它就需要变形，例如：

◇ Reading is a pleasure.

阅读是一种享受。

解析：read 充当主语，必须变成动名词 reading。

◇ I like to read.

I like reading.

我喜欢阅读。

解析：read 充当宾语，必须变成动名词 reading 或不定式 to read。

◇ Reading methods are very important.

阅读方法很重要。

解析：read 充当定语，必须变成动名词 reading。

这就是除时态之外，中英文语法因“动词变形”而产生的另一个区别。中文的动词（如“阅读”），既可以充当谓语动词，也可以充当主语、宾语、定语等非谓语成分，无须任何变化。英语的动词想要充当主语、宾语、定语等非谓语成分，则必须变形，于是就产生了“非谓语动词”这一语法难点。非谓语动词一共有四种：**不定式（to do）、动名词（doing）、过去分词（done）和现在分词（doing）**。

一、不定式

不定式的基本形式是“to+ 动词原形（即 to do）”。例如：

不定式作主语

To see is to believe.

眼见为实。

不定式作表语（主语补语）

注：有时 to 也可以省略，如“You helped me (to) move.”中的不定式 to move 作宾补。

1. 不定式作主语

◇ To eat an apple every day is good. 每天吃一个苹果很好。

◇ To see is to believe. 眼见为实。

2. 不定式作宾语

◇ Mike likes to eat apples. 迈克喜欢吃苹果。

3. 不定式作表语（主语补语）

◇ To see is to believe. 眼见为实。

4. 不定式作宾语补语

◇ Mike wants Mary to come. 迈克希望玛丽过来。

◇ You helped me（to）move. 你帮了我搬家。

5. 不定式作定语

◇ Mike has a lot of things to eat. 迈克有很多吃的东西。

英语中的定语既可以前置，也可以后置。不定式作定语时一般为后置定语，常常表示打算、计划、希望或将要发生的趋势。例如：

◇ the train to arrive "即将到来的"火车

◇ things to do "要做的"事情

◇ a place to go "要去的"地方

6. 不定式作状语

- 表原因

  ◇ I was surprised to get a gift.（因为）收到礼物，（所以）我很意外。

- 表目的

  ◇ I will do anything to get an answer. 为了得到一个答案，我会做任何事。

- 表结果

  ◇ He searched the room only to find nothing. 他搜遍了房间，（结果）什么也没找到。

二、动名词

动名词的基本形式是"动词原形 +ing（doing）"，其作用相当于一个名词。

1. 动名词作主语

◇ Swimming is good. 游泳（这件事）很好。

2. 动名词作宾语

◇ Mike likes swimming. 迈克喜欢游泳。

不定式和动名词作宾语的区别：不定式作宾语时，往往表示特定的、一次性的未来动作；动名词作宾语时，则表示经常发生的一般行为，或者是目前正在进行或已经完成的行为。例如：

◇ Mike stopped to watch TV. 迈克停下手中的事去看电视。（“去看电视”是打算做的将来动作）

◇ Mike stopped watching TV. 迈克停止看电视了。（“看电视”是正在进行的动作）

◇ forget to do 忘记去做（未做）

◇ forget doing 忘记做过（已做）

但有时二者的区别又很小（尤其在口语中），具体用哪种主要看个人的说话习惯。例如：

◇ I like to read. 我喜欢阅读。

◇ I like reading. 我喜欢阅读。

3. 动名词作表语（主语补语）

◇ Mike's hobby is swimming. 迈克的爱好是游泳。

同样，动名词作表语时常常表示一般性的行为，而不定式作表语时则表示具体或将要发生的动作。例如：

- 不定式作表语：

  ◇ The important thing is to save lives. 救人要紧。
  （“救人”侧重即将发生的动作）

- 动名词作表语：

  ◇ His job is looking after sheep. 他的工作是看羊。
  （“看羊”侧重一般性的行为）

但有时两者的区别又很小，几乎可以相互替换。例如：

◇ Her job is dealing with customer complaints.

她的工作是处理顾客投诉。（摘自《当代美国英语学习词典》）

◇ His job is to investigate supernatural phenomena.

他的工作是研究超自然现象。（摘自《牛津英语搭配词典》）

4. 动名词作宾语补语

动名词一般极少作宾语补语。也有说法认为，只有有限的几个动词可以接动名词作宾语补语，如 call（叫作，认为，称……为）。例如：

◇ We call it killing two birds with one stone. 我们称之为“一箭双雕”。

解析：宾语是 it（某件事），宾语补语（动名词）用于说明这件事。

5. 动名词作定语

◇ I need a swimming pool. 我需要一个游泳池。

三、现在分词

现在分词的基本形式也是“动词原形 +ing（即 doing）”，但是在作用上，它相当于一个形容词（动名词 doing 则相当于一个名词），且常常表示主动或正在进行的属性或状态。

1. 现在分词作定语

◇ He saw a flying bird. 他看见一只正在飞翔的鸟。

现在分词作定语时，往往表示动作或行为的“主动”或“正在进行”，且可以转换成相应的定语从句。具体对比为：

现在分词作定语：

◇ He saw a flying bird. 他看见一只正在飞翔的鸟。

定语从句作定语：

◇ He saw a bird which was flying. 他看见一只正在飞翔的鸟。

动名词与现在分词作定语时的区别：

两者的形式都是“动词 +ing（doing）”，但动名词的作用相当于名词，主要表示被修饰词的用途；现在分词的作用相当于形容词，主要表示被修饰词的性质、状态或动作。例如：

◇ a swimming suit 一件泳衣，swimming 为动名词，用于说明衣服的用途

◇ a swimming boy 一个正在游泳的男孩，swimming 为现在分词，用于说明男孩的动作

解析：动名词 swimming，相当于一个名词，用来说明 suit（服装）的功能、用途。a swimming 一件泳衣 = a suit for swimming 一件用来游泳的衣服。这里的 swimming 不能像现在分词一样改写为定语从句，a swimming suit 不能改写为 a suit which is swimming（一件游泳的衣服）。

现在分词 swimming，相当于一个形容词，用来说明 boy（男孩）的状态或动作，表示男孩正在游泳。这里的 a swimming boy 可以改写为定语从句 a boy who is swimming。

2. 现在分词作表语（主语补语）

◇ The movie is moving. 这部电影很感人。

现在分词作表语时，相当于把动词转变为形容词，这种用法很常见，以至于人们更习惯把这类现在分词直接归为形容词。例如：

◇ The game is interesting.

这个游戏很有趣。

动词 interest →现在分词 interesting（形容词），令人感兴趣的

◇ The show is exciting.

这场表演很让人兴奋。

动词 excite →现在分词 exciting（形容词），令人兴奋的

◇ The story is puzzling.

这个故事令人费解。

动词 puzzle →现在分词 puzzling（形容词），令人费解的

现在分词和动名词作表语的区别：动名词相当于一个名词，它与被修饰的主语指的是同一件事，此时系动词可以直接译为“是”，把主语和表语的

位置互换，语法和意思也不会变。例如：

◇ My hobby is swimming. 我的爱好是游泳。

可改为：

◇ Swimming is my hobby. 游泳是我的爱好。

相比之下，现在分词作表语，相当于一个形容词，不能与主语（名词）互换位置。例如：

◇ The story is interesting. 这个故事很有趣。

不能改为：

◇ Interesting is the story.

3. 现在分词作宾语补语

◇ I saw Mike eating an apple. 我之前看到迈克正在吃一个苹果。（“吃”的动作是主动且正在进行的）

4. 现在分词作状语

表示时间、原因、条件、结果、让步、目的、方式等。

- 作“时间状语”

  ◇ Walking in the street, I saw him. 当我在街上走时，我看到他了。

和作定语时可以改写为定语从句一样，现在分词作状语时，也可以改写为状语从句。具体对比为：

现在分词作状语：

◇ Walking in the street, I saw him. 当我在街上走时，我看到他了。

状语从句作状语：

◇ When I was walking in the street, I saw him. 当我在街上走时，我看到他了。

- 作原因状语

  ◇ Being ill, she stayed home.（因为）生病，她待在家里。

  改写为原因状语从句：

  ◇ As she was ill, she stayed home. 她因为生病了，所以待在家里。

很显然，非谓语动词在很多时候代替了从句，简化了句子。

- 作条件状语

◇ Working hard, you will succeed.（只要）努力工作，你就会成功。

- 作让步状语

◇ Having failed many times, he didn't lose heart.（尽管）失败了多次，他并没有灰心。

- 作方式状语

◇ Please answer the question using another way. 请用另一种方式回答这个问题。

四、过去分词

过去分词的常见结构是“动词原形 +ed”，但也有很多不规则的变化。例如：

eat → eaten	see → seen	cut → cut
grow → grown	tell → told	

过去分词和现在分词一样，在作用上也相当于形容词，但它主要表示“被动”或“已经完成”的属性或状态（而现在分词 doing 则表示“主动”或“正在进行”的属性或状态）。

1. 过去分词作定语

单个过去分词作定语，一般放在其修饰对象之前。则如：

◇ We must accept the changed conditions. 我们必须接受已经改变的状况。

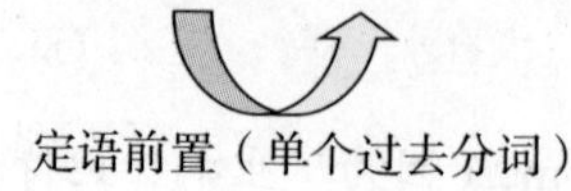

定语前置（单个过去分词）

过去分词短语作定语，则要放在被修饰名词之后，作后置定语。例如：

定语后置（过去分词短语）

◇ The concert given by their friends was a success.

他们朋友举行的音乐会大为成功。

现在分词（doing）、过去分词（done）和
不定式（to do）作定语的比较

过去分词作定语：changed conditions 已经改变的状况
（侧重动作已经完成）

现在分词作定语：changing conditions 正在改变的状况
（侧重动作正在进行）

不定式作定语：conditions to change 要去改变的状况
（侧重动作将要发生）

2. 过去分词作表语（主语补语）

◇ The library is closed. 图书馆关门了。（图书馆的门是被关上的，且关门的行为已经完成）

◇ I am excited. 我感到兴奋。

过去分词与现在分词作表语时的区别：

过去分词：I am excited. 我感到兴奋。

现在分词：The story is exciting. 这个故事令人兴奋。

一般来说，表示心理状态的动词如 excite, interest 等，都是及物动词中的“使役动词”，它们的意思不是“激动”“感兴趣”，而是“使……激动”“使……感兴趣”。当变形为现在分词时，它们的意思变化为“令人激动的”“令人感兴趣的”；当变形为过去分词时，意思则是“感到激动的”和“感到有兴趣的”。更多例子如下：

动词原形 do		现在分词 doing		过去分词 done	
interest	使……感兴趣	interesting	令人感兴趣的	interested	感到有兴趣的
excite	使……兴奋	exciting	令人激动的	excited	感到激动的
delight	使……高兴	delighting	令人高兴的	delighted	感到高兴的
disappoint	使……失望	disappointing	令人失望的	disappointed	感到失望的
please	使……愉快	pleasing	令人愉快的	pleased	感到愉快的
puzzle	使……困惑	puzzling	令人困惑的	puzzled	感到困惑的
satisfy	使……满意	satisfying	令人满意的	satisfied	感到满意的

3. 过去分词作宾语补语

◇ I found Mike beaten by Jack. 我发现迈克被杰克打了。（过去分词 beaten 表示“被打”）

相比之下，现在分词作宾语补语，往往表示动作或行为主动发生。例如：

◇ I found Mike beating Jack. 我发现迈克在打杰克。（现在分词 beating 表示“主动打”）

4. 过去分词作状语

- 作地点状语

  ◇ Seen from the top of the hill, the city looks more beautiful. 从山顶上看，这座城市显得更美了。

- 作原因状语

  ◇ Written in a hurry, this article was not so good. 因为写得匆忙，这篇文章不是很好。

- 作条件状语

  ◇ Given another hour, I can also work out this problem.（只要）再给我一个小时，我也能解出这道题。

很显然，城市是“被看”，文章是“被写”，时间是“被给”，这就是过去分词的作用，主要表示动作的被动或已经完成。

再来纵向对比总结一下非谓语动词的用法：

- **充当主语**

一般单词：It is very important. 这件事很重要。

不 定 式：To read is very important. 阅读很重要。（有时侧重一次性动作）

动 名 词：Reading is very important. 阅读很重要。（有时侧重一般性动作）

现在分词：相当于形容词，一般不作主语

过去分词：相当于形容词，一般不作主语

- **充当宾语**

一般单词：I like it. 我喜欢它。

不 定 式：I like to read. 我喜欢阅读。（有时侧重一次性动作）

动 名 词：I like reading. 我喜欢阅读。（有时侧重一般性动作）

现在分词：相当于形容词，一般不作宾语

过去分词：相当于形容词，一般不作宾语

- **充当表语（主语补语）**

一般单词：My job is good. 我的工作很棒。

不 定 式：My job is to help old people. 我的工作是帮助老人。（有时侧重一次性动作）

动 名 词：My job is helping old people. 我的工作是帮助老人。（有时侧重一般性动作）

现在分词：His job is exciting. 他的工作很令人兴奋。

过去分词：He is excited about is job. 他对他的工作感到很兴奋。

- **充当宾语补语**

一般单词：We call him Mike. 我们叫他迈克。

不 定 式：We want him to come. 我们希望他过来。（侧重趋势、要做）

动 名 词：We call it killing two birds with one stone. 我们称之为“一箭双雕”。

现在分词：We found Mike beating Jack. 我们发现迈克在打杰克。（侧重主动、进行）

过去分词：We found Mike beaten by Jack. 我发现迈克被杰克打了。（侧重被动、完成）

- **充当定语**

一般单词：a big pool 一个大池子

不 定 式：a pool to clean 一个要清理的池子（侧重趋势、要做）

动 名 词：a swimming pool 一个（用来）游泳的池子（侧重说明"用途"）

现在分词：a swimming boy 一个正在游泳的男孩（侧重主动、进行）

过去分词：a cleaned pool 一个清洁过的池子（侧重被动、完成）

- **充当状语**

一般单词：Jack saw Mike yesterday. 杰克昨天看到了迈克。

不 定 式：Jack was surprised to see Mike.（因为）看到迈克，（所以）杰克很意外。

动 名 词：一般不作状语

现在分词：Seeing Mike, Jack cried. 看到迈克，杰克哭了。（侧重主动、进行）

过去分词：Seen from the roof, the tree looks smaller. 从屋顶上看，这棵树显得更小了。（侧重被动、完成）

以上就是四种非谓语动词的详细讲解，和时态一样，非谓语动词的知识也很繁杂，学习的时候一定要多一些耐心，多结合例句来理解。同时牢记非谓语动词形成的根本原因：中文的动词无须变形就可以充当句子的不同成分，英文的动词则需要变成不定式（to do）、动名词（doing）、现在分词（doing）、过去分词（done）等形式才可以充当非谓语成分。

本篇回顾

说说四种非谓语动词的主要用法和区别（包括各自充当什么成分、相当于什么词性、侧重表示动作的什么状态等）。

英语园地

“别卖关子”用英文怎么说？

“卖关子”比喻说话、做事时故弄玄虚，使对方着急。如果你想用英文对你的朋友说：“别卖关子！”Yuyu老师推荐beat around the bush这个短语。它的字面意思是“围绕着灌木丛敲击”，比喻故意避开重点，只是旁敲侧击或说话绕圈子。具体例句：

Don't beat around the bush; just tell me the truth.

别卖关子，跟我说实话。

Would you please **stop beating around the bush**? Are you leaving the company or not?

你别卖关子了行不行？你到底要不要离开公司？

如果你想表达得更简单一些，也可以用don't keep me guessing，也就是“别让我猜了”。具体例句：

Don't keep us guessing. Go on!

别跟我们卖关子了，往下讲吧。

Don't keep me guessing. Get to the point!

别再跟我卖关子了，快说重点！

06 从简单到复杂——“从句”精讲

说完时态和非谓语动词，该说从句了。首先来了解一下从句的由来。之前说过，英语中最基本的句型是简单句。所谓简单句，就是句子的各个成分都由单词或短语构成，且只有一个主谓结构的句子。例如“主谓宾”结构的句子“I know it.（我知道这件事。）”，主语是I，谓语动词是know，宾语是it。主、谓、宾三个成分都由单词充当，无法再拆分成更小的单位了，所以它是简单句。

如果把它的宾语it替换成句子Mike did it（迈克做了这件事），整句话变成“I know Mike did it.（我知道迈克做了这件事。）”，它就从简单句变成了“复合句”。因为它的宾语不再由单词充当，而由句子充当。新加入的句子Mike did it就变成了这个复合句的从属子句，简称从句。由于Mike did it这个从句在整个复合句中充当宾语，所以它是宾语从句。这就是从句概念的由来。

简单句 每个成分都由单词或短语充当	I 主语	know 谓语动词	it. 宾语（由单词充当）
			⬇
复合句 某个成分由句子充当	I 主语	know 谓语动词	Mike did it. 宾语（由句子充当）

简单句到复合句的变形

如果把以上简单句到复合句的变形过程用中文呈现，则会是：

我	知道	这件事。
主语	谓语动词	宾语（由词组充当）

↓

我	知道	迈克做了这件事。
主语	谓语动词	宾语（由句子充当）

是不是和英文几乎毫无区别？由此可见，中文也有类似从句的用法，只不过我们并没有特意强调它。你或许会问："老师，既然用法接近，为什么英语从句那么难呢？你不是说语法截然不同才会有难度吗？"别着急，再来看一个例子。请尝试口头翻译下面的句子：

◇ Some people believe that the child who is raised in an environment where there are many difficulties which develop his or her ability to manage crises will have greater potential.（全句 30 个单词，句中无标点）

参考译文：有些人认为，如果孩子在一个困难重重的环境中长大，而且这些困难能帮助他们锻炼危机管理能力，那么孩子会有更大的潜力。（四个短句）

发现没有，随着从句的增加，英文的句子会越变越长。然而，当它被翻译成中文时，则往往以多个短句的形式呈现。这就是两种语言的截然不同之处——**英文多长句，中文多短句。**英文可以在主句上不断加入从句，最终形成所谓的长难句（但仍然只是一句话），中文则更习惯把这些从句分割成一个一个的短句。有人形容英文就像一棵树，在长长的主干上，附着了许多枝干；而中文就像把这些树干砍断，一节一节地整齐摆放。

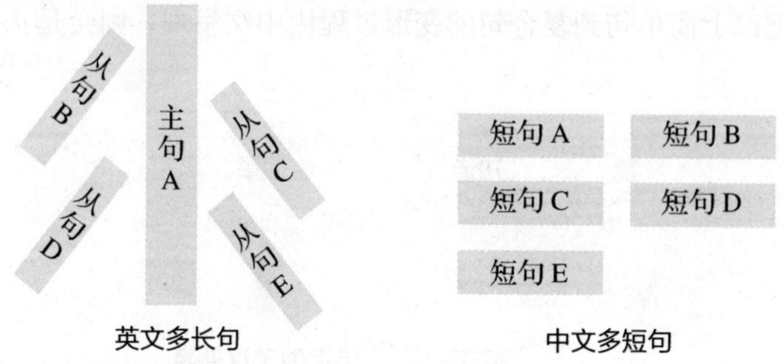

由此看来，从句的难度并非来自它本身，像“I know Mike did it.（我知道迈克做了这件事。）”只包含单一的从句，一眼就能看懂。而多个从句同时使用形成长难句时，就会让你眼花缭乱，根本分不清“主谓宾”。

也许你又会问了，英文有长句，那中文就不能写成长句吗？其实也不是不行。以刚才的句子为例，同样的意思，你当然也可以这样表述：

有些人认为那些在具有很多可以帮助他们锻炼危机管理能力的困难的环境中长大的孩子会有更大的潜力。

这句话的意思我们也能看懂，但显得很复杂、啰唆，并不是我们习惯的中文表述方式。

总结一下，当简单句的某成分不再由单词或短语充当，而是由某个句子充当时，它就变成了复合句。这个充当某成分的句子，就成了从句。因为从句等用法的存在，英文会形成所谓的长难句，当它被翻译成中文时，往往被切割成多个短句，这是中英文表达习惯的不同。中文也有类似从句的用法，但并不特意强调和使用。中文常以多个短句的形式呈现，很少写成大段的长句，否则会显得复杂、啰唆，不符合我们的语言习惯。

弄清楚了从句的原理，再来看看它的分类。从句有很多种，如何区分？只需要记住一句话——**充当什么成分，就是什么从句**。

一、定语从句

基本概念：如果一个句子在复合句中充当定语，它就是定语从句。

变形过程：

◇我有一个很大的房间。

I have a big room.

I have a room which is big.

从句 which is big 替换单词 big 充当 room 的定语，所以是定语从句。

你会发现，a big room 和 a room which is big 意义完全相同，定语从句 which is big 的作用其实相当于形容词 big，因此定语从句也叫作形容词从句。它们之间唯一的区别是，形容词 big 放在被修饰对象 room 之前，作前置定语；而定语从句 which is big 则放在 room 之后，作后置定语。这也是中英文语法的不同之处，**中文的定语通常放在被修饰对象之前；英文的定语既可以前置，也可以后置。**例如：

英文：a big green table for eating which is very beautiful

中文：一张 大大的 绿色的 漂亮的 用来吃饭的 桌子

在英文中，big 和 green 是前置定语，定语从句 which is very beautiful 和介词短语 for eating 为后置定语；相比之下，在中文句子里，大大的、绿色的、漂亮的、用来吃饭的，这四个定语都是前置定语。

理论上，像定语从句这样的后置定语可以无限延长，形成一层套一层的"套娃"（这也是形成长难句的原因之一）。例如：

◇ Li Ming is from Beijing which is the capital of China which is a great country on earth which is a beautiful planet in the solar system which is a very small part of the universe which is something that we still don't know much about yet.

参考译文：李明来自中国的首都北京，中国是地球上的一个伟大国家，地球是太阳系中的一颗漂亮行星，太阳系是宇宙中的一个很小的部分，而宇宙，我们仍然不太了解。

定语从句的引导词包括关系代词和关系副词（因此定语从句也称作关系从句），关系代词有 that，who，whom，whose，which 等，而关系副词有 where，why，when 等。更多例句：

◇ The picture that we are looking at was drawn by a fifteen-year-old student.

我们正在看的这幅画是一名 15 岁学生画的。

◇ This is an old computer which works very slow.

这是一台运行速度很慢的旧电脑。

◇ I'd like a room whose window looks out over the sea.

我想要一个窗户面朝大海的房间。

◇ I shall never forget the days when we worked on the farm.

我将永远不会忘记我们在农场工作的日子。

◇ Can you tell me the reason why the car broke down?

你能告诉我汽车抛锚的原因吗？

◇ I have been to the place where they live.

我去过他们居住的地方。

二、主语从句

基本概念：如果一个句子在复合句中充当主语，它就是主语从句。

变形过程：

◇ It is very important.

这件事很重要。

◇ That he finished the task is very important.

他完成任务（这件事）很重要。

从句 That he finished the task 替换单词 It 充当句子的主语，所以是主语从句。

主语从句一般由 that, whether, who, what, whatever, when, how, where 等引导。更多例句：

◇ Whether he finished the task is very important.

他是否完成任务（这件事）很重要。

◇ Who finished the task is very important.

谁完成了任务（这件事）很重要。

◇ When he finished the task is very important.

他什么时候完成的任务（这件事）很重要。

◇ How he finished the task is very important.

他如何完成任务（这件事）很重要。

◇ Why he finished the task is very important.

他为什么要完成任务（这件事）很重要。

◇ Where he finished the task is very important.

他在哪里完成了任务（这件事）很重要。

◇ What he finished is very important.

他完成了什么（这件事）很重要。

◇ Whatever he finished is very important.

不管他完成了什么（这件事）都很重要。

为了防止句子头重脚轻，主语从句常常采用“形式主语”的用法，即把形式主语 it 放在句首，真正的主语从句则置于句末。

◇ Whether he finished the task（真正的主语）is very important.

→ It（形式主语）is important whether he finished the task（真正的主语）.

他是否完成了任务（这件事）很重要。

◇ Who finished the task（真正的主语）is very important.

→ It（形式主语）is important who finished the task（真正的主语）.

谁完成了任务（这件事）很重要。

三、宾语从句

基本概念：如果一个句子在复合句中充当宾语，那么它就是宾语从句。

变形过程：

◇ I know it.

我知道这件事。

◇ I know that he finished the task.

我知道他完成了任务。

从句 that he finished the task 替换单词 it 充当句子的宾语，所以是宾语从句。

宾语从句一般由 that, whether, who, what, whatever, when, how, where 等引导。更多例句：

◇ I know whether he finished the task.

我知道他是否完成了任务。

◇ I know who finished the task.

我知道谁完成了任务。

◇ I know how he finished the task.

我知道他是如何完成任务的。

◇ I know when he finished the task.

我知道他何时完成了任务。

◇ I know what he finished.

我知道他完成了什么。

◇ I know why he finished the task.

我知道他为什么要完成任务。

◇ I know where he finished the task.

我知道他在哪里完成的任务。

四、表语从句

基本概念：如果一个句子在复合句中充当表语，那么它就是表语从句。

变形过程：

◇ The most important thing is the apple.

最重要的是这个苹果。

◇ The most important thing is that he finished the task.

最重要的是他完成了任务。

从句 that he finished the task 替换短语 the apple 充当句子的表语，所以是表语从句。

表语从句一般由 that, whether, who, what, whatever, why, when, how, where 等引导。更多例句：

◇ The most important thing is when he finished the task.

最重要的是他什么时候完成任务。

◇ The most important thing is how he finished the task.

最重要的是他如何完成任务。

◇ The most important thing is why he finished the task.

最重要的是他为什么完成任务。

◇ The most important thing is where he finished the task.

最重要的是他在哪里完成的任务。

◇ The most important thing is what he finished.

最重要的是他完成了什么。

◇ The most important thing is whether he finished the task.

最重要的是他是否完成了任务。

五、同位语从句

定义：如果一个句子在复合句中充当同位语，那么它就是同位语从句。所谓同位语，就是对另一个名词或代词进行解释或补充说明的名词（或其他形式）。例如：

◇ We Chinese are brave and hard-working. 我们中国人勤劳勇敢。

解析：Chinese 是 We（我们）的同位语，说明“我们都是中国人”。

◇ She likes my friend Mike. 她喜欢我的朋友迈克。

解析：Mike 是 my friend（我的朋友）的同位语，说明“我的朋友是迈克”。

同位语从句修饰的对象比较有限，通常为 hope, wish, idea, news, fact, promise, opinion, suggestion, truth 等表示消息、信息的名词。同位语从句一般放在它们之后，说明该名词的具体内容。例如：

◇ The fact that he finished the task is important.

他完成了任务这一事实很重要。

解析：说明 fact（事实）的具体内容是"他完成了任务"。

◇ The question whether he will finish the task is important.

他是否会完成任务这个问题很重要。

解析：说明 question（问题）的具体内容是"他是否会完成任务"。

主语从句、宾语从句、表语从句、同位语从句，都是从句在句子中起到了名词（相当于名词分别作主语、宾语、表语和同位语）的作用，所以一般也称为名词性从句。

六、状语从句

定义：如果一个句子在复合句中充当状语，那么它就是状语从句。状语一般起副词的作用，所以状语从句也叫副词性从句。根据其作用不同，可以分为时间、地点、原因、条件、目的、结果、让步、方式和比较等状语从句。

- **时间状语从句**

  He finished the task before you came.

  他在你来之前完成了任务。

- **地点状语从句**

  He finished the task where he lives.

  他在他住的地方完成了任务。

- **原因状语从句**

  He finished the task because it was his duty.

  他完成了任务，因为这是他的职责。

- **目的状语从句**

  He finished the task so that he could earn more money.

  他完成任务是为了能赚更多的钱。

- **结果状语从句**

  He finished the task so well that the factory gave him a reward.

  他的工作完成得如此出色，因此工厂给了他奖励。

- **条件状语从句**

  He will finish the task if he gets enough support.

  如果得到足够的支持，他将会完成这项任务。

- **让步状语从句**

  He will finish the task even though he doesn't get enough support.

  即使没有得到足够的支持，他也将会完成这项任务。

- **比较状语从句**

  He finished the task better than I did.

  他比我更出色地完成了这项任务。

- **方式状语从句**

  He finished the task so well as if it were more important than his life.

  他如此出色地完成了任务，仿佛这项任务比他的生命还重要。

以上是对主要从句类型的总结。总体而言，从句知识的复杂程度比非谓语动词和时态稍低，只要牢记基本原理——**充当什么成分，就是什么从句**，同时多结合例句学习，理解起来问题就不大。同样，如果没有考试等硬性要求，就无须花太多时间记各种规则（例如什么时候加 that，什么时候不加 that 等），有疑问临时查询即可。

本篇回顾

- 简述简单句到复合句的变形过程。
- 英文多长句，中文多短句。
- 从句和其他各种后置成分的存在，是英文长难句形成的主要原因之一。
- 说说形容词性从句、名词性从句、副词性从句的定义和区别。

“恶人先告状”用英文怎么说?

一说到“恶人”，很多人第一时间想到的英文表达可能是bad people（坏人）。但事实上，英语中的villain这个单词就可以表示我们常说的坏蛋、恶棍，或者小说、电影、戏剧中的反派角色。例如:

Frank is a seedy local **villain**.

弗兰克是当地一个声名狼藉的恶棍。

He played a **villain** in that movie.

他在那部电影中扮演一个坏蛋。

而“恶人先告状”可以解释为“恶人在被控告之前，自己先做了控告者（去控告别人）”，然后再翻译:

The **villain** becomes the accuser even before being accused.

恶人在被控告之前，自己先做了控告者。

知识补充：简单句、并列句、复合句

简单句是英文中最基本的句型，在它的基础上，可以变化出两种句型——复合句和并列句。

复合句在前文已经详细讲解过——当简单句中的某个成分由单词或短语替换为句子时，这个简单句就变成了复合句。例如“主谓宾”结构的简单句“I know it.”如果把它的宾语由单词 it 替换成句子 Mike did it（迈克做了这件事），整句话变成“I know Mike did it.（我知道迈克做了这件事。）”，它就从简单句变成了复合句。新加入的句子 Mike did it 就变成了这个复合句的从属子句，简称从句。由于主句和从句彼此是“主从关系”，所以复合句也被称为主从复合句。

并列句由两个或两个以上简单句用连词连接在一起组成。例如：I know it, and you know it.（我知道，你也知道。）这个并列句是由 and 将两个简单句 I know it 和 you know it 连接在一起组成的，且这两个简单句之间不是主从关系，而是并列关系。即：

并列句 = 简单句 A + 并列连词（and, or, but 等）+ 简单句 B

简单句、并列句和复合句是英文中的三大句型。它们的关系是：

简单句：最基本的句型，不能拆分；

并列句：简单句 + 连词 + 简单句，不分主次；

复合句（主从复合句）：主句 + 从句（在主句中充当某个成分）。

（**注意**：简单句、并列句和复合句是英文的三大句型，而之前学过的五大基本句型，是简单句的基本句型。）

07 三步分析法，搞定长难句就看这一篇

讲完了时态、非谓语动词和从句，我们再来攻克一个难点：长难句分析。一旦攻克长难句，就意味着你几乎没有读不懂的英文句子。从某种意义上说，它可以算是语法和阅读学习的阶段性终点，所以一定要认真对待。首先，我们来复习一下长难句的形成过程。先看一个简单句：

◇ 玛丽喜欢秋千。

Mary	likes	swings.
主语	谓语	宾语

加入一些简单的修饰成分：

◇ 可爱的小玛丽非常喜欢漂亮的秋千。

Cute	little	Mary	likes	beautiful	swings	very much.
定语	定语	主语	谓语	定语	宾语	状语

加入修饰成分后，句子信息更丰富了，但这还算不上长难句。因为它添加的成分都是单词，既不复杂，也不够多，直接按照顺序翻译就能轻松理解。接下来再加入一些更复杂的成分：

◇ 可爱的小玛丽，她的妈妈在一家工厂工作。她非常喜欢公园里那些为孩子设计的花了很多钱建造的漂亮秋千。

Cute	little	Mary	whose mother works in a factory	likes	the beautiful	swings
定语	定语	主语	定语从句（新添加）	谓语	定语	宾语

in the park,	designed for children,	which cost a lot of money	very much.
定语（新添加）	定语（新添加）	定语从句（新添加）	状语

愉悦学英语

很明显，这一轮添加之后，句子看起来难多了，一下子就有了长难句的感觉。为何如此呢？还是同样的原因——**英语语法中，和中文截然不同的部分，就难。和中文相似或完全一致的部分，就简单。**新添加的这些后置成分，恰恰是中英文最大的不同之一——中文中几乎所有的定语都放在被修饰对象之前，英语中的定语则可前可后。不仅如此，在英语中，前置的定语往往以单词为主，比较短，而后置定语则以短语和从句为主，比较长，这就导致英文句子经常前短后长，造成和中文完全不同的阅读体验，难度瞬间大增。

英文：

被修饰对象

beautiful swings in the park, designed for children, which cost a lot of money

前置定语
（以单词为主，较短）

后置定语
（以短语和从句为主，较长）

中文：

被修饰对象

公园里的 为孩子设计的 花了很多钱建造的 漂亮秋千

定语全部均前置

鉴于以上原因，想要理解英语长难句，必须先弄懂后置定语。常见的后置定语形式一般有三种：非谓语动词、介词短语和从句。

（一）介词短语作后置定语

由 on, in, at, by, with, about, until, over, after, before 等构成的短语，如：

◇ an apple on the table 桌上的苹果

◇ a bed in the room 房间里的床

◇ swings in the park 公园里的秋千

（二）非谓语动词短语作后置定语（三种情况）

1. 过去分词短语作后置定语

◇ a trip organized by Mike 一次由迈克组织的旅行

◇ swings designed for kids 为孩子设计的秋千

注意：

过去分词和其他短语合在一起，一般作后置定语。但是单个的过去分词则往往用作前置定语。例如 an organized trip（一次有组织的旅行），organized 作形容词时，意思是“有组织的，有安排的”，单独充当前置定语。

2. 现在分词短语作后置定语

◇ the years following Mike's death 迈克死后的几年

同样，单个的现在分词一般充当前置定语，例如 the following years（随后的几年）。现在分词 following 作前置定语，修饰 years，意思是“接下来的，随后的”。

3. 不定式作后置定语

◇ something to drink 喝的东西

◇ trains to arrive 即将到来的火车

由于不定式结构为 to do，本身就是两个单词构成的短语，所以只能后置。

（三）从句作后置定语

由 that, which, who, whom, whose, where, when, why 等引导的定语从句，如：

◇ the boy who lives next door 住在隔壁的男孩

◇ a place where you can have fun 一个你可以玩得开心的地方

◇ swings which cost a lot of money 花很多钱（建造）的秋千

为了在长难句中迅速找到这些后置定语，可以把它们开头的第一个单词作为“关键标志”。所以，以上三种后置定语出现时的关键标志分别是：

介词：on, in, at, by, with, about, until, over, after, before 等

非谓语动词：to do, doing, done

从句的引导词：that, which, who, whom, whose, where, when, why 等

熟悉了这些关键标志，就能以它们为线索，找出长难句中散落各处的后置定语，然后顺藤摸瓜，找到它们修饰的对象（主要是主语和宾语），明确“谁修饰谁”，从而确定句子的主干（主语、谓语、宾语）和修饰成分（定语、状语、补语等），这是分析长难句最重要的一步操作。

方法讲完了，现在我们来尝试学以致用。读下面的句子，寻找其中后置定语的关键标志并用笔标注出来。

◇ Cute little Mary whose mother works in a factory likes the beautiful swings in the park, designed for kids, which cost a lot of money very much.

刚刚讲过的句子也要拿来练习？没错，千万别轻敌，你不一定能做对！来看看答案：

Cute little Mary <u>whose</u> mother works <u>in</u> a factory likes the beautiful swings <u>in</u> the park, <u>designed</u> for kids, <u>which</u> cost a lot of money very much.

加下划线的单词都是“可能的”后置定语的关键标志

接下来请翻译全句，注意把握“英文多长句，中文多短句”的原则以及后置成分的位置调整。（不要口头翻译，动手写下来！）

全句翻译：______________________________

____

参考译文一：

可爱的小玛丽，她的妈妈在一家工厂工作。她非常喜欢公园里那些为孩子设计花了很多钱建造的漂亮秋千。

参考译文二：

可爱的小玛丽，她的妈妈在一家工厂工作。她非常喜欢公园里的漂亮秋千，那些秋千是为孩子设计的，花了很多钱建造。

“参考译文一”虽然已经把英文的长句分割成了三个短句，但它的第三个短句仍显得有点长，可以进一步分割。由此可得到“参考译文二”，简洁明了，更符合中文的表达习惯。

不知道你发现没有，一旦在脑海中建立了“后置”的概念，曾经复杂无比的长难句好像一下子就没那么绕了。因为你会时刻小心那些后置的成分，随时准备把它们的位置提前。后置成分一旦提前，阅读顺序就和中文一样了，难度瞬间减小。毫不夸张地说，弄清了后置问题，长难句分析就成功了一半。

另外，并非所有通过关键标志找到的后置成分都是后置定语。例如句中第二个关键标志 in，它引出的介词短语 in a factory 并不是后置定语，而是后置地点状语，修饰它前面的动词 works，用来说明玛丽妈妈工作的具体地点。而 whose mother works in a factory 是一个定语从句，这个从句作为后置定语修饰全句的主语 Mary。事实上，**状语后置和定语后置一样，也是中英文的主要区别之一，翻译时同样要把它调整到所修饰的谓语动词之前**（从 works in a factory 变成“在工厂工作”，地点状语“在工厂”提前了）。所以，不管是后置定语，还是后置状语，只要是通过关键标志找到的后置成分，都要在翻译时考虑将其前置，以使其更加符合中文的表达习惯。

“热身”完毕，进入实战。读下面这个长难句，试着找出它的主干（主语、谓语动词、宾语）和修饰成分（定语、状语等）并翻译全句。不确定的短语务必查询词典。如果感到困难，可反复多次阅读，然后给出最佳翻译。

◇ The great interest in exceptional children shown in public education over the past three decades indicates the strong feeling in our society that all citizens, whatever their special conditions, deserve the opportunity to fully develop their capabilities.

句子主干（主、谓、宾）：________________

主语的修饰成分：________________

____

宾语的修饰成分：________________

____

全句翻译：________________

____

____

得出翻译后，我们先不核对答案，而是来看看长难句三步分析法，和你刚才的翻译过程有没有相同之处。

一、通读全句，查询生词含义，按照顺序初步翻译

很多人认为，既然要分析长难句，一上来肯定就是拆分句子，直接找关键标志，寻找后置成分。其实不然。不管句子长短，第一步都应该是**先通读几遍，查询生词含义，看看能不能一口气翻译出来**。因为就算是结构复杂的长难句，只要把各部分含义查清楚，按照顺序连起来，得出的大意都不会偏离原意太远。以上面的句子为例，查出每部分含义后，得出未经整理的大意如下：

The great interst	in exceptional children	shown in public education
巨大兴趣	对残疾儿童	公共教育中展现出的

over the past three decades	indicates the strong feeling
在过去的30年中	表明了一种强烈的感觉

in our society	that all citizens,	whatever their special conditions,
在我们的社会中	所有公民	不管其情况有多特殊

deserve the opportunity	to fully develop their capabilities.
应享有机会	去充分发展他们的能力

虽然稍显凌乱，但大意已经有些眉目了，这就是“查询含义，按照顺序翻译”的效果。所以大家在练习初期一定要勤动笔，把查出的含义和得出的翻译都一句一句地写在纸上，方便前后文的对比和串联。而不是全程在大脑中进行，这样容易顾此失彼，刚刚译完后面一句，就已经把前面的忘记了。

二、以关键标志为线索，确定“谁修饰谁”，找出句子主干

终于轮到关键标志出场了！得出句子大意之后，接下来要做的就是精细调整，把混乱的中文翻译理顺。为此你首先要找出句子的主干（主语、谓语动词、宾语）和修饰成分（定语、状语等），确定“谁修饰谁”。先来回顾三

种常见后置成分的关键标志：

介词：on, in, at, by, with, about, until, over, after, before 等

非谓语动词：to do, doing, done

从句的引导词：that, which, who, whom, whose, where, when, why 等

再次阅读下面的长难句，用笔标注出关键标志，找出其相应的后置成分。

◇ The great interest in exceptional children shown in public education over the past three decades indicates the strong feeling in our society that all citizens, whatever their special conditions, deserve the opportunity to fully develop their capabilities.

来看看参考答案：

The great interest in exceptional children shown in public education over the past three decades indicates the strong feeling in our society that all citizens, whatever their special conditions, deserve the opportunity to fully develop their capabilities.

标记颜色的单词就是关键标志，和它一起标注下划线的就是后置成分。马上对它们进行逐一分析，分析时注意对照原句。

找到介词 in，定位到介词短语 in exceptional children（对残疾儿童）

找到过去分词 shown，定位到非谓语动词短语 shown in public education（公共教育中展现出的）

找到介词 over，定位到介词短语 over the past three decades（在过去的 30 年中）

在句子的前半部分，以上三个后置成分紧挨着出现，意味着它们很可能修饰同一个名词，此时可以对照中文翻译做进一步的验证。

◇ The great interest　in exceptional children　shown in public education

巨大的兴趣　　对残疾儿童　　公共教育中展现出的

over the past three decades

在过去的 30 年中

假设它们都是后置定语，修饰最前面的名词 interest（兴趣），再加上 interest 在整句中的位置非常靠前，基本可以确定它就是全句的主语。但是“巨大的兴趣，对残疾儿童，公共教育中展现出的，在过去 30 年中”明显不通顺，需要把后置成分提到主语之前，并调整三个短语的顺序。

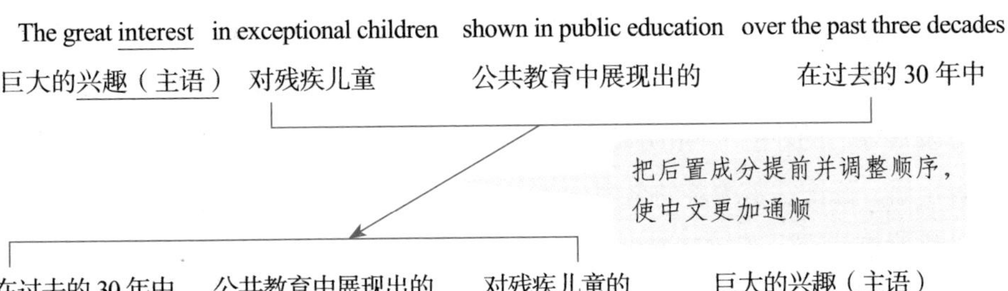

最终得出翻译：在过去的 30 年中，公共教育中展现出的对残疾儿童的巨大的兴趣。基本通顺，顺利完成。

确定主语后，再用同样的方式找到宾语。

> 找到介词 in，定位到介词短语 in our society（在我们的社会中）
>
> 找到从句引导词 that，定位到从句 that all citizens, whatever their special conditions, deserve the opportunity to fully develop their capabilities（所有公民，不管其情况有多特殊，应享有机会去充分发展他们的才能）
>
> 找到介词 to，定位到不定式短语 to fully develop their capabilities（去充分发展他们的才能）

需要注意的是，从 that 开始的整个从句 that all citizens, whatever their special conditions, deserve the opportunity to fully develop their capabilities（所有公民，不管其情况有多特殊，应享有机会去充分发展他们的才能），虽然看起来很长很复杂，但按照顺序翻译下来，很容易理解，所以暂时无须调整。

找到了以上几个后置成分，再往前找名词，基本可以确定介词 in 前面的名词 feeling（感觉）就是它们修饰的宾语，进而得出宾语及其修饰成分是：

the strong feeling(宾语) in our society that all citizens, whatever their special conditions,

强烈的感觉 在我们的社会中 所有公民，不管其情况有多特殊

deserve the opportunity to fully develop their capabilities.

应享有机会去充分发展他们的才能

一口气读下来还比较通顺，暂时不调整。

有一点必须强调——并非所有的后置成分都修饰全句的主语或宾语，它也有可能修饰离它最近的某个成分，这个成分再去修饰主语或宾语。例如这里的 deserve the opportunity to fully develop their capabilities（应享有机会去充分发展他们的才能），很明显，不定式短语 to fully develop their capabilities 作为后置定语，修饰它紧挨着的名词 opportunity（机会），表示机会的具体内容，而不是修饰更前面、距离更远的全句宾语 feeling（感觉）。所以，在通过关键标志找到后置成分之后，一定要前后反复对比，看看它具体修饰的是谁。

that 引导宾语 feeling 的同位语从句

the strong feeling（全句宾语） in our society（宾语 feeling 的定语） that all citizens（从句的主语）,

whatever their special conditions, deserve（从句的谓语动词） the opportunity（从句的宾语）

to fully develop their capabilities（从句宾语 opportunity 的后置定语）

宾语 feeling 及其修饰成分的详细分析

> 注：从 that 到全句结尾，都是 that 所引导的同位语从句，用来修饰 feeling，说明感觉的具体内容。而在这个从句中，主语是 citizens，谓语动词是 deserve，宾语是 opportunity，从句主干是 citizens deserve the opportunity。

确定了全句的主语 interest（兴趣）和宾语 feeling（感觉），就可以在它们之间寻找谓语动词了。在主语的最后一个后置修饰成分 over the past three decades 之后，紧跟了一个动词的第三人称单数形式 indicates（表明）。动词

的“三单”形式不属于非谓语动词，那么它很可能就是全句的谓语动词。把它和主语、宾语组合一下，得出全句的主干（主谓宾）是：

The interest	indicates	the feeling
主语	谓语	宾语
兴趣	表明了	感觉

“兴趣表明了感觉”，读起来还挺通顺。加上各种修饰，推测全句大意应该是“什么样的兴趣表明了什么样的感觉”。

三、串联全句，调整语序，精确含义，得出翻译

通过第二步，我们找出了句子的主干和修饰部分，推测了全句大意，接下来需要做最后的调整。目前我们已经确定的信息有：

主语部分：在过去的 30 年中，公共教育中展现出的对残疾儿童的巨大兴趣

谓语动词：表明（了）

宾语部分：强烈的感觉，在我们的社会中，所有公民，不管其情况有多特殊，应享有机会去充分发展他们的才能

全句主干（主谓宾）：兴趣表明了感觉

全句大意：什么样的兴趣表明了什么样的感觉

结合英文原文，对以上信息进行串联、调整，得出你最满意的翻译，写在下面的横线上。

The great interst	in exceptional children	shown in public education
巨大兴趣	对残疾儿童	公共教育中展现出的

over the past three decades	indicates the strong feeling
在过去的30年中	表明了一种强烈的感觉

in our society	that all citizens,	whatever their special conditions,
在我们的社会中	所有公民	不管其情况有多特殊

deserve the opportunity	to fully develop their capabilities.
应享有机会	去充分发展他们的能力

来看看参考答案：

在过去的30年中，公共教育中展现出的对残疾儿童的巨大关注表明了我们社会中的一种强烈态度，那就是所有公民，不管其情况有多特殊，都应享有充分发展其能力的机会。

不知你注意到没有，除了调整词语顺序，interest的译文也从“兴趣”改为了“关注”，feeling从“感觉”改为了“态度”。这是因为翻译必须考虑上下文的搭配，说公共教育对残疾儿童展现出兴趣，并表明了社会的某种感觉，稍显用词不当，需要进一步精确含义。通过查词典，发现interest除了表示“兴趣”之外，还可以表示“关注”；而feeling除了表示“感觉”之外，还可以表示“态度”。把它们放入句子中，得出“关注表明了态度”，明显比“兴趣表明了感觉”更符合句意，所以做出调整。

另外，如果你觉得“公共教育中展现出的对残疾儿童的巨大关注表明了我们社会中的一种强烈态度”仍然太长，读起来费劲，不符合中文多短句的特点，也可以把它进一步拆分，得出：

在过去的30年中，公共教育展现出了对残疾儿童的巨大关注。这表明在我们的社会中，存在着一种强烈的态度，那就是所有公民，不管其情况有多特殊，都应享有充分发展其能力的机会。

和上面的译文对比，你更喜欢哪一种呢？注意：翻译不存在唯一的标准答案，只要能把句子解释得通顺、简洁、清楚，就算合格。

此外，在翻译过程中，并非所有的后置成分都一定要提前。提前了读起来更顺，就提前，否则就原地不动，直接按照顺序翻译。简言之，始终要优先考虑符合中文的表达习惯。以刚才句子的宾语部分而言：

◇ the strong feeling in our society that all citizens, whatever their special

宾语　后置成分1　后置成分2

conditions, deserve the opportunity to fully develop their capabilities

后置成分 2

只有介词短语 in our society（在我们的社会中）被提到了宾语 feeling（态度）的前面，翻译为“在我们的社会中，存在着一种强烈的态度”。后面由 that 引导的从句的译文则仍然放在最后。因为这部分内容全部按照顺序翻译，读起来十分通顺，所以无须改动。

◇ 在我们的社会中，存在着一种强烈的态度，那就是所有公民，不管其

后置成分 1 提到了宾语 feeling 之前　　宾语 feeling　　后置成分 2 不动

情况有多特殊，都应享有充分发展其能力的机会。

后置成分 2 不动

如果把后置成分 2 强行提到宾语 feeling 前，整个宾语部分的译文则修改为：

◇ 在我们的社会中，存在着一种强烈的所有公民，不管其情况有多特

后置成分 1　　后置成分 2

殊，都应享有充分发展其能力的机会的态度。

后置成分 2　　宾语 feeling

很明显，前置定语太长，可读性差，并不符合中文的习惯。

以上就是完整的长难句分析过程了。综合来看，面对一个长难句时，你需要做好三步：

1. 通读全句，查询生词含义，按照顺序初步翻译。

2. 以后置成分的关键标志为线索，找出句子主干和修饰部分，确定“谁修饰谁”。

3. 串联全句，调整语序，找准精确的含义，得出翻译。

在分析过程中，需要特别注意的有三点：

1. 查询生词的含义非常重要，生词含义确定了，就能理解句子大意。

2. 中英文句子的基本结构相似，所以能按照顺序翻译时就直接翻译；如果不能，就调整语序，始终要优先考虑符合中文的表达习惯。翻译过程中重点关注后置成分的提前。

3. 后置成分有可能直接修饰全句的主语或宾语，也有可能修饰离它最近的某个成分，一定要准确判断，找准“谁修饰谁”。

以上分析过程，是一个掰开了揉碎了、极为细致的过程，对语法和阅读基础较好的学习者，可能会显得太过啰唆。但是我认为，为了把方法彻底讲清楚，这种细致的讲解是有必要的。当然，掌握方法只是万里长征第一步，你还需要进行大量的长难句分析训练，才能实现量变到质变的飞跃，最终实现秒懂长难句。

从目标角度而言，对大多数人来说，秒懂长难句的能力其实并非必需，毕竟不是每个人都要阅读原版的英文材料。我的建议是，如果你对英文阅读并不感兴趣，又没有学习、工作上的硬性需求，练到“能正确分析长难句”就足够，不需要达到秒懂的程度。

至此，英语语法的几大难点——句型结构、时态、非谓语动词、从句以及长难句分析，就全部讲解完毕了。需要强调的是，本书语法讲解更侧重概念和结构的分析，以及和中文语法的对比，而不在于知识细节的罗列（我在讲解时很多时候都只给出了简单的例句）。我希望大家可以借助这些讲解和分析，加上自己的思考，在脑海中建立清晰、明确的关于英文句型和成分（句子主干和修饰成分）的基本概念。如果还想进一步全面、系统地掌握语法，也可以选一本语法书来学习。

本篇回顾

- 定语的位置，是中英文最大的区别之一。中文的定语基本都前置，而英文的定语可前可后，且后置定语往往较长，这也是英文长难句形成的主要原因之一。
- 在脑海中建立后置成分的概念，是长难句分析的关键。
- 简述英文中三种常见后置定语的形式和各自的关键标志。
- 后置成分不一定修饰全句的主语或宾语，也可能就近修饰。
- 翻译长难句时，所有的后置成分都要提前吗？

英语园地

“真麻烦”用英文怎么说?

有些英语表达，乍一看挺简单的，可仔细琢磨，又很难说出满意的答案。“真麻烦”的英文表述就是如此。有些人可能会想到troublesome（引起麻烦的，令人讨厌的），但事实上外国人很少使用这个单词。这里Yuyu老师推荐三种可以表示“真麻烦”的地道用法：

- trouble，作为名词有“费事，麻烦，不便”之意

  Washing dishes is so much **trouble**.

  洗碗太麻烦了。

- hassle <非正式>麻烦，困难

  Driving is so much **hassle**.

  开车太麻烦了。

- annoying 令人恼火的，令人烦躁的

  Removing makeup is really **annoying**.

  卸妆真的太麻烦了。

愉悦学英语

Chapter 06

第六章

阅读与写作

01 决定阅读能力的两大因素

虽然在人们的普遍印象中，国内的英语教育“重书面而轻口语”，但事实上，我们的英语阅读能力同样有待提高。雅思官方近年发布的雅思全球数据报告中，中国考生参加雅思 A 类考试的口语平均分为 5.4 分（满分 9 分），位列第 39 位。而我们的阅读平均分为 6.2 分，虽然比口语成绩略好，但排名也不高，仅排在第 23 位。也就是说，我们并不是“口语弱，阅读强”，而是“口语弱，阅读比口语稍好，但也不算强”。事实上，大多数人不管是看英语新闻，还是读外刊文章或英文原版书，都比较吃力，遇上生词和长难句较多的材料甚至根本无从下手。

那么问题来了，想提升阅读能力，究竟该从哪些方面入手？借助三道翻译题，我们来把问题说清楚。现在，请快速口头翻译以下三段话。

1）Off we go.

2）The great interest in exceptional children shown in public education over the past three decades indicates the strong feeling in our society that all citizens, whatever their special conditions, deserve the opportunity to fully develop their capabilities.

3）I spent an evening in the dressing room of Howard Thurston the last time he appeared on Broadway—Thurston was the acknowledged dean of magicians. For forty years he had traveled all over the world, time and again, creating illusions, mystifying audiences, and making people gasp with astonishment. More than 60 million people had paid admission to his show, and he had made almost $2 million in profit.

参考译文

1）off we go.

我们出发吧。

2）The great interest in exceptional children shown in public education over the past three decades indicates the strong feeling in our society that all citizens, whatever their special conditions, deserve the opportunity to fully develop their capabilities.

在过去的30年中，公共教育展现出了对残疾儿童的巨大关注。这表明在我们的社会中存在着一种强烈的态度，那就是所有公民，不管其情况有多特殊，都应享有充分发展其能力的机会。

3）I spent an evening in the dressing room of Howard Thurston the last time he appeared on Broadway—Thurston was the acknowledged dean of magicians. For forty years he had traveled all over the world, time and again, creating illusions, mystifying audiences, and making people gasp with astonishment. More than 60 million people had paid admission to his show, and he had made almost $2 million in profit.

霍华德·瑟斯顿是家喻户晓的魔术师。40年来，他的表演足迹遍布世界的每个角落，他那奇幻的创作一次又一次地让观众叹为观止。有超过6000万观众观看过他的表演，他亦从中获利近200万美元。在他即将在百老汇舞台上谢幕之际，我有幸在化妆间和他畅谈了一个夜晚。

第一句Off we go，意思是“我们出发吧”。其中go off是短语，表示“离开，出发，动身”。该句使用了倒装的手法，它原本的顺序应该是we go off，这里把off提前，强调离开的趋势，因为off本身最常用的意思就是“离开，出发”。这个句子特别短，如果你不会翻译，要么是因为不知道go off的含义，要么是不熟悉倒装的用法。第二个长难句我在语法部分重点讲解过。第三个句子摘自戴尔·卡耐基经典励志著作《人性的弱点》，介绍了一位家喻户晓的魔术师。现在，请重读一遍第二句和第三句。这一次，为了降低难度，我会在句中标出部分生词的含义。

◇ The great interest（巨大关注）in exceptional children（对残疾儿童的）shown in public education over the past three decades indicates（表明）the strong feeling（态度）in our society that all citizens, whatever their special conditions, deserve the opportunity to fully develop their capabilities（发展他们的能力）.

在过去的 30 年中，公共教育展现出了对残疾儿童的巨大关注。这表明在我们的社会中存在着一种强烈的情绪，那就是所有公民，不管其情况有多特殊，都应享有充分发展其能力的机会。

◇ I spent an evening in the dressing room（化妆间）of Howard Thurston the last time he appeared on（在……上出现，登场）Broadway（百老汇）—Thurston was the acknowledged（公认的，被普遍认可的）dean（资深从业者）of magicians（魔术师）. For forty years he had traveled all over the world, time and again（屡次，常常）, creating illusions（幻象）, mystifying（使……大为惊奇）audiences（观众）, and making people gasp（倒抽气）with astonishment（令人惊讶的事物）. More than 60 million people had paid admission（门票费）to his show, and he had made almost $2 million in profit（利润，收益）.

在霍华德·瑟斯顿即将在百老汇舞台上谢幕之际，我在化妆间和他畅谈了一个夜晚。瑟斯顿是家喻户晓的魔术师。40 年来，他的表演足迹遍布世界的每个角落，他那奇幻的创作一次又一次地让观众叹为观止。有超过 6000 万观众观看过他的表演，他亦从中获利近 200 万美元。

不知道你感受到没有，在标出生词含义的情况下，上面两个长句的阅读难度都明显降低了。也就是说，面对长难句，哪怕你完全不会分析它的语法结构，只要有单词含义的提示，理解起来也更容易。就算是短句 Off we go，如果你知道 off 的意思是“离开”，go off 作为短语表示“出发，离开”，就算不知道 off 提前这种倒装的用法，也能大致猜出它的含义。由此我们可以得出结论——决定英文阅读能力最重要的因素是词汇量。从理论上说，认识的单词越多，阅读能力就越强。哪怕不会分析语法结构，只要单词都认识，就有可能读懂句子。除了词汇量之外，决定阅读能力的另一个重要因素是语法能力，只有具备过硬的语法知识，会分析语法结构，才能对复杂的句子抽丝剥茧，避免出现每个单词都认识、连成句子却看不懂的情况。一言以蔽之，决定阅读能力的两大因素就是：**词汇量和语法能力。**

另外，尽管我们一再强调长难句的重要性，但在很多原汁原味的英文材料中，长难句其实并不多。如果你留意过英文电影的台词对白，就会发现其中包含大量地道、简洁的短句。以前文提过的句子为例：

◇ Thurston was the acknowledged（公认的，被普遍认可的）dean（资深从业者）of magicians（魔术师）. For forty years he had traveled all over the world, time and again（屡次，常常）, creating illusions（幻象）, mystifying（使……大为惊奇）audiences（观众）, and making people gasp（倒抽气）with astonishment（令人惊讶的事物）.

乍看起来似乎颇有难度，但仔细分析后就会发现，它的语法结构并不复杂，其难度主要来自 acknowledged，dean，illusions，mystifying，gasp 等生词。再看第一个句子 Thurston was the acknowledged dean of magicians（瑟斯顿是家喻户晓的魔术师），从语法上说，就是“A is B”，这是一个“主系表”结构的简单句。这才是英语原版材料的真正模样——并不全是长难句，也不全是短句，而是长短结合、合理搭配。归根结底，句子是为表达服务的，没有哪个作者会刻意追求复杂的长难句而不顾文章的可读性。

明确了决定阅读能力的两大关键因素，解决问题的方向就清晰了。想要提高阅读水平，你需要：1）提高词汇量；2）提升语法能力。如何提高？常规的方法当然是紧跟一套教材学习。所有成熟的教材都会搭配循序渐进的单词和语法知识点。除此之外，如果你想专门提高阅读能力，并不着急口语或听力的学习，最好的办法之一就是做“精读”练习。具体如何操作？读什么？怎么读？碰到生词要不要查词典？能不能看中文翻译？读完后又该如何复习？我在后文会把这些问题一一说清楚。

本篇回顾

- 决定阅读能力的两大关键因素：1）词汇量；2）语法能力。
- 你的阅读能力如何？“口语弱，阅读强”是一个准确的评价吗？

英语园地

中英文表达对比（一）

- 全力以赴：fight tooth and nail（牙齿和指甲一起博斗）
- 鱼米之乡：a land of milk and honey（遍是牛奶和蜜糖的土地）
- 老夫少妻：January and May（一月和五月）
- 拆东墙补西墙：rob Peter to pay Paul（抢了皮特的钱给保罗）
- 风马牛不相及：apples and oranges（苹果和橙子）
- 有钱能使鬼推磨：money talks（钱会说话）
- 青梅竹马：childhood sweetheart（童年时的爱人）
- 班门弄斧：teach fish how to swim（教鱼游泳）
- 纸上谈兵：be an armchair strategist（空想的战略家）
- 有勇无谋：use brawn rather than brain（用肌肉不用脑）

02 做好精读，快速提高阅读能力

在前文中，我们明确了决定阅读能力的两大关键要素——词汇量和语法。在此我会以英语外刊中的一篇文章节选作为材料，详细讲解可以快速、有效地提高阅读能力的方法——精读法。大家务必跟随我的指引，认真完成每一步操作。

一、通读全文，理解大意，标记难点

拿到文章后，把全文通读一遍，尽量理解大意。碰到无法理解的单词、短语、句子或语法，尝试联系上下文猜测其含义，但无须反复琢磨，先做好标记。

二、每段精读，弄懂难点，连接全文

精读每一段，借助词典和搜索引擎，逐一查询标记的所有难点。运用之前讲过的查词典和分析长难句的方法，即对于不懂的单词和短语，要将查询的含义放进原文，找出最合适的翻译；不熟悉的表达可以利用搜索引擎查询，看看有没有特定的文化背景或词语来源；长难句要分析句子结构，找出“主谓宾”和各自的修饰成分。如果时间允许，可以把整段翻译成中文并写下来。全部段落操作完毕后，再次通读全文，尝试把各段落含义连接起来，抓住文章的整体行文思路。

现在，请按照以上两步操作讲解，完成下面这篇文章的精读。

Gen Z and work

What graduates want

More flexibility, more security—and more money

Generation Z is different.

As a whole, Americans born between the late 1990s and early 2000s are less likely to have work or look for it: their labour-force-participation rate is 71%, compared with 75% for millennials (born between 1980 and the late 1990s) and 78% for Generation X (born in the decade or so to 1980) when each came of age.

As a result, they make up a smaller share of the workforce. On the other hand, they are better educated: 66% of American Gen-Zs have at least some college. The trend is similar in other rich countries.

What Generation Z want from employers is also not quite the same as in generations past.

Start with their broad preferences. Although Gen-Z recruits felt more lonely and isolated than their older colleagues at the start of the pandemic, the ability to work remotely has unearthed new possibilities. The benefits go beyond working in your pyjamas. Many are taking calls from beach chairs and hammocks in more exotic locales or fleeing big cities in search for cheaper or larger homes.

Some graduates may instead opt for other high-tech sectors that seem less vulnerable to economic swings. Drugmakers at the forefront of developing anti-aging drugs are finding particular favour. Pharmaceutical companies in this category shot up in the rankings of most attractive employers last year. Some of them even doubled their intake of high-school and university graduates in 2021.

The best thing firms can do to attract young talent is to cough up more money. According to Universum, some earlier Gen-Z hobby horses such as an employer's commitment to diversity and inclusion or corporate social responsibility have edged down the list of American graduates' priorities. A competitive base salary and high future earnings have edged up. Banks such as JPMorgan Chase, Goldman

Sachs and Citigroup, and management consultancies including McKinsey and BCG have bumped first-year analysts' annual pay up to $100,000. Law firms have been raising their starting salaries. BP, a British energy giant, offers recent graduates sign-on bonuses of as much as ￡5,000 ($6,000) and discounts on cars. Money isn't everything. But it's something.

三、核对答案

音频6-1

（Yuyu 老师讲解阅读）

读下面的文章翻译及重难点生词解析，同时听我的讲解，订正你的笔记和翻译。

Gen Z and work
What graduates want
More flexibility, more security—and more money

Generation Z is different.

As a whole, Americans born between the late 1990s and early 2000s are less likely to have work or look for it: their labour-force participation rate is 71%, compared with 75% for millennials (born between 1980 and the late 1990s) and 78% for Generation X (born in the decade or so to 1980) when each came of age.

As a result, they make up a smaller share of the workforce. On the other hand, they are better educated: 66% of American Gen-Zs have at least some college.The trend is similar in other rich countries.

Z 世代与就业
毕业生们想要什么
更具灵活性，更多安全感，更高的工资

Z 世代很不同。

总体而言，20 世纪 90 年代末到 21 世纪初出生的美国人找到工作或出去找工作的可能性更小，他们的劳动力参与率为 71%，而千禧一代（1980 年到 20 世纪 90 年代末出生）成年后的参与率为 75%，X 一代（1965 年到 1980 年出生）成年后的参与率为 78%。

因此，他们在劳动人口中的占比也更小。另一方面，他们受教育程度更高，66% 的美国 Z 世代至少读过几年大学。其他富裕国家也有类似的趋势。

What Generation Z want from employers is also not quite the same as in generations past.

Z世代对雇主的要求也与过去几代人不太一样。

重难点词汇

Generation Z Z世代，通常指1995年至2010年出生的一代人

flexibility 灵活性

security 安全，安全感

less likely 较少可能，likely为"可能发生的"

labour-force 劳动力；labour为"劳动"，force为"力量"

participation rate 参与率；participation为"参与，参加"，rate为"比率"

millennials 千禧一代，通常指1980年到20世纪90年代末出生的一代人

- 千禧一代和Z世代的区别：千禧一代大致相当于我们常说的"80后，90后"，是见证了互联网快速发展的一代人。而Z世代更接近"95后，00后"，与千禧一代相比，Z世代从有记忆起就处于"有互联网"甚至互联网高度发达的年代，所以也被称为"互联网世代"。

Generation X X世代，也叫"未知世代"，国际上通常指1965年到1980年出生的一代人

come of age 成年，达到法定的成年年龄

make up 组成

workforce 劳动力，劳动人口

some college 上过或正在上大学，但没有上完（辍学或仍在读），目前还没有学位。经常用于求职简历中对于学历的描述。have at least some college就是"至少接受过一些大学教育"，at least为插入语，可以变换位置，即at least have some college或have some college at least。

be the same as 与……一样

Start with their broad preferences. Although Gen-Z recruits felt more lonely and isolated than their older colleagues at the start of the pandemic, the ability to work remotely has unearthed new possibilities. The benefits go beyond working in your pyjamas. Many are taking calls from beach chairs and hammocks in more exotic locales or fleeing big cities in search for cheaper or larger homes.

先从他们广泛的工作喜好说起。尽管在疫情开始时，Z世代的新员工比年长的同事感到更加孤独和孤立无援，但他们远程工作的能力却发掘出了新的可能性。远程工作的好处可不仅仅只有穿着睡衣上班这一条。许多人得以在异国他乡的沙滩椅和吊床上接听电话，或者逃离大城市，寻找更便宜或更大的房屋。

重难点词汇

broad 广泛的，普遍的

preference 偏好，偏爱

recruit 作动词为“招募”，作名词可以表示“招募的新员工”

isolated 孤独的；孤立的

pandemic 大规模的流行病

work remotely 远程工作，remotely 表示“遥远的，远程的”

unearth 发掘，发现，揭露

go beyond 超出，胜过

pyjamas 睡衣

hammock 吊床

exotic 异国风情的

locale 事情发生的地点、现场

flee 逃离

Some graduates may instead opt for other high-tech sectors that seem less vulnerable to economic swings. Drugmakers at the forefront of developing anti-aging drugs are finding particular favour. Pharmaceutical companies in this category shot up in the rankings of most attractive employers last year. Some of them even doubled their intake of high-school and university graduates in 2021.

一些毕业生可能会转而选择其他一些似乎受经济波动影响较小的高科技行业。处于抗衰老药物研发前沿的制药商尤其受到青睐。去年，这类制药公司在最具吸引力雇主排行榜上的排名大幅上升。在 2021 年，其中一些公司甚至把录取的高中和大学毕业生人数增加了一倍。

重难点词汇

opt for 选择某物，opt 为“选择”

high-tech 高科技的

sector 区域，部分，（贸易的）行业

vulnerable 脆弱的，易受影响的

swing 秋千，摇摆，波动。economic swings 就是“经济波动”

drugmaker 制药者，制药商

forefront 最前线，最前沿

anti-aging 抗衰老的

find favour 吃香，获得支持或青睐

particular 格外的，特别的

pharmaceutical 制药的

category 种类，范畴

shoot up 猛增，迅速上升

ranking 排名

intake （食物、饮品等的）摄入量，招收人数

The best thing firms can do to attract young talent is to cough up more money. According to Universum, some earlier Gen-Z hobby horses such as an employer's commitment to diversity and inclusion or corporate social responsibility have edged down the list of American graduates' priorities. A competitive base salary and high future earnings have edged up. Banks such as JPMorgan Chase, Goldman Sachs and Citigroup, and management consultancies including McKinsey and BCG have bumped first-year analysts' annual pay up to $100,000. Law firms have been raising their starting salaries. BP, a British energy giant, offers recent graduates sign-on bonuses of as much as £5,000 ($6,000) and discounts on cars. Money isn't everything. But it's something.

公司吸引年轻人才最好的办法就是砸更多的钱。根据优兴咨询公司的说法，一些早期Z世代热衷讨论的工作偏好，如雇主对多元化和包容性的承诺、企业的社会责任等，已经在美国毕业生的优先考虑事项中排名有所降低。而具有竞争力的基本工资、较高预期收入等的排名则有所上升。摩根大通、高盛集团和花旗集团等银行，以及麦肯锡和波士顿等管理咨询公司已将入职第一年分析师的年薪提高到10万美元。律师事务所也一直在提高起薪。而英国能源巨头BP为应届毕业生提供了高达5000英镑（折合6000美元）的入职奖金和购车折扣。钱当然不是一切，但也相当重要。

重难点词汇

cough up cough 意为“咳嗽”。cough up 作为短语则表示“勉强给出，被迫付出”。cough up money 可以理解为“出血”“砸钱”

Universum 优兴咨询（一家提供调查研究与管理咨询的国际公司）

hobby horse 原本指小孩子的玩具“竹马”，引申含义为“热衷谈论的话题”

commitment 承诺，保证

diversity 多样性

inclusion 包含，包容性

corporate social responsibility 企业社会责任

edge down edge 作为名词表示“边缘”，作为动词则有“缓慢移动”的含义，所以 edge down 作为短语可以表示“逐渐下降”，同理 edge up 表示“逐渐上升”

priority 优先顺序，优先级

base salary 基本工资，底薪

consultancies 咨询公司，consultancy 的复数形式

JPMorgan Chase 摩根大通（著名商业银行）

Goldman Sachs 高盛集团（著名商业银行）

Citigroup 花旗集团（著名商业银行）

McKinsey 麦肯锡（著名咨询公司）

BCG 波士顿咨询公司（著名咨询公司）

bump 碰撞，使突然大幅度提高，使增加

starting salaries 起薪

sign-on bonus 签约奖金，入职奖金，签字费

It's something. 这件事很重要。something 常用来表示某事物具有一定的重要性，nothing 则表示“完全不重要”，everything 则是“极其重要，相当于一切”

四、反复阅读全文，增加熟练度

完成前几步，你对文章的内容已经能做到完全理解，接下来要做的就是加强熟练度——反复阅读文章，直至能够秒懂全部内容。难点部分及其所在的句子要重点多读。

五、复习与合格标准

阅读的复习，以回顾难点为主。我们说过，**要提高阅读能力，词汇量和语法是关键。所以每篇文章的重难点生词、短语和语法，这些都要保证百分之百拿下。**如果时间充裕，也可以通读全文。在复习频率方面，起初可以每半天复习一次，然后逐渐过渡到每天复习一次、隔天复习一次等。通常来说，一篇新学的文章，学习大约三天之后就可以实现流利的阅读，没有一点儿障碍或卡顿。在合格标准方面，你需要做到精读过的文章，任何时候（例如三个月后）回顾都可以秒懂全文，所有的重难点词汇、语法都如同 I don't know 一般简单熟练。阅读速度无限接近中文阅读速度，在阅读过程中可以明显体会到一种熟练、畅快、轻松的感觉，就算复习合格。现在，请阅读以下两个段落，以及前文的《Z 世代与就业》，看看能否达到精读的合格标准。

1. The great interest in exceptional children shown in public education over the past three decades indicates the strong feeling in our society that all citizens, whatever their special conditions, deserve the opportunity to fully develop their capabilities.
2. I spent an evening in the dressing room of Howard Thurston the last time he appeared on Broadway—Thurston was the acknowledged dean of magicians. For forty years he had traveled all over the world, time and again, creating illusions, mystifying audiences, and making people gasp with astonishment. More than 60 million people had paid admission to his show, and he had made almost $2 million in profit.

以上就是一篇英语文章的具体精读方法。除此之外，在阅读的过程中，还有以下几点值得注意：

一、结合听、说、写

面对重难点词汇、句子和语法，不管是新学还是复习，都建议出声朗读。如果文章搭配原声录音，也可以做全文的泛听训练。这样把阅读与听说结合，让文字印象和声音印象同时得到加强，二者相辅相成，记忆的效率更高。如果你还需要提高写作能力，也可以用重难点词汇以及文章中的优质表达做模仿造句练习。例如，翻译下面这段话，尝试用上《Z 世代与就业》中的重难点词汇。

◇ 许多年轻人选择逃离大城市，因为他们想在生活中发掘更多的可能性。金钱和事业固然重要，但并不是一切。

____

____

参考译文：

Many young people opt to flee big cities because they want to unearth more possibilities in their life. Money and career are important, but they're not everything.

（下划线标注部分为重难点表达）

二、选择难度合适的材料

如果你反复通读一篇文章之后，仍然无法理解其大意，甚至感到极为吃力，说明它的生词量或语法难度对你来说过高。虽说下足苦功也能攻克难点并最终拿下，但耗时太久，且阅读体验差。除非这篇文章是你工作或学习中的硬性任务，否则建议换一篇相对简单的材料来练习。材料选择方面，基础稍弱的学习者可以将系统教材的课文作为阅读对象，达到一定水平后，再选择英语外刊文章做精读练习。

三、依托考试

除了学习单独的英语文章和传统的教材之外，你也可以报考一门与自己水平相符的英语考试，如大学英语四六级、雅思、托福、剑桥商务英语

（BEC）等（这些考试都包含阅读部分）。这样可以树立目标，增强学习动力，同时使用的材料也会更有针对性。例如为了达到考纲要求，你需要在短时间内背完与考试相关的单词，这对阅读能力的提高是很有帮助的。

需要注意的是，如果你以通过考试为优先目标，阅读时就无须做到全文理解，而要学会运用一些考试技巧，以实现更高的答题正确率。精读全文的工作可以等到考试结束之后再进行。

四、使用英语阅读 APP

如果你觉得在纸质书上做笔记很麻烦，也可以尝试使用英语阅读 APP。目前市面上此类 APP 基本具备即时查词、即时翻译、重难点单词收录等功能，再配合词典类 APP 和笔记类 APP，可以极大地提高你的阅读效率。

本篇回顾

反复阅读《Z 世代与就业》一文，弄懂所有重难点词汇，并做到“秒懂”全文。

英语园地

中英文表达对比（二）

- 九死一生：narrow escape（差点儿逃不掉）
- 隔墙有耳：walls have ears（墙有耳朵）
- 眼见为实：seeing is believing（看见才会相信）
- 和气生财：harmony brings wealth（和谐带来财富）
- 既往不咎：let bygones be bygones（让过去的事过去）
- 有钱任性：have money to burn（有钱可以烧）
- 说曹操，曹操到：speak of the devil（说起恶魔，他就出现了）
- 王婆卖瓜，自卖自夸：Every cook praises his own broth.（每个厨师都夸自己做的汤。）

03 做好泛读，充分享受阅读乐趣

说完了“精读”，再说说“泛读”。如果你并没有在短时间内提高英语阅读能力的硬性需求，只是想广泛涉猎各类英语读物，泛读是更好的选择。和精读相比，泛读**以享受阅读乐趣为首要目标，不刻意追求词汇量和语法能力的提高。阅读过程中无须仔细研读每句话，只要理解文章含义即可，碰到不理解的难点可以直接看注解和中文翻译**。另外，为了增加阅读的趣味性和广泛性，泛读常常以小说、名人传记、心灵鸡汤等英语原版书为材料。上网搜索关键词“英语原版书推荐”，很容易找到一大堆书单。但其实它们当中很多根本就是“闭眼推荐”，只管把各种名著罗列一遍，却不考虑读者的水平和喜好。照着这样的书单去泛读，很可能的结果就是“买一本，读一会，丢一边”。为此，本文总结分析了六大关键问题，旨在帮助你更好地实现高质量的英语泛读。

一、测试你的词汇量

我在前文说过，决定阅读能力的第一个关键因素是词汇量。拿到一本书，如果你每读两页就碰见八个生词，查词典都得花费五分钟，一定很难坚持。具体来说，泛读作品的难度要尽量与自己目前的英语水平相符，同时允许存在适量的生词。美国应用语言学家 Stephen D. Krashen 提出过第二语言习得的“i+1”理论，i 表示学习者当前的水平（你可以认为 i 就是“我”），+1 表示略高于现有水平的语言知识。Krashen 认为，学习者只有获得可理解的语言输入时，才能习得语言。也就是说，文本难度可以比你的现有水平稍高一些，但又要能看得懂，可理解。如果难度是 i+2 或以上，你读起来很吃力，甚至完全不可理解，就毫无阅读乐趣可言了。如何判断作品的难度正好是 i+1 ？根据我的阅读和教学经验，有两项标准可供参考：1）生词量不超过 4%；2）在不查词典的情况下尝试阅读 10~20 页，如果能正确理解 70% 左右的内容，那就说明作品难度大致合适。

现在很多英语学习 APP 都有词汇量测试功能，也有不少专门测试词汇量的网站。你可以选择不同平台进行测试，对比一下测试结果，力求获得一个最接近自己真实水平的数据，再去挑选相应难度的读物。

二、注重可读性

当选定一本作品，开始正式的阅读之后，你会马上碰到一个新问题——怎么感觉有点读不下去？没错，在泛读的最初阶段，最重要的其实不是作品的生词量或语法难度，也不是它的名气或题材，而是简简单单的三个字——读下去。**你挑选的作品，一定要具备足够的可读性，让你有兴趣读下去并乐在其中**。千万不要强迫自己读一些不喜欢的图书，否则可能味同嚼蜡，分分钟想放弃。例如很多经典的英文名著，虽然名声在外，但不一定适合你。它们当中有的成书于 18 或 19 世纪，遣词造句比较老旧。有的语言风格极其个人化，让一部分人难以接受。用这些作品来提高阅读能力，就好像外国人学中文却选择了唐诗宋词、明清小说，虽然硬着头皮也能读下去，但从入门和趣味角度来说，却比不上通俗易懂的小说和故事。以下是我为大家总结的推荐书单。

启蒙入门类

经典名著简写版：包括《金银岛》《多里安·格雷的画像》《双城记》《简·爱》等。这些书适合英语阅读的启蒙和提高，能帮助你建立自信。即使你的词汇量不大，也可以不太费劲地阅读世界名著。

《小王子》：著名儿童文学短篇小说，讲述了小王子从自己星球出发前往地球过程中的各种历险。从孩子的角度，对生活和人性作了意蕴深长而理想主义化的叙述，可以说是一本非常适合英语阅读入门的哲理童话。

《鸡皮疙瘩系列》：略带一点儿恐怖风格的探险类小说系列（高中及以上年龄段人群几乎不会感到恐怖）。内容简单，情节生动，引人入胜。很多学生都反馈说读起来就停不下来，非常适合入门。

其他推荐：《芒果街上的小屋》《爱丽丝梦游仙境》《彼得·潘》《夏洛的网》《小屁孩日记》等。

励志鸡汤类

英文原版的励志鸡汤读物常常以小故事、小短文的形式呈现，文笔简洁流畅，读起来轻松愉快，随便翻到哪一页都能直接读下去，特别适合基础一般且不愿意读大部头书的学习者。推荐作品：《人性的弱点》《人性的优点》《心灵鸡汤》《谁动了我的奶酪》等。如果你对某位名人很感兴趣，也可以选择与其相关的读物，如个人传记、演讲稿等。

通俗小说

以侦探、推理、情节类小说为主，其最大的特点是故事情节环环相扣，跌宕起伏，读起来酣畅淋漓，阅读体验极佳。推荐作者：厄尔·斯坦利·加德纳（Erle Stanley Gardner）、西德尼·希尔顿（Sidney Sheldon）、詹姆斯·帕特森（James Patterson）、阿加莎·克里斯蒂（Agatha Christie）等。

影视文学类

很多我们耳熟能详的影视剧都有文字版，有些是故事的原著，有些是影视剧走红后推出的相关读物。例如《哈利·波特系列》《疯狂动物城》《寻梦环游记》《冰雪奇缘》《教父》《怦然心动》《冰与火之歌》等。如果你是某部影视作品的忠实粉丝，兴趣能帮助你更好地坚持下去。

此外，阅读和做运动有些相似，都需要热身。刚开始读一本书时，难免会遇到一些困难，例如生词有点多、内容比较枯燥、语言风格不太适应等。这时可以强迫自己多坚持一会，找找状态，例如耐着性子再读10~20页，或许一切会“柳暗花明”。如果多次尝试仍然无法继续下去，那就果断换一本书吧。再次强调，做英语泛读，没有什么比愉快地“读下去”更重要。

三、怎么读？

一口气往后读，不论是小说故事还是励志鸡汤，每次至少读完一个小章节。也可以设定一个目标，例如每天读 40 页。由于泛读和精读目标不同，不需要在短时间内大量提高词汇量和语法能力，所以无须在第一时间弄懂所有难点。这样一来，你的阅读速度会更快，只要读得兴起，哪怕一晚上读一两百页也无妨，碰到难以理解的内容可以直接看中文翻译。也就是说，在不影响理解的前提下，泛读可以适当追求速度和量。

另外，由于之前已经完成了词汇量测试，选择了与自己水平相符的读物，书中大部分内容你应该都能看懂。当碰到难点时，也可以先联系上下文猜一猜，再去对比中文翻译。或者限制查词数量，给自己设置一项规则，不管碰到多少生词，每页或每段只能查固定数量的生词（例如每页三个），剩下的全靠猜。这样既可以降低理解难度，减轻生词带来的心理负担，又可以在一定程度上保证阅读的连续性。事实上，在大部分单词都认识的情况下，偶尔出现的生词并不太影响对文章的理解。以下面这段话为例，一口气读完，完全不查生词，看看你是否能理解大意。

> Did you ever stop to think that a dog is the only animal that doesn't have to work for a living? A hen has to lay eggs, a cow has to give milk, and a canary has to sing. But a dog makes his living by giving you nothing but love.
>
> 参考译文：你可曾停下匆匆的脚步思考过，狗是唯一不必为生存而干活的动物？母鸡必须下蛋，奶牛必须供奶，而金丝雀必须歌唱。但是狗呢，凭着它给予你的爱意便可以谋生。

从学生的反馈来看，上述段落中 hen（母鸡）、lay eggs（下蛋）、canary（金丝雀）等几个单词可能无法在第一时间识别，但可以大致猜出意思，整段大意理解起来比较轻松。这就是你泛读时常常会碰到的情况——文中存在少量生词，但并不太影响整体的理解。

四、如何复习？

精读的复习，以回顾重难点词汇和语法为主，因为只有这样，才能最高效地提高词汇量、增加语法知识。**而泛读的复习，则以反复阅读文章为主，**相当于把你喜欢的小说翻来覆去看很多遍。当然，在对书中的内容了如指掌之后，如果仍然存在一些无法理解的难点，建议你把它们完全弄懂并做好笔记。这样不仅能充分享受阅读的乐趣，还能顺便提高词汇量和语法能力，何乐而不为呢？

总而言之，精读更偏向于学习，能力提高的速度更快，但辛苦一些，需要你在短时间内做大量功课。泛读则偏向于爱好，在快乐中进步，潜移默化地提高阅读能力，但进步速度慢一些。事实上，如果你真正喜爱某一部作品，精读和泛读应该是殊途同归的。因为你一定会把它反复读很多遍，就像那些你看过无数遍的电影、美剧、漫画一样。

五、作为输出的积累

和精读时尝试用新学的重难点词汇、语法去造句一样，泛读过的文章同样可以用于**增加口语和写作的句子储备**。因为阅读和听力一样，也是语言的输入，只不过听力是从听觉上输入，阅读是从视觉上输入。很多原版书段落，就算一个生词都没有，也值得反复阅读，因为它们都是极好的口语和写作素材。再次以《人性的弱点》中的这段话为例：

Did you ever stop to think that a dog is the only animal that doesn't have to work for a living? A hen has to lay eggs, a cow has to give milk, and a canary has to sing. But a dog makes his living by giving you nothing but love.

参考译文：你可曾停下匆匆的脚步思考过，狗是唯一不必为生存而干活的动物？母鸡必须下蛋，奶牛必须供奶，而金丝雀必须歌唱。但是狗呢，凭着它给予你的爱意便可以谋生。

戴尔·卡耐基认为，一个人要想受到欢迎，一定要表现出对他人的兴趣和关心，而不是一直强调自己的感受，为了阐述这一道理，他给出了以上这段有关动物的类比。这段话生词很少，语法也简单，读起来十分轻松。可问题是，在毫无准备的情况下，你能想出这样简洁有力的排比句吗？恐怕很难。所以复习这一段的意义就在于，下次再碰到“如何变得受欢迎、如何交朋友”之类的话题，不管是口头谈论还是写文章论述，你都可以直接使用这些句子。这就是我们一再强调的语言输出理念——**复制和模仿现有材料，而不是自己去想或创造新材料。**

六、电子书还是纸质书？

和精读练习一样，泛读练习同样推荐用手机 APP 阅读电子书，主要原因有三：1）APP 的查词、翻译、笔记本等功能更加方便好用，可以节省很多时间；2）节约成本。购买某款英语阅读 APP 的会员服务后，可以有几十甚至上百本书供你挑选。这在泛读的初期非常重要，因为你得多尝试一些作品，才能确定自己的兴趣所在。如果只买纸质书，看了两页看不下去就扔到一边，试错成本会比较高；3）在便携性上，电子书也更胜一筹。出门在外，带手机肯定比带厚厚的书本更加方便。

尽管电子书有诸多便捷之处，但还是有不少人更偏爱纸质书。毕竟把书本捧在手里，闻着书香，在深夜的床头灯下潜心阅读的感觉，实在让人心醉。如果你不确定自己更偏爱哪一种，对比一下再做决定。

关于英语泛读的六大关键问题就介绍到这里，赶快挑选一本心仪的原版书，开启你的英语阅读之旅吧！

本篇回顾

- 做英语泛读，没有什么比“读下去”更重要。
- 说说“i+1 理论”的大致内容。
- 说说精读和泛读的区别。
- 根据文中推荐的书单选择一本书，用泛读的方法阅读 40 页，今天就行动。

中英文表达对比（三）

- 错失良机：miss the boat（错过了船）
- 雪上加霜：add insult to injury（伤害之外又加侮辱）
- 欲速则不达：Haste does not bring success.（仓促不会带来成功。）
- 英雄所见略同：Great minds think alike.（伟大的头脑想法都类似。）
- 贪多嚼不烂：Bite off more than one can chew.（咬了太多，没办法嚼。）
- 杀鸡取卵：kill the goose that lays the golden eggs（杀了会下金蛋的鹅）
- 三个臭皮匠顶个诸葛亮：Two heads are better than one.（两个脑瓜总要好过一个。）
- 一心不可二用：A man cannot whistle and drink at the same time.（一个人不能边吹口哨边喝酒。）
- 好事不出门，坏事传千里：Bad news travels fast.（坏消息传得快。）
- 留得青山在，不怕没柴烧：Where there is life, there is hope.（有命在就有希望。）

04 异曲同工！用练口语的方法练写作

在英语的听、说、读、写四项能力中，写作相对用得最少，因此大家的水平也通常最低，这一点所有的语言都基本一致。以中文来说，我们每个人的听、说、读能力都没问题，不管是日常交流，还是阅读文章，都很熟练，但文笔优秀的人却是少数。不仅如此，写作的要求往往比口语更高，例如英语口语中大量出现的 gonna（going to），wanna（want to）和 kinda（kind of）等简化现象，一般不会出现在正式的文章之中。在用词方面，写作也要求词汇更加高级、丰富，例如口语中你会用 ask 表示“问”，用 help 表示“帮助”，但在书面语中，你可能要把 ask 替换成 enquiry（询问），把 help 替换成 assist（协助）。

虽然写作对语言水平的要求更高，但好消息是，提高写作能力的方法并不复杂。如果用一句话来概括，就是**口语怎么练，写作就怎么练**。因为写作和口语的练习原理其实完全一致，两者都是语言的输出，只不过口语是“发出声音，口头输出”，而写作是“写下文字，书面输出”。

语言中输入与输出的关系

明确了写作和口语的关系，接下来只要把练习口语的相关方法和理念运用到写作练习当中就可以了。再次回顾一下**口语练习的基本理念**：

> 口语练习的关键在于复制和模仿现有材料，而不是自己去想或创造新材料。你需要输入大量优质的口语材料，通过反复多次的朗读、背诵、跟读和中译英练习，达到脱口而出的程度，实现输入到输出的成功转化。

由此得出**写作练习的基本理念**：

> 写作练习的关键在于复制和模仿现有材料，而不是自己去想或创造新材料。你需要输入大量优质的**阅读**或**写作材料**，通过反复多次的**仿写**、**默写**等练习方式，达到轻松默写的程度，实现输入到输出的成功转化。

理解了上述结论，再来回顾我们平时的写作练习，就会发现不少问题。一直以来，我们常规的英文写作并没有以复制、模仿为主，而是和语文考试写 800 字作文类似，学生先根据题目要求写出一篇文章，再交给老师修改，最后总结提高。也有不少学生喜欢用英语写日记、记录心情，想借此锻炼写作能力。这么做虽然有一定的效果，但不得不说，写作能力提高的速度较慢。因为如果你的词汇、语法基础都不够好，就很难写出优质的句子。低质量内容的多次重复，并不会带来质量的突然提高。记住一句话——**凡是你能说或能写的，都是你本来就会的。**与其在较弱的基础上通过纠正、修改来提高，不如适当省去“自己写”这一步，把主要精力花在吸收上——吸收那些在你的英语装备库之外的优质句子。简单来说，自己写作文，不如直接背范文。就像练口语，与其自己想句子，不如直接背优质的段落。具体的练习方法——仿写和默写，会在后文中详细介绍。

本篇回顾

- 写作和口语的练习原理一样，两者都是语言的输出。
- 为什么自己写作文或用英语写日记的效果一般？

英语园地

中英文表达对比（四）

- 绞尽脑汁：rack one's brain(s)（折磨般地用脑）
- 歇歇脚：take the weight off your feet（给你的脚减负）
- 本末倒置：put the cart before the horse（把货车放到马前面）
- 新官上任三把火：A new broom sweeps clean.（新扫把扫得干净。）
- 人靠衣装：Fine feathers make fine birds.（羽毛漂亮，鸟才能漂亮。）
- 拒之门外：shut the door in somebody's face（把门甩在某人脸上）
- 晴天霹雳/飞来横祸：a bolt from the blue（蓝色天空中的一道闪电）
- 智者千虑，必有一失：Homer sometimes nods.（荷马也有打盹的时候。）
- 世上无难事，只要肯攀登：Where there is a will, there is a way.（有决心就有方法。）
- 冤家宜解不宜结：better make friends than make enemies（与其树敌，不如交友）

05 五大步骤，四点注意，玩转写作就看这一篇

前文分析了写作练习的基本理念——和常规方法“自己写”相比，直接复制和模仿优质文章是更加高效的方法。在这里，我会详细讲解一篇范文的复制、模仿过程。大家先看方法步骤，再做相关练习，务必严格按要求完成。

一、通读文章，弄懂难点，熟悉全文

拿到一篇范文后，从头到尾读一两遍，碰到难点就查词典或询问老师，确保能理解全文，不留任何死角。

二、总结全文要点

再次通读全文，总结全文要点。把每段的大意总结成一到两句话或几个关键词。如果段落较长，也可以多使用一两个句子或关键词。这一步有点类似我们语文考试中的“总结中心思想”，目的是熟悉全文结构，加深对文章的印象，为第三步操作做准备。

三、仿写英文

第二步完成之后，间隔一段时间（10~30 分钟）。然后对照作文题目，凭记忆仿写英文，尽量做到和原文一致。注意：执行这一步时不要看英文原文，多动脑筋，就像你真的在写一篇全新的作文一样。如果对原文的记忆确实比较模糊了，可以在动笔之前看看第二步总结的全文要点和各段落关键词。

四、对照原文，批改并标记错误

自己给自己批改——把你的写作稿和英文原文进行对比，找出不一样的地方，做好标记并改正。在这个过程中，你会直观、深刻地感受到自身水平与高质量范文之间的差距，这种感受是无法单凭看文章获得的，你必须自己动手动脑，把句子完完整整地写下来，再和原文对比，才能有所体会。

五、反复复习，加深记忆

反复复习文章，重点复习第四步标记的出错处，确保“下次我也能写出这样的单词和句子”。

这种方法的优势在于，既复制了高质量范文，从中吸取了好词、句子和思路，又不是百分之百的“背诵 + 默写”。因为你要先总结文章大意和各段落关键词，再靠自己把它们仿写还原出来（虽然是根据记忆来完成的），这个过程可以锻炼你写作时的思考能力。这种方法的理念其实由来已久，早在两百多年前，美国《独立宣言》起草人之一本杰明·富兰克林就是这样练习写作的。在《富兰克林自传》中，他曾提到自己下决心提高写作能力的契机和方法：

我父亲偶然发现并阅读了我的书信。他并没有参与我们的辩论，而是借这个机会跟我谈起了写作。他说，我在拼写和标点方面比对方略胜一筹（这应该归功于印刷所），但是在文辞和条理方面远远不如对方。他还就此列举几处实例以便令我信服，从这些实例来看，他的评价并非不公正。从此以后，我非常注意写作的文体，决心提高自己的写作能力。

大概就在这一时期，我偶然看到一份以前从未见过的报纸《旁观者》，是第三卷，已经残缺不全。我将它买了下来，反复阅读，获得了很大的快乐。我觉得里面的文章非常优美，可能的话，自己也想对其风格进行模仿。有了这样的想法之后，我从报纸中挑出几篇文章来，将每一句的要旨摘出来放在一边，不去看它。几天后，我凭借自己对要旨的记忆，对原文重新表述，并且尽量做到同原文一致。然后，我把自己的表述和原文进行对照，找出自己的错误并改正。我从中发现自己的词汇量十分贫乏……

方法步骤说完后就该练习了。根据以下中文提问，尽量回忆“散步”话题的原文，用英文完成回答并写下来（一定要写下来）。如果你实在没有把握，可以先翻回第 36~37 页，对该话题的英文原文执行“通读文章，弄懂难点，熟悉全文”和“总结全文要点”两步，然后间隔 30 分钟再来作答。

◇ 你喜欢散步吗？

英文回答：____

◇ 你现在散步比过去多吗？

英文回答：____

◇ 你认为未来人们会花更多时间散步吗？

英文回答：____

翻到第 36~37 页，与原文对比，把不一致的地方标记出来，重点复习。

核对完答案后感觉如何？如果你之前已经把“散步”话题练得很熟，以上回答应该很容易写出来；如果你对原文已经没有多少印象，就只能靠自己的单词、语法功底和零星的记忆来输出，答案质量很可能不尽如人意，然后你就会更加明白复制在写作练习中的必要性。

除了上述的五步训练法，在实际练习过程中，还有以下四点值得注意。

（一）直接默写

如果你要解决的写作问题主要源自单词和句子的匮乏，对文章的行文、构思并无特别要求，或者你单纯想图省事，也可以使用比仿写更简单的方法——默写，也就是直接熟练背诵范文并默写，在需要的时候“粘贴”出来即可。这样就省略了“总结要点”和“仿写英文”这两步操作。这两步的主要作用是锻炼写作时的思考能力，如果你的文章不需要太多构思，当然可以省去不做。默写主要适用于比较简单的职场商务邮件写作，这类邮件的格式和内容通常都是固定的，基本是围绕工作业务的一些词句，一旦练熟就可以一直使用。具体操作方法：可以购买一本商务英语写作教材，把其中用得上的句子练到可以轻松默写的程度即可。如果有些你需要的句子书中没有，就使用我在前文中提到的方法，把想说的话先用中文写下来，然后翻译成英文，再找老师修改完善，最后把它们当作写作材料熟练默写。

（二）和“自己写”做对比

仿写虽然效果很好，但具体执行起来，比“自己写”要困难不少。因为前者相当于“背诵”，要在短时间内记下大量你不会的句子，属于完全跳出舒适圈。如果你认真尝试过仿写，却始终感到不能适应，也可以回归“自己写”的常规办法。只要能把老师的批改总结、消化到位，加上足够的训练量，还是可以取得不错的进步（进步速度会慢一些）。一句话，两种方法都可以尝试，选出更适合自己的那种。

（三）依托考试

如果你有足够的时间去认真准备雅思、托福或者任何一种具备一定难度的英语考试，你的写作能力都有机会得到极大的锻炼。这些考试对作文的遣词造句、行文构思都有严格的标准和要求，想要拿到高分，必须达到高水准。以雅思为例，如果你可以轻松默写 20 篇左右的高分范文（至少 7 分水平），你的文笔、思路都会达到非常可观的水准。备考的过程中要多动笔，多思考，多总结，有条件可以跟着优秀的写作老师练习。

（四）进阶提高

如果你不满足于“简单的商务邮件写作”和“通过考试”，还想要进一步提高写作水平，可以选择一本专门的写作教材来学习，比如《美国大学英语写作》《如何造句（Building Great Sentences）》《风格的要素（The

Elements of Style）》《写作法宝（On Writing Well）》《牛津简明英语指南（Oxford Guide to Plain English）》等。

本篇回顾

- 你喜欢英文写作吗？对英文写作有什么特殊的需求吗？
- 为什么仿写或默写优质范文比“自己写”提高更快？
- 什么情况下适合用默写来练习写作？
- 从本书五篇进阶难度材料中选择一篇，尝试全文默写。

中英文表达对比（五）

- 小菜一碟：a piece of cake（一块小蛋糕）
- 改过自新：turn over a new leaf（翻开新的一页）
- 视而不见：close your eyes to something（对某些东西闭眼）
- 一个巴掌拍不响：It takes two to tango.（跳探戈需要两个人。）
- 驾轻就熟：be able to do something in your sleep（睡着了都能做某事）
- 事实胜于雄辩：Actions speak louder than words.（行动比语言更“大声”。）
- 人不可貌相：One cannot judge a book by its cover.（不能只靠封面就对书做出判断。）
- 笨鸟先飞：A slow sparrow should make an early start.（飞得慢的麻雀应该提前出发。）
- 塞翁失马，焉知非福：Misfortune may be an actual blessing.（不幸也许会变成幸运。）
- 一言既出，驷马难追：A real man never goes back on his words.（大丈夫绝不食言。）

Chapter 07

第七章

答疑解惑

英语学习者关心的 18 个问题

通过调查问卷，我搜集整理了大家最关心、最想问的 18 个英语学习相关问题。有些问题的答案已经在前文中提及了，有些则没有。无论如何，为了更好地消除大家的疑惑，不留知识死角，我在这里把这些问题一次性集中解答。

英语能不能速成？

答：虽说我们一再强调不要有“一口气吃成大胖子”的急躁心态，但从理论上来说，英语还是有可能速成的，关键要看你的基础、目标，以及有多少学习时间。

假设你有大学英语四级基础，但从来不练习口语和听力，对自己毫无信心。一周后，你要参加一场全英文面试，在这种情况下，速成是可能的。你要做的就是上网搜集常用的面试问答集锦和公司相关信息，充分利用这一周的时间，拼命把它们背熟，再做一些模拟训练，例如让你的小伙伴扮演面试官的角色，他问问题，你来回答，让你尽量熟悉面试流程，消除紧张感。

再比如你只有初中英语基础，下个月要出国旅行，想让自己具备日常交流的能力。那么你可以把购物、点餐、买单等日常场景对话集中练习一下。不需要把句子说得特别熟练，结结巴巴也没关系，只要能说出来就行。如果你想省事，甚至可以用一两个单词来代替句子。像 this（这个），that（那个), no spicy(不要辣), something sweet(要点甜的), one more(再来一个), check please(买单)等，应付基本的交流就足够了。

以上都是可以速成的情况。但假设你的基础是高考英语刚及格，目标是一个月后雅思考到 6 分，难度就非常大。因为正常情况下，从高考英语刚及格提高到雅思 6 分，就算非常努力，也需要三个月到半年的准备时间。很显然，这个目标速成的可能性很小。

所以综合来看，英语能不能速成，关键取决于你的基础、目标和学习时间。如果英语基础还可以，目标不太高，时间又充裕，速成就有可能，反之则很困难。不过话说回来，我建议大家不要太在意“能否速成”这个结果。你想做一件事，直接干就行，just do it！很多时候，我们最大的问题往往不是“做不到”，而是做得太少，却想得太多。

英语可以自学吗?

答：可以。但对大多数人来说，自学并不划算。

先说说自学成功的案例。我有两位高中同学，分别在美国和澳大利亚的顶尖大学取得了博士学位。从高一入学起，她们的英语成绩就非常出色，常年稳定在 140 分左右(满分 150 分)。我特意问过她们学习英语的方法和经历，得到的答复几乎一样——从来没有补过课，只是跟着学校的进度正常上课、完成作业，同时自己看一些英语报纸或电影，高中毕业后也没有再报过任何补习班，全靠自学提高。去美国留学的这位同学告诉我，她会把学校订阅的英文报纸中每一篇文章的生词都查出来，反复复习，直至烂熟于心，这使得她在高中时期的词汇量就远超大学英语六级的要求。

所以英语能不能自学其实很好判断。如果你能做到像我的这两位同学一样勤奋、自律，学习过程中碰到的绝大部分问题，都可以自己通过查询词典或搜索引擎解决，那完全可以自学。否则的话，还是跟着老师学习成功率更高。虽然可能会花一点钱，但可以少走一些弯路，节省很多时间和精力。

● 英语的语感具体指什么?

答：简单来说，语感就是熟练感。你对某件事极为熟练，不用做任何思考和准备，靠本能反应就可以轻松做到，这就是熟练感。

用中文来做类比，我说“三天打鱼”，你瞬间说出下一句“两天晒网”；我说“三天不打”，你马上接出“上房揭瓦”，没有一丝丝停顿，这就是语感。不仅仅是语言，几乎所有技能都能练成熟练感。例如踢球有球感、游泳有水感等。我们学过的古文《卖油翁》也揭示了同样的道理。把一枚铜钱盖在葫芦口上，慢慢地用油勺把油注入葫芦里，油从钱孔穿过，铜钱却没有湿。这看起来是难度极高的操作，为什么卖油翁可以做到？他自己的解释是：我亦无他，惟手熟尔（我也没什么别的奥妙，只不过是手法熟练罢了）。

回到英语学习上。现在你想象一个画面：在英语课堂上，老师忽然问大家“跷二郎腿”用英文怎么说，你想都没想，脱口而出“cross one’s legs”。同学们可能会觉得不可思议，这么生僻的短语你居然如此熟悉。但是对你来说，这个短语早就练熟了。所以说，对于语感，大家无须太过在意，更没必要因为没有语感而整天苦恼。它并不是学英语的方法或技巧，而是刻苦练习后的“胜利成果”。只要坚持练习，严格执行复制、模仿、精听、复习等操作，你的英语语感自然会水到渠成。

● 记忆力不好，学了就忘，怎么办?

答：说到记忆力，有一个挺有趣的情况。在找我咨询英语学习的学生当中，大多数人都说自己的记忆力很差，而他们通常是二三十岁的年轻人。

年轻人的身体和大脑机能应该是处在巅峰期的，为什么会觉得自己的记忆力差呢？原因很简单，他们学的英语总是记不住，学了就忘，从而认定是自己的记忆力不佳，事实当然并非如此。

记住一句话——**不管学什么，遗忘都是正常的**。著名记忆认知研究理论“艾宾浩斯遗忘曲线”，用数据说明了时间间隔和记忆留存量的关系。

时间间隔	记忆留存量
刚记忆完毕	100%
20 分钟后	58.2%
1 小时后	44.2%
8~9 小时后	35.8%
1 天后	33.7%
2 天后	27.8%
6 天后	25.4%
一个月后	21.1%

从图中数据可知，假设你刚背完 100 个单词，短短 20 分钟后，理论上你只会记得其中 58 个，一个小时后，这个数字变成了 44。过了一整天后，100 个单词你只能记住 34 个。也就是说，前一天辛辛苦苦背下的 100 个单词，才过了一天，你已经忘了三分之二。这才是你“学了就忘”的真相。

现在你应该能明白我刚才说的那句话了吧——**不管学什么，遗忘都是正常的**。并非你一个人是这样，人人都是如此。那该怎么办呢？其实很简单，仍然是强调过无数次的办法——复习。**每当你快要把知识遗忘的时候，果断复习一次，坚持下去，直到知识在脑海中形成长期记忆**。你中学阶段学过的很多单词至今仍然印象深刻，就是因为当时反复练习、考试，复习做得特别到位。

至于复习的频率，可以先半天一次，然后每天复习一次。一周后，等你对知识点的印象已经比较深刻了，再调整为每周复习两次。总之，大家一定要多尝试，找到最适合自己的复习节奏。事实上，复习是一件很容易的事，因为都是学过的内容，很快就能记住，根本花不了多少时间。最初用一个小时才背熟的口语段落，复习一遍可能只需要 5~10 分钟。耗时很少，效果却很好，何乐而不为呢？

我曾看过论述努力和天赋关系的一句话：以大多数人的努力程度之低，根本轮不到拼天赋。这句话放在记忆力上同样适用——**以大多数人的复习次数之少，根本没资格责怪记忆力**。那些过目不忘的人，也并非记忆力多么出色，而是复习工作做得好。所以，下次如果你又出现学了就忘的情况，别再埋怨自己的记忆力了，踏踏实实多多复习吧。

问题 5

● 如何克服学习中的负面情绪？

答：首先明确一点，只要是做稍有难度的事情，人们就容易出现负面情绪。因为你总会碰到这样那样的困难，阻碍你前进。由此导致的失望、烦躁或无力感等，都是正常的，关键就在于如何调节。

就英语学习而言，想要减少负面情绪，还得从目标和期望入手。很多时候你感到失望，恰恰是因为期望过高。你昨天刚辛辛苦苦背了 100 个单词，今天就忘掉 70 个，你很难过，觉得自己的记忆力很差，努力都白费了。但其实这只是正常的遗忘现象，每个人都会遇上；再比如你花了一周时间准备雅思考试，结果分数并不理想，你很失望。但实际情况是，如果你的英语基础一般，想要在雅思考试中取得好成绩，至少需要两三个月的时间去准备。如果你的复习时间不够，那么成绩不好是正常的。

因此，我们还是要回归到那最重要的八个字——**找准目标，降低难度**。不要奢望速成，不要执着于完美，不要老想着突击拿高分，踏踏实实训练，多一点耐心，少一点急躁。对于那些有一定难度的目标，把时间计划拉长一些，任务量减少一些。例如，一天强行背 100 个单词，很容易中途放弃，一天背 30 个就简单多了，每天都可以收获成功的喜悦；三天听懂你最喜欢的电影，熬通宵把耳朵听出老茧也完不成，把计划延长到一个月，就可以从容推进了，每天都可以在享受艺术的同时愉快地进步。一旦期望降低，完成任务难度和压力减小，负面情绪自然就少了。除此之外，也要多主动、刻意地去使用英语，例如参加各种英语演讲或沙龙活动等。只有多说多用英语，心态才会更加轻松、从容。

问题 6

● 学英语，天赋重要吗？

答：天赋有一定的作用，但不是决定性的，尤其是与数学、物理等理科课程以及体育、绘画、音乐等文体类技能相比。

作为文科课程，英语的难度主要来自知识点的量多，它就像高中历史，只要你下的功夫足够，把该背的都背了，水平就不可能差到哪里去。数学、物理则不同，它们更多需要逻辑思维能力、推理能力、抽象思维能力等。这些能力的差距通常很难单凭下苦功多背来弥补。体育也是一样，不管如何努力训练，你都很难成为所在城市或地区的百米冠军。因为爆发力和速度的差距是天生的，很难靠训练来弥补。而英语则不同，学霸每天记 100 个单词，你可以每天记 30 个，只要笨鸟先飞，坚持积累，迎头赶上是完全有可能的。

还有一个事实也能很好地说明学英语的难度——生长在纯英语环境中的孩子，通常都能学会英语。这说明语言学习这件事，要达到普通人日常交流和读书识字的程度，是绝大部分人都可以做到的事情，跟天赋关系不大。语言的相关才能，只有再上升一个难度级别，达到艺术的范畴，天赋才会占更大的比重，例如做演讲、写文章、当主持人等。每个人都会说话，但要达到很高的水平，那就需要更多的天赋了。

问题 7

对英语很感兴趣，为什么还是学不好？

答：有人说，既然天赋对学英语不那么重要，那是不是兴趣更重要一些呢？可为什么我明明对英语很感兴趣，却还是学不好？不是都说兴趣是最好的老师吗？

这个问题其实很好回答，因为每个人都有亲身的经历。回忆一下你所有感兴趣的事情，英语、钢琴、吉他、画画、设计、跑步、瑜伽、读书、跳舞、唱歌等，有几项真正下功夫钻研并长期坚持下来了？这么多年来，我碰到过太多人对我说：“老师，我真的很喜欢英语，特别想学好。”结果如何呢？一部分人喜欢了很多年，却始终毫无行动；一部分人走出了第一步，报了班或者开始自学，却坚持不到一个月，然后陷入“开始—放弃”的循环；只有极少数人，自己比较努力，也幸运地遇上了好老师和好方法，一直坚持学习，最终取得了可喜的进步。由此可见，兴趣并不是最好的老师，更不能保证你学有所成。兴趣最多只能让你开始尝试打鱼，却不能阻止你三天打鱼两天晒网，更不可能帮助你越过前进道路上的重重难关。真正起决定性作用的，始终是合适的目标、正确的方法以及长久的坚持。

关于兴趣，还有一个道理值得一提。人们总说要追随内心，做自己最想做、最感兴趣的事情，但真正做起来你会发现，一切并没有想象的那么简单。很多人有一种错觉，误以为自己在兴趣上自带天然的优势。其中的逻辑是，兴趣是最好的老师，既然是我喜欢的事，那一定能做好。可惜事实远非如此，喜欢一件事，和能做好这件事，并不画等号。所以与其一心追求所谓“想做的事”，倒不如先多多尝试，找到自己最擅长的那件事。

问题 8

说英语，总是不够自信，怎么办？

答：做一件事不自信，一般有两个原因：1）知道自己不够好，没底气；2）误以为自己必须非常好，期望太高。

第一点很好理解，你知道自己的英语说得不好，肯定没自信。其实不只是英语，哪怕让你做一个五分钟的中文演讲，给足一周的准备时间，临上台前，你很可能还是没自信。因为你只是在家里练好了，能否在数百人面前自如发挥，你并没有把握。只有当你多次经历这样的大场面后，你的自信才会逐渐建立起来。这也是为什么我一再建议大家尽量找机会在众人面前展示自己的英语。

至于第二点——期望太高，则是目标定位的问题。为什么你跟外国人说话会紧张？因为你误以为自己要表现完美才行，你怕自己出一丁点儿错。在这样的“期望高压”之下，你很难自信。事实上，这些压力都是你自己幻想出来的，口语交流中出现一点发音、语法的小瑕疵，根本无伤大雅。

要解决说英语不自信的问题，主要得做好两点：1）提升实力。实力始终是第一位的。努力把口语和听力练好，多参加各种公开的活动（英语角、英语沙龙、英语演讲比赛等），锻炼自己的实战能力和抗压能力；2）降低期望，不要执着于完美的英文表现。放轻松，大胆说，别怕犯错。时刻提醒自己，说英语没什么大不了。

另外，要正确理解自信和紧张的关系。紧张不一定等于没自信，有自信也并不意味着不会紧张。面临重要的场合，紧张是身体的自然反应，哪怕你已经身经百战也很难避免。但这种紧张不一定是坏事，它可以帮助你快速进入状态，让你兴奋起来，更有利于水平的发挥。

问题 9

说英语，总是感觉临场反应很慢，怎么办？

答：这个问题已经在前文解释过了。世界上不存在百分之百的临场反应能力，所有的随机应变都来自平时的深厚积累。不管你是语法组织不好，还是一下子想不到合适的词汇，抑或是造句碰到困难，归根结底都是平时功夫没到家。解决的办法也很简单，大量地复制、模仿，把尽可能多的口语材料练熟。始终记住，**凡是需要临时想的，就是不够熟练；只要足够熟练的，就必定能脱口而出，不需要任何思考**。什么叫脱口而出？就像你说 I love you, I don't know 一样。把所有想说的单词、语法、句子都练习到这样的熟练程度，就是你要努力的方向。

问题 10

背口语和写作模板有用吗？

答：在准备考试的口语题和写作题时，你可能会用到模板或范文。关于模板，始终存在一种疑问——背模板真的有用吗？考试用模板被发现会不会得低分？

先说结论，不管是口语还是写作，只要模板或范文的内容足够好，对备考就有用。在考试中，只要符合评分规则，使用模板也通常不会得低分。

有一点你或许不了解，其实大多数英语考试并不要求口语或写作答案的真实性。以雅思口语考试为例，其评分标准有四个，分别是词汇、语法、发音和流利度与连贯性，并没有要求你的回答内容必须真实。因为雅思考试的目的是测试你的口语水平，至于你本人是喜欢旅游还是音乐，考官并不关心。例如，就算你不喜欢旅游，也从来没去过夏威夷，但当你回答旅游相关问题时，完全复制某个模板，说你非常喜欢旅游，也去过夏威夷，玩得很开心，下次还想去。只要回答的语言质量足够高，一样可以拿高分（但也要符合事实，例如你不能说你去过火星）。反之，就算你不使用任何模板，完全基于个人真实情况来回答，但语法错误、发音不准、用词简单、结结巴巴，仍然会得低分。所以，是否使用模板从来都不是问题，问题是你能否完美地呈现它。只要模板的质量足够高，就可以放心大胆地使用。对于基础较弱的学习者，背模板更是应该作为主要的复习手段，因为你自己原创的答案通常无法保证质量。这也就是我们一再强调的口语练习的关键：要复制和模仿优质材料，而不是自己创造新材料。

在练习过程中，不一定要完全复制模板，可以取其精华，和自己的实际情况相结合。例如“散步”话题中的“I'm not a fan of jogging or basketball.（我不喜欢慢跑和打篮球。）”你可以把慢跑和篮球换成你自己确实不喜欢的运动，这样记起来会印象更深刻。

事实上，背模板的过程就是积累和提高的过程，你记下的模板越多，你的英语装备库就越强大。当你的每一句表达都源自优秀的模板，你就成了真正的英语高手。

口语表达不够高级，怎么办？

答：所谓“高级”，无非就是地道、简洁的用词，以及丰富、精准的语法。例如，请翻译“这座房子设计得很好”。

参考答案：

1）The design of the house is good.

2）This house has a good design.

3）This house is well-designed.

大部分人应该都会译成第一种或第二种，这两种表述都没问题。但就地道和简洁而言，它们不如第三种，用 well-designed 表示“设计巧妙的”看起来确实更高级一些。

再如，“玛丽人很好，所以我喜欢她”，这句话怎么翻译？

参考答案：

1）Mary is very nice, so I like her.（用单词 so 连接）

2）Mary is very nice; that's why I like her.（用从句 that's why 连接）

大部分人会译成第一种，一说到“所以”，大家总是会马上想到 so。但从句子结构来说，第二种用到了从句，在语法上更丰富，显得高级一些，虽然 that's why 仅仅比 so 多一个单词而已。

现在你应该明白了，所谓高级的表达，就是更加地道、简洁、丰富的遣词造句。你只要熟记例句中的类似表述，能脱口而出，那么它们对你来说和 I love you 没有区别。例如，你现在不会觉得 cross one's legs（跷二郎腿）有多难，对吧？可对于没见过这个表达的人，他们可能会觉得 cross one's legs 是很高级的用法。

问题的关键来了，到底应该怎样做，才能让自己的表达高级起来？这又回到了我反复强调过的理念。试问，这些简洁、地道的用词和丰富、准确的语法，是你能够凭空原创的吗？显然不是。你掌握 well-designed（设计巧妙的），that's why（所以），cross one's legs（跷二郎腿）这些所谓高级表达的唯一方法，就是因为之前见过，然后你不断复习，最终达到了脱口而出的程度。所以，如何让表达变高级的问题，其实就是如何提高口语水平的问题。再次回顾一下：口语练习的关键在于**复制和模仿现有材料，而不是自己去想或创造新材料。**想让自己的表达高级起来，就要增加输入，多背优质的口语、听力材料，多看经典的英语原版书或优秀的写作教材，同时注意随时积累，碰到喜欢的用法就记下来，不断扩充自己的英语装备库。如此坚持下去，说一口“高级”的口语就指日可待了。（其实也不用强求，不高级但“够用”的口语也是可以的。）

问题 12 全英文上课真有那么神奇吗？

答：全英文上课确实有一定的效果，但也要看老师的水平如何。如果老师使用的课堂用语都是很基础的，效果就一般。例如：

◇ Let's begin a new lesson. 我们开始学新课。

◇ Do you understand? 大家听懂了吗？

◇ Is that clear? 明白了吗？

◇ Practice in groups, please. 请分小组练习。

◇ Try again. 再试一次。

像这种简单的内容，多听两次就能完全掌握，对提高英语水平帮助不大。如果是外教上课，发音和表达会更纯正、地道，但效果仍然有限，因为外教往往不会把内容讲得很深。记住一点，不管是集体课，还是"一对一"课程，外教都会根据学生的程度来调整表达的难易。绝大部分情况下，他们会刻意说得简单一些。

真正不打任何折扣的全英文授课，基本只出现在要求较高的双语学校或海外留学时的课堂上，老师用英语教授数学、物理、经济学等科目。此时的全英文上课已经不再是为了提高英语水平，而是真正的实战运用，老师不会为了让你更容易听懂而故意放慢语速或少说两个专业术语。如果跟不上，你就得抓紧时间提高自己的听力，否则会严重影响自己的学业成绩。

至于全英文课堂是否必要，如果你消化了本书中听力、口语的练习方法，就应该有自己的判断。我的建议是：可以体验，但没必要为之花费重金。**全英文课堂本质上就是一种听力训练，外加少量的口语互动。**同样的效果，你可以通过很多方法来实现。我在前文说过，**只要你花足够多的时间练习听力和口语，就相当于创造了英语环境。**家里还有一大堆听力、口语材料没练完呢，却花钱出去上补习班，是不是有点舍近求远呢？

问题 13 英音和美音，练哪一种？

答：你喜欢哪种就练哪种。例如，你觉得英国的某位演员腔调很棒，或者美剧里某个角色的发音让你着迷，你就直接模仿。自己喜欢，练起来才更有动力。

实际上，练英音还是练美音，从来都不是一个简单的选择题，因为二者都没那么容易练成。还记得前文关于发音练习的结论吗？发音水平提升的周期很长，而很多人通常没有足够的驱动力去坚持。此外，练英音和练美音并不冲突，你练好了其中一种，就能比较轻松地模仿另一种。

事实上，除非从小生活在英美的全英文环境之中，否则仅靠后天学习，很难练成纯正的美音或英音。网上很多发音漂亮的“大神”，其实他们的发音也有不够标准的地方，只是你听不出来而已。但这并不是什么大问题，因为全世界的英语学习者都是如此。法国人说英语有法国口音，中东人说英语有中东口音，把英语作为官方语言的印度，口音就非常浓厚。所以“纯正”二字，真的没那么重要，只要听力优秀，表达到位，都是好英语。

基于以上原因，我其实更推荐大家多尝试和不同口音、不同国家的外教练习，了解一下世界各地的英文使用者，不但可以增长见识，而且练习的过程也会更有趣。

问题 14 可以通过英文歌曲学英语吗？

答：可以，但只适合作为点缀性材料。学英语的主流路径始终是紧跟一套系统教材或以考试为目标来学习。其他诸如电影、美剧、播客、英文歌曲等材料，更适合作为课余补充。只有当你完全没有考试或工作压力时，才可以以兴趣为主。即便如此，英文歌曲的学习价值也不如美剧、电影、演讲、播客等材料，因为歌词的内容较少，且搭配了旋律，跟日常听力的情况有所不同。

就内容而言，英文歌词中往往包含大量地道的俚语和各种连读、省略等音变现象，这是英文歌曲最有价值的部分，可以重点学习。

问题 15 通过美剧和电影学英语，可以看字幕吗？

答：当然要看。事实上，以大部分人的听力水平而言，如果不看字幕，哪怕是相对简单的生活类影片，也很难一遍就听懂。强行避开字幕，只会减少观影乐趣，得不偿失。毕竟只有当你真正喜欢上一部作品，才有更大的动力去坚持练习。

等到进入精听环节，你只需要严格按本书中听力训练的步骤执行就行了。事实上，由于合格标准是固定的，你看不看字幕都没关系，只要最终达到了标准，就能实现良好的练习效果。再次回顾一下听力练习的三项合格标准：

- 秒懂大意。
- 抓住全部细节，“颗粒感”十足。
- 无压力跟读。

如果你的英语听力确实有一定的基础，想挑战一下第一遍不看字幕，又不想失去观影乐趣，可以只看中文，不看英文（找只有中文字幕的资源，或者遮挡住英文字幕）。有些英文你本来听不出来，但是在看到中文提示之后，猜出了原文，也可以算作有效的练习听力。如果你很熟悉某部影视剧的剧情，也可以挑战不看字幕。因为你对剧中人物的说话方式及内容已经很熟悉了，应该会更容易听懂。例如你看了很多集《生活大爆炸》，再看新的一集，脱离字幕也有可能听懂。如果换成另一部美剧，哪怕比《生活大爆炸》更简单，但你可能会发觉很难听懂，因为你对新剧的人物、情节、用词都不熟悉。

学习电影、美剧时，仍然要遵循听力练习方法中的几个关键点——材料要偏生活化、内容不要太长（每段材料 2~3 分钟）、有双语字幕、要练而不仅仅是看等。一般来说，如果可以彻底吃透 5~10 部影视作品，你的听力会取得极大的进步，能达到雅思听力 6.5 分甚至更高的水平。

除了电影、美剧，你还可以选择名人演讲、访谈、脱口秀、英语 APP 中的听力小短文等材料来练习。这类材料的难度有时甚至略高于雅思、托福考试的听力题，因为访谈、脱口秀更接近真实生活的聊天，不仅用词更接地气，语速也比专门用于考试的录音更快一些。而且以“干货量”来说，访谈、脱口秀等材料的语言更加密集，比“台词稀疏”的电影、美剧（常常演两三分钟剧情才说几句话）学起来更高效。如果你追求短时间内的进步最大化，前者是更好的选择。

最后再强调一次，不看字幕听懂所有电影、美剧，这对大多数英语学习者来说并非合适的目标，实现难度极大，没必要为此耗费心力。只要能完全听懂你喜欢的那几部作品，就已经是非常美好的事情了。

问题 16 有必要学自然拼读法吗？

答：先说结论，可以尝试，但没必要强行学习。因为投入产出比不高，且对大多数人不适用。

自然拼读法是近年来在国内兴起的一种联系单词拼写和读音的方法，号称“能够无比高效地记单词”——看到一个不认识的单词，就能把它直接读出来（又称“见词能读，听词能写”）。以单词 fish 为例，自然拼读法先分别教你字母 f, i 以及字母组合 sh 的常规发音。当你在文本中碰到生词 fish（注意：假设此时你并不认识、也不会读这个单词）时，就可以把学过的字母 f, i 和字母组合 sh 所对应的发音连起来，f-i-sh，拼读出 fish 的发音。当你听到 fish 的发音（注意：假设此时你并不知道这个单词的拼写）时，也能根据 f, i, sh 的发音规律把它们对应的字母写出来，也就是 f-i-sh。

乍看起来是不是感觉很厉害？只要学会了这个方法，以后不管碰到什么生词，都能直接读出来；不管听到什么生词，都能直接写出来。那岂不是不用背单词了？

不得不说，自然拼读法在包装和宣传上确实有一手，让很多家长都心动不已，仿佛发现了灵丹妙药。但很可惜，它并没有你想象的那么神奇。

自然拼读法在英文中叫作 phonics，意思是“语音教学法，拼读法”。不难发现，这一方法的名字里根本就没有“自然”两字。最初把 phonics 翻译成“自然拼读法”的人真是一个营销天才。“自然”两字，就像“纯天然、纯手工”等字眼一样，让人产生无限遐想——这种方法是不是就像数学公式一样，只要学会了，直接往里面套单词就行，一切都是自然而然的？但实际情况究竟如何呢？《柯林斯英汉双解大词典》对 phonics 的定义是这样描述的：

Phonics is a method of teaching people to read by training them to associate written letters with their sounds. 拼读法是一种训练人们把字母与其发音联系起来，进而教会人们阅读的方法。

从定义来看，phonics 的目的是 teaching people to read，也就是教人怎么“阅读识字”的。它的手段是 associate written letters with their sounds，即“把字母和其发音联系起来”。也就是我们刚才举例时提到的，把 f，i，sh 和各自对应的常见发音联系起来。phonics（拼读法）在国外一般都是什么人在学习呢？是那些 4~7 岁的孩子（大致为幼儿园中班到小学二年级的孩子）。这个年龄段的孩子在语言上是什么水平呢？他们的听力和口语能力都已经接近成年人，但识字很少。而 phonics 的作用就是教会他们阅读识字。例如，四岁的美国孩子，会说 fish，听到 fish 也能“秒懂”，但他却无法在书本上识别 fish 这个单词，也就是我们常说的“不识字”。学会 phonics（拼读法）之后，他就可以通过联系字母 f，i，sh 的常规发音，把眼前的 fish 拼读出来。一旦他读出 fish 的发音，让自己听到，他就能瞬间明白：“原来是这个词啊，这就是我平时常常会说也常常听到的 fish（鱼）啊。”这样一来，他就能把 fish 的发音（他本来就会）和眼前书本上的这个单词 fish（他此时不认识）联系起来，于是就学会了 fish（相当于认识了一个新单词）。

这种识字的过程，是不是似曾相识？没错，其实就是中国孩子使用汉语拼音的过程。以汉字“狗”为例，孩子四岁了，口头上会说“狗”，听到“狗”这个字也能“秒懂”，平时也爱和狗狗玩。但由于不识字，他无法在书本中识别汉字“狗”。学会汉语拼音后，当他看到“狗”的拼音标注（g ǒ u），自己拼出“哥——偶——狗”，他就能瞬间明白：“原来这个字的读音是这样的！”这就是他平时说的、听的、一起玩的“狗”。就这样，他学会了“狗”这个字。

至此，相信你已经能明白拼读法的真正用途了。**简单来说，phonics（拼读法）和汉语拼音的定位类似，是用来帮助那些交流毫无障碍、听说词汇量达到 3000~5000，但识字量很少的 4~7 岁孩子学习识字的，而不是帮助那些**

毫无英语交流能力、听说词汇量极少的孩子念出生词的。而市面上关于拼读法宣传的夸张和偏颇之处就在于，“交流毫无问题、听说词汇量 3000~5000”这一标准，国内很多人都达不到。

事实上，就算你费尽力气，学了拼读法，勉强做到了“见词能读”，用处也不是很大。为何这么说？你读一读下面两个单词就知道了：

carp（发音提示：kà 普）

crucian（发音提示：克路伸）

两个生词都给出了发音提示，你第一次见到它们就能读出基本标准的发音了。怎么样，有什么实际作用吗？和查词典听发音并模仿着读出来，有什么区别吗？现在你还觉得“见词能读”有那么神奇吗？

因此，对非母语人士来说，做到“见词能读”的意义很小。美国孩子用拼读法读出 fish, carp 和 crucian 的发音时就能“秒懂”，因为他们本来就会使用这三个单词，在听力、口语层面都极为熟悉，只是不认识书面拼写而已。而你费尽九牛二虎之力学会了自然拼读法，拼出了 carp 和 crucian 的发音，却没有任何可以关联的声音及实物印象，因为这两个词你根本就不会，大脑中完全是一片空白。此时所谓的正确发音，对你来说和咒语没有区别，就算能够读出来，又有什么用呢？

至于为什么“见词能读”这个卖点能让很多家长买单，是因为他们把“读出”和“掌握”弄混了，以为读出一个词，就等于掌握了这个词。但事实却远非如此。我们之前说过，对一个单词的完全掌握，意味着听、说、读、写四个层面的全面熟悉，也就是听到时能瞬间听懂（听力层面），想说时能脱口而出（口语层面），看到时能一眼秒懂（阅读层面），写作时能随手写出（写作层面）。就像你可以随时听懂和说出 I love you 一样。好了，现在你已经能够轻松读出 carp 和 crucian 的正确发音了，但你有把握用这两个单词造句甚至交流吗？

那么想要真正学会 carp 和 crucian 这两个词，应该怎么做呢？还是得老老实实查词典，查出 carp 的意思是“鲤鱼”，crucian 的意思是“鲫鱼”，然后放进句子中，朗读、背诵、听发音，不断复习，直到练得像 I love you 一样熟练。换句话说，就算你学会了拼读法，做到了第一次见到生词就能读出来，还是得复习 30 次才能彻底掌握，那么学它的意义何在？直接跟着手机词典模仿发音不是更加简单直接吗？

现在我们知道了，对于零基础的孩子，拼读法并不适用。那么对有一定基础的学习者，它是否能起到一定的作用呢？很遗憾，答案依然是否定的。假设你的听说词汇量有 3000，但只认识 100 个单词，拼读法能帮助你认识剩下的 2900 个单词，让你的阅读能力追上听说能力，但这明显跟国内大多数学习者的情况相反——因为我们往往是"阅读还行，听说薄弱"。我们努力的方向，是把那些书本中认识的单词练到能听懂、能说出。而拼读法的作用是让那些我们原本能听懂、能说出的单词，在书本中看到时也能认识，这显然与我们大多数人的学习过程是不同的。

还有一种观点认为，拼读法的效果就算不如宣传的那么神奇，但至少可以让我们背单词能更轻松吧？抱歉，答案仍然是否定的。因为拼读法的规则繁多，记起来很麻烦，且仅对部分单词有效。它和我们之前分析过的各种神奇单词记忆法一样，都是将简单的问题复杂化。还有人说，学拼读法不能急于求成，踏踏实实坚持几年，效果渐渐就出来了。可问题是，我有这几年的时间，直接把单词结合句子多读、多背、多开口，不是记得更牢吗？为什么还要学拼读法呢？

又有人说了，就算不能背单词，但拼读法对发音总有帮助吧？可以让我们把发音练得更加标准吧？可惜，这种观点也是错误的。因为不管是学自然拼读法，还是学音标，都只能让你认识发音符号。你看见这些符号，知道某个音该怎么发，并不意味着你能够准确发出这个音。想要改进发音，唯一的办法就是跟着老师"放慢速度——模仿——纠正"，这跟认识发音符号是完全不同的两种练习。

至此，相信你已经对拼读法有了全面的认识。总体来说，拼读法（phonics）并不是什么新鲜、神奇的单词记忆法，它早就存在于英语母语国家的教育体系之中，主要是教 4~7 岁的孩子读书识字，类似我们的汉语拼音。对于我国的英语学习者来说，拼读法不管是用来给孩子做英语启蒙，还是帮助背单词或纠正发音，效果都不明显。除非孩子从小就接受接近母语的英语教育，很早就达到了 3000~5000 的听说词汇量，否则学习拼读法的意义不大。那些铺天盖地的课程宣传，看看就好，试试也无妨，但千万别投入太多。想要把单词记得更牢，还是要勤查词典，把单词放进句子中，多听多说，同时加强复习。

问题 17 学英语可以考哪些证书？

在此，我将从考试难度和职场含金量的角度切入，对比分析市场上最常见的 9 种英语考试，旨在帮助大家在备考和求职过程中设立更加清晰、合适的目标。

1. 大学英语四级、六级考试

大学英语四级、六级证书是最广为人知的英语证书，看似平平无奇，其实反而市场接受度最高。因为不少公司对英语的要求就是大学英语四、六级水平。所以无论如何，大家一定要拿到四级证书，越早越好，之后尽量拿到六级证书。通过这些考试之后，大家可以再多花时间提高听说的实战能力。

所谓实战能力，就是能在面试官面前用英语侃侃而谈的能力，不一定要求发音多漂亮，句子多复杂，关键是能听懂，敢开口。始终记住，公司注重的是你的英语运用能力，而不仅仅是看你拿到了什么证书。两名毕业生去应聘，一人有四级证书但听说交流无障碍，另一人有六级证书但掌握的是“聋哑”英语。单从语言角度考虑，公司应该会考虑前者，这就是实战能力的重要性。

优势总结：市场认可度高，可以有效地证明自己的英语实力。

劣势总结：普普通通，无法脱颖而出，志存高远的学习者不要仅满足于通过大学英语四级、六级考试。

2. 英语专业四级、八级考试

英语专业四级、八级证书是英语专业学生必考的证书，简称“专四、专八”，是英语专业学生区别于其他专业学生的重要标志，含金量高，市场接受度高。尤其是专八证书，一旦拥有，意味着你可以得到各种英语相关工作的面试机会。对于比较优秀的学习者，建议以专四优秀（满分 100 得 80 分或以上）和专八良好（满分 100 得 70 分或以上）为目标而努力。

优势总结：市场认可度高，尤其是专八证书，含金量很高。

难度总结：考试难度较大，专八证书不容易拿到，想得高分更难。

3. BEC（剑桥商务英语）考试

可能是因为名称里有“商务”两字，BEC 考试在大学生和职场新人当中颇具人气。但事实上，从求职角度来说，BEC 证书稍显“鸡肋”。首先，BEC 初级证书含金量较低，报考意义不大。中级证书考试难度在大学英语四级、六级之间，高级证书考试难度在大学英语六级和英语专业八级之间。尽管考试难度颇大，但 BEC 证书在很多企业（尤其是中小型企业）中的认可度却不高，他们并不清楚 BEC 中高级证书和大学英语四级、六级证书有什么本质区别。另外，近期的 BEC 中级考试费用为 720 元，高级考试费用为 910 元，与大学英语四级、六级 30~50 元的考试费用相比，实在是一笔不小的花销。

尽管如此，作为一项全面考查听、说、读、写能力的考试，BEC 仍然具备一定的价值。它可以帮助你熟悉商业环境中的英语词汇，全面提高与职场、商务相关的英语能力。如果你已经通过了大学英语四级、六级考试，毕业后打算进入外企工作，又习惯为考试这一目标而学习，BEC 不失为一项值得考虑的选择。

优势总结：能全面锻炼听、说、读、写能力，有助于提高与职场、商务相关的词汇量。BEC 高级证书有一定的含金量。

难度总结：有一定学习难度，BEC 高级难度高于大学英语六级，接近英语专业八级。

劣势总结：市场认可度有限，BEC 中级证书无法和大学英语四级、六级证书拉开差距。考试费用较高。

4. 托福、雅思考试

这是两种主流的国际性英语标准化水平测试。考试设计科学、严谨、系统且具备一定的难度，能全面锻炼听、说、读、写能力。考试成绩市场认可度高，即使不用于留学申请，也可以作为英语实力的证明。考出高分（雅思满分 9 分考出 7 分及以上，托福满分 120 分考出 100 分及以上）就比较有含金量。如果你在拿到大学英语四级、六级证书后还想更进一步，相比于 BEC 证书，我个人更推荐考托福或雅思（二者选其一即可，选雅思的居多，因为考生普遍反映雅思比托福简单一些）。

优势总结：市场认可度高，高分通过含金量高。

难度总结：考高分颇有难度。

劣势总结：考试费用高，考试报名费为 2000 元左右。相关辅导课程费用高。

5. 全国翻译专业资格（水平）考试（CATTI）

这是受中国国家人力资源和社会保障部委托，由中国外文出版发行事业局负责实施与管理的一项国家级职业资格考试。简单来说，就是“官方权威认证的翻译证书考试”。证书等级从低到高，分为三级、二级、一级、资深翻译（译审）四个级别，其中译审证书采用评审方式取得，一级证书采用“考试 + 评审”结合的方式取得，二级、三级证书通过考试取得。按照翻译类型，分为口译、笔译。从二级起，口译还细分为交替传译与同声传译。除英语外，还设有日语、法语、俄语、德语、西班牙语、阿拉伯语、朝鲜语 / 韩国语、葡萄牙语。考试面向全社会，对年龄、学历、资质没有硬性要求，具有一定外语水平的人员，均可报名参加二级、三级的考试（可以跳过三级直接考二级，但要考一级必须先通过二级）。一句话总结：CATTI 是国内权威的翻译类证书考试，在业内广受认可。凡是有志从事翻译行业的学习者，都应该以二级证书为目标。此外，二级考试也是翻译硕士必须参加的考试。

需要特别强调的是，CATTI 考试的合格率很低，因此含金量很高。以近年某次考试为例，二级口译和三级口译的合格率分别只有 11.08% 和 8.21%，其难度可见一斑。从报考策略来说，除非基础很好（例如高分通过英语专业八级），一般都建议从三级笔译开始准备（合格率相对高一些）。

CATTI 英语类考试相关数据

考试级别	报考人数	合格人数	合格率
三级口译	11009	689	8.21%
二级口译	5211	431	11.08%
一级口译	1065	108	11.65%

考试级别	报考人数	合格人数	合格率
三级笔译	71044	13251	25.13%
二级笔译	28178	1656	8.32%
一级笔译	2916	352	13.67%

优势总结：市场认可度高，翻译行业必备敲门砖，二级证书含金量高。

难度总结：考试难度大，合格率低，专八水平也需要努力备考才有可能合格。

劣势总结：对英语水平要求高，但行业收入相对其他英语相关职业（教师、外企白领等）没有明显优势。

6. 上海外语中级、高级口译考试

这是上海市高校浦东继续教育中心于 20 世纪 90 年代初开发、设计、组织实施的翻译类证书考试。早年间名气很大，经常被各种求职类文章宣传为“金领证书”之一。但事实上，不管是考试专业度还是市场认可度，都比 CATTI 略逊一筹。该考试同样分为笔试和口试，综合考查听力、阅读、笔译、口译、口语能力。中级考试的笔试部分难度和大学英语六级考试相差不大，口试部分有一定难度，但在求职时加分作用并不明显。高级口译证书考试颇有难度，含金量也较高。总体而言，如果你的英语基础一般（例如大学

英语四级低分通过），可以选中级考试试手。如果已经下定决心要从事翻译行业，或者想考一个明显强过大学英语六级的证书为简历加分，高级口译证书是一个值得考虑的选择。

优势总结：在长三角地区市场认可度较高，高级口译证书含金量较高。

难度总结：中级口译难度高于大学英语六级，高级口译难度较大。

劣势总结：在全国范围内市场认可度不如 CATTI，中级口译证书对求职加分作用不明显。

7. 英语三级考试

和大学英语四级、六级考试一样，英语三级考试是国家统一命题的考试。两者的区别在于：大学英语四级、六级考试的主要对象为本科院校在校生；英语三级考试的主要对象为专科院校在校生。该考试难度低于大学英语四级考试，找工作时竞争力较弱。只有英语三级考试成绩的学习者，如果有志于从事英语相关行业，建议继续加强学习，至少要在口语和听力上多下功夫。学有余力也可以挑战托福、雅思或 BEC 等考试，为自己的职场竞争力加码。

总结：专科院校要求的考试，难度低于大学英语四级考试，竞争力较弱。

8. 托业（TOEIC）考试

“托业”即 TOEIC（Test of English for International Communication），中文译为“国际交流英语考试”，是测量母语非英语国家的职场人士英语交流能力的考试，定位类似剑桥商务英语（BEC）考试。托业虽然号称全球最大的商务和职业英语考试、商业托福，但在我国知名度并不高，参加考试的人数也不多。从求职角度来看，有部分日企、韩企比较注重托业成绩。托业考试难度大约在大学英语四级、六级考试之间，比雅思、托福、BEC 高级考试简单。总体而言，除非打算进入部分认可托业成绩的企业，否则不如直接考 BEC 或雅思、托福。

优势总结：部分日企、韩企比较认可。
难度总结：难度在大学英语四级、六级考试之间。
劣势总结：市场认可度和知名度较低。

9. 全国公共英语等级考试（PETS）

该考试英文全称为 Public English Test System，简称 PETS，一般翻译为"全国英语等级考试"，是教育部考试中心设计并负责的全国性英语水平考试体系。应试者不分年龄、学历、户籍等背景（暂不面向仍在接受九年义务教育的学生），只要具备一定的英语基础，均可选择适合自己的级别。这对于无法报考大学英语四级、六级的成年英语爱好者来说是一项不错的补充。和大学英语四级、六级考试相比，PETS 增加了口试，可以让考生在备考过程中更全面地提高英语实战能力。考试分为 1 至 5 级，各级别均包含笔试和口试两个相对独立的部分，考生可以根据自己的需求分别报考笔试或口试。其中笔试的难度大致如下：

PETS-1：一级是初始级，其考试要求略高于初中毕业生的英语水平。

PETS-2：二级是中下级，相当于普通高中优秀毕业生的英语水平。此级别笔试合格成绩可替代自学考试专科阶段英语（一）、文凭考试基础英语考试成绩。

PETS-3：三级是中间级，相当于我国学生高中毕业后在大专院校又学了两年公共英语或自学了同等程度英语课程的水平（相当于大学英语四级水平）。此级别笔试合格成绩可替代自学考试本科阶段英语（二）考试成绩。

PETS-4：四级是中上级，相当于我国学生高中毕业后在大学至少又学习了 3~4 年公共英语或自学了同等程度英语课程的水平（相当于大学英语六级水平）。

PETS-5：五级是最高级，相当于我国大学英语专业学生在二年级结束时的水平（实际笔试难度比考试大纲高些，接近英语专业八级考试难度）。是专为申请公派出国留学的人员设立的英语水平考试。

对于没有机会报考大学四级、六级英语考试或英语三级的社会考生，PETS-3（公共英语三级）是一个不错的选择。如果能顺利通过，既可以收获一个证书作为求职的“敲门砖”，又可以在一定程度上提高英语水平，获得初步的职场竞争力。

优势总结：有一定的权威性。和大学英语四级、六级考试相比增设了口试，考试更加合理、全面。报名没有资格限制。

劣势总结：知名度和市场认可度还有待提高。

以上是关于 9 大英语考试的介绍。在实际考证和求职过程中，还有以下三点值得注意。

（一）到底考哪个证?

不少人有选择困难症，不知道到底该考哪个证书。下面是我个人推荐的报考思路，仅供参考。

非英语专业的在校大学生一定要先通过大学英语四级考试（尽量通过六级考试），再从 BEC、托福和雅思考试中选择其一（个人推荐雅思）。如果选择 BEC，就要尽量拿到高级证书，否则意义不大。托福考试要争取 100 分或以上，雅思考试要争取 7 分或以上，至少口语、听力单科达到 7 分或以上。英语专业的在校大学生要尽量拿到专八证书，再挑战托福或雅思考试（有了专八证书再考 BEC 高级证书的意义不大）。以翻译为目标的学习者一定要尽早准备 CATTI，从三级入手，以二级为目标。长三角地区的学习者可以考虑考上海外语中级、高级口译考试。

至于社会考生，如果无法报考大学英语四级、六级或英语三级考试，可以先从公共英语考试二级（相当于高中毕业生水平）或 BEC 初级入手，逐渐提高能力。然后力争拿到公共英语考试三级（相当于大学英语四级水平）证书或 BEC 中级证书，这样求职时就有了敲门砖。学有余力可以继续挑战 BEC 高级或托福、雅思考试。

另外，在水平不足的情况下，不建议报考雅思或托福考试（除非有留学申请的需求）。因为如果你的分数不高，例如考出雅思 5.5 分或托福 68 分，虽然实际水平稍强于大学英语四级考试，但在简历上看起来并不漂亮，对求职加分作用不大。最好能一次性考取较高的分数（雅思 6.5 分、托福 90 分或以上），哪怕备考时间长一些也没关系，毕竟考试费用实在不低。

当确定考试目标时，一定要切合实际，选择符合自己当下水平的难度。例如大学英语四级考试才以 425 分勉强通过，却直接报考 CATTI 三级，看起来雄心万丈，但很可能会失败。如何判断适合自己的难度级别呢？最好的办法就是做几套往年真题，看看分数在什么档次。做真题之前要先了解考试，仔细阅读官方介绍。做真题时要严格遵守考试要求，在规定时间内完成，不可以边做边查词典。一定要让分数反映你的真实水平，以便下一步制订备考计划。

（二）证书不等于能力

证书只是求职的“敲门砖”，可以证明你有不错的英语基础，为你赢得更多的面试机会，但并不意味着你一定具备足够出色的工作能力。哪怕拿下含金量最高的英语证书（专业八级、雅思 8 分、CATTI 二级或 BEC 高级证书等），距离真正优秀的行业水准还有很长一段路要走，更不用说英语能力只是综合工作能力中的一项。因此，拿到心仪的证书后，千万不能觉得万事大吉，而是要积极寻找工作机会。在校大学生要多找实习或兼职机会，主动锻炼自己，力争把“证书”实力尽快转化为职场竞争力（工作能力）。

（三）在简历中说明英语能力

有些用人单位对各类英语证书并不熟悉，只认大学英语四级、六级证书。为了避免这种情况，你可以在简历中对证书和能力做进一步的说明。例如给 BEC 高级证书加上标注——BEC 商务英语高级证书（难度远高于大学英语六级考试，是国际上最受认可的商务英语证书之一）。再对自己的英语能力加以详细描述，例如“听说能力极强，与外国客户沟通轻松无障碍”“读写能力强，可胜任英语资料的阅读和相关文章的编写”等。找工作也是一种自我推销，一定要尽量展现自己的优势。

我的考证规划

如果你近期有考证的打算，再次回顾文章，把你的目标和计划写下来：

近期打算报名的考试：____________________________

希望得到的成绩（分数）：__________________________

预期备考时间（起止日期）：_________________________

问题 18

如何寻找与英语相关的工作？

目前，市场上与英语相关的工作很多，英语教师、翻译和外企员工是其中常见的三种。在此，我将总结这三类工作所需英语能力的不同侧重点，旨在为有志于入行的学习者提供入门参考和建议。

1. 英语教师

不仅要提高英语水平，更要刻意锻炼授课能力和台风，努力提高课程质量。记住，最好的教师，不是英语说得最好，而是讲课讲得最好的人。多借鉴、模仿名师的上课视频、音频，选取其中的精华部分作为自己的备课储备，甚至可以制作逐字稿。所谓“逐字稿”，**就是把演讲者说的每一个字都整理打印出来，以便学习和模仿，必要时甚至可以背下全文。**这是很多知名教育机构培训新教师的经典方法，看起来很笨，效果却很好。因为作为新教师，你可能完全不知道上课该说什么、课程该如何设计等，与其自己苦苦思索，不如直接复制名师课堂。从原理上说，使用逐字稿其实和练口语的“复制”一样，都是对优质内容的直接吸收，效率会高于自己的创造。事实上，大多数技能（乐器、体育、声乐、绘画、语言等）的学习都是从复制和模仿开始的。如果想实现全英文上课，你可以专门练习上课时会用到的相关英文句子（全英文上课其实远没有你想象的那么难）。例如：

◇ I want all of you to answer the question. 我希望大家一起回答这个问题。

◇ Could you give me another example? 可以再举一个例子吗？

◇ Can you say it in another way? 你能换一种方式讲讲吗？

◇ Let's review what we learned yesterday. 我们复习一下昨天学过的内容。

积累足够多此类句子，直到能覆盖一整堂课，全英文上课就大功告成了。也可以给自己的课录音并复盘，把你经常用到的教学术语整理出来译成英文，再逐一练熟。除此之外，尽量提高发音水平（但别强求），一口漂亮的发音对于英语教师来说是加分项，会让你的魅力和课堂效果直线上升。

2. 翻译

正如之前提到的，在所有与英语相关的工作中，翻译对英文水平的要求是最高的，很多外企只要求大学英语四级水平，而翻译公司的要求却远高于此。不管你学什么专业，如果有志于进入翻译行业，都应该尽早拿下 CATTI 三级证书作为敲门砖。如果能拿下 CATTI 二级证书，翻译公司通常不会拒绝你的简历。另外，非英语专业的学生从事与自己所学专业的相关翻译工作时会有一定优势，例如你是法律专业毕业生，那么在翻译与法律相关的资料时会更加得心应手。

再次强调，翻译不算高收入行业，但对英语水平要求很高，考证的过程颇为艰难，工作辛苦程度也不低（尤其是笔译），甚至还有可能随着人工智能的发展被淘汰，所以一定要谨慎入行。但它也有一项独特的优势——可以做自由职业者（freelancer）。如果你有足够的翻译实力，又积累了一定的客户资源，即使做兼职也能有不错的收入。这对于那些向往自由、随性生活的学习者来说是值得考虑的选择。

3. 外企员工

准确来说，其实应该叫“涉外工作人员”。因为除了企业中负责和外国客户对接的员工之外，市场上还有各种各样需要用英语和外国人打交道的职业和岗位。例如我的学生里就有英语导游（负责接待外国来华的旅行团）、双语主播（用英文直播带货）、双语主持人（承接有外国观众参加的活动）等。这类职业对英语证书的要求一般都不高，通常要求有大学英语四级证书，少数情况下可能会要求大学英语六级或以上的证书。和教师、翻译不同的是，对这些职业而言，英语只是一种工具，是综合工作能力中的一项，只要你能出色地完成工作任务，英语水平高一些或低一些并不重要。一般来说，只要你有大学英语四级基础，又敢于开口、勤于积累，语言方面不会有太大的问题。

此外，由于不同行业所需要的英语各不相同，在学习教材和考证之外，涉外工作人员一定要注意针对本行业的词汇积累。例如你从事服装贸易，就要每天积累有关服装的词句；你需要阅读各种英文合同或资料，就要专门增强语法和阅读能力。这些能力并不一定都能从书中学到，很多时候你需要根据工作的实际需求去积累。具体的积累方法可参考本书中《30 天见效，短期突破口语的绝佳方法》一文（见第 119 页）。

以上就是英语教师、翻译和外企员工这三种职业的入门指南。最后补充一点，不管你打算进入哪个行业，都要早做准备，最好从大学期间就开始行动，多练习口语和听力，尽早达到能基本听懂外国人说话和敢于在公共场合说英语的程度，不是很流利也没关系，但一定要能开口。多参加各类公开的英语活动，如英语社团、英语沙龙、英语演讲比赛等，锻炼心态、气场和实战抗压能力。除了积极准备考证，还要尽可能搜寻行业信息，抓住各种兼职机会。这样一方面可以迅速积累经验，另一方面可以快速试错，一旦发现某个行业和自己的想象有差距，果断调整目标。总之，大家一定不能懒惰，不要整天待在宿舍里空想，要走出去，多尝试、多思考、多总结。只有这样，你才更有可能找到适合自己的职业之路。

我的求职规划

你未来打算从事与英语相关的行业吗？如果有，请把你的想法写在下方的横线处。

我的目标是从事________行业，我的理由或动机是______________
________________________，为此我的计划是（从学习、考证或实习、求职角度描述）____
____
____。